Auswirkungen der Unschuldsvermutung auf außerstrafrechtliche Folgeverfahren in Fällen des Freispruchs aus Mangel an Beweisen

Europäische Hochschulschriften Recht

European University Studies in Law

Publications Universitaires Européennes de Droit

Band/Volume **6304**

Luisa Folkmann

Auswirkungen der Unschuldsvermutung auf außerstrafrechtliche Folgeverfahren in Fällen des Freispruchs aus Mangel an Beweisen

Unter besonderer Berücksichtigung der Rechtsprechung des EGMR

PETER LANG

Bibliografische Information der Deutschen Nationalbibliothek
Die Deutsche Nationalbibliothek verzeichnet diese Publikation in der Deutschen Nationalbibliografie; detaillierte bibliografische Daten sind im Internet über http://dnb.d-nb.de abrufbar.

Zugl.: Köln, Univ., Diss., 2022

D 38
ISSN 0531-7312
ISBN 978-3-631-88044-9 (Print)
E-ISBN 978-3-631-88062-3 (E-PDF)
E-ISBN 978-3-631-88063-0 (EPUB)
DOI 10.3726/b19842

Diese Publikation wurde begutachtet.

www.peterlang.com

Gliederung

Inhaltsverzeichnis

Abkürzungsverzeichnis

a.F.	alte Fassung
AcP	Archiv für die civilistische Praxis
AEMR	Allgemeine Erklärung der Menschenrechte
AöR	Archiv des öffentlichen Rechts
App. No.	Application Number
ArbGG	Arbeitsgerichtsgesetz
ARSP	Archiv für Rechts- und Sozialphilosophie
AuR	Arbeit und Recht (Zeitschrift)
BeckOK	Beck Online-Kommentar
Beschl.	Beschluss
BT-Drs.	Drucksache des Bundestages
BVerfG	Bundesverfassungsgericht
BVerfGE	Bundesverfassungsgerichtsentscheidung
BVerfGG	Bundesverfassungsgerichtsgesetz
BVerwG	Bundesverwaltungsgericht
bzw.	beziehungsweise
CPO	Civilprozeßordnung
e.V.	eingetragener Verein
EGMR	Europäischer Gerichtshof für Menschenrechte
EL	Ergänzungslieferung
EMRK	Europäische Menschenrechtskonvention
et al.	et alii/aliae/alia
EU	Europäische Union
EuGRZ	Europäische Grundrechte-Zeitschrift
EuR	Zeitschrift Europarecht
f.	folgende
FamFG	Gesetz über das Verfahren in Familiensachen und in den Angelegenheiten der freiwilligen Gerichtsbarkeit

ff.	fortfolgende
FGO	Finanzgerichtsordnung
Fn.	Fußnote
FPR	Familie Partnerschaft Recht (Zeitschrift)
GA	Goltdammer's Archiv für Strafrecht
GG	Grundgesetz
GRCh	Grundrechtecharta der Europäischen Union
HRRS	Höchstrichterliche Rechtsprechung im Strafrecht (Zeitschrift)
Hrsg.	Herausgeber
hrsg.	herausgegeben
i.V.m.	in Verbindung mit
insb.	insbesondere
IntKomm	Internationaler Kommentar
IPbpR	Internationaler Pakt über bürgerliche und politische Rechte
JuBeG	Justizbeschleunigungsgesetz
JuMoG	Justizmodernisierungsgesetz
JuS	Juristische Schulung (Zeitschrift)
JZ	Juristenzeitung
KK	Karlsruher Kommentar
m.w.N.	mit weiteren Nachweisen
MDR	Monatsschrift für Deutsches Recht
MüKo	Münchener Kommentar
NJW	Neue Juristische Wochenschrift
NJW-RR	Neue Juristische Wochenschrift – Rechtsprechungsreport Zivilrecht
NStZ	Neue Zeitschrift für Strafrecht
NVwZ	Neue Zeitschrift für Verwaltungsrecht
NZA-RR	Neue Zeitschrift für Arbeitsrecht – Rechtsprechungsreport
öZPO	österreichische Zivilprozessordnung
RdA	Recht der Arbeit (Zeitschrift)

Rn.	Randnummer
SGG	Sozialgerichtsgesetz
SK	Systematischer Kommentar
StPO	Strafprozessordnung
StrEG	Strafentschädigungsgesetz
StV	Strafverteidiger (Zeitschrift)
u.a.	unter anderem
Urt.	Urteil
VGH	Verwaltungsgerichtshof
vgl.	vergleiche
VN	Vereinte Nationen
VwGO	Verwaltungsgerichtsordnung
z.B.	zum Beispiel
ZfPW	Zeitschrift für die gesamte Privatrechtswissenschaft
ZIP	Zeitschrift für Wirtschaftsrecht (früher: Zeitschrift für die gesamte Insolvenzpraxis)
zit.	zitiert
ZjS	Zeitschrift für das juristische Studium
ZPO	Zivilprozessordnung
ZRP	Zeitschrift für Rechtspolitik
ZStW	Zeitschrift für die gesamte Strafrechtswissenschaft
ZZP	Zeitschrift für Zivilprozeß

Hier zeigt sich wiederum, was man für das Privatrecht stets bedenken muß: Dieses hat nichts zu verschenken; es kann dem einen nur geben, was es einem anderen nimmt.

Medicus, AcP 1992, 35 (57)

§ 1 - Einführung

Die Unschuldsvermutung ist eine wesentliche Leitannahme des Strafprozesses und hat eine feste Verankerung und Daseinsberechtigung sowohl im nationalen als auch im internationalen Recht. Jenseits des Strafprozesses zeigt sich jedoch erhebliches Konfliktpotenzial:

I. Gegenstand der Untersuchung

Endet ein Strafverfahren nach der Unschuldsvermutung mit einem Freispruch aus Mangel an Beweisen, verbleiben Verdachtsmomente, die für die Verurteilung des Angeklagten gesprochen haben. Nur weil diese Verdachtsmomente sich nicht ausreichend erhärten konnten, sind sie mit dem Freispruch nicht verschwunden. Kommt es im Nachhinein zu einem weiteren gerichtlichen oder auch behördlichen Verfahren, stellt sich die Frage, welchen Raum die verbliebenen Verdachtsmomente in diesem Folgeverfahren noch einnehmen dürfen. Besonders interessant ist diese Fragestellung in Bezug auf außerstrafrechtliche Folgeverfahren, welche naturgemäß eine andere Zielsetzung als das Strafverfahren haben, welche Verfahrensgegenstände mit anderen Voraussetzungen als den Strafanspruch des Staates prüfen und welche von anderen Prozessgrundsätzen geprägt sind.

Gegenstand dieser Untersuchung sollen die Auswirkungen der Unschuldsvermutung auf außerstrafrechtliche Folgeverfahren in Fällen des Freispruchs aus Mangel an Beweisen sein.

II. Anlass der Untersuchung

Anlass dieser Untersuchung ist eine Rechtsprechungslinie des EGMR, die 1993 mit dem Urteil *Sekanina* begründet wurde.[1] Demnach ist es nach einem Freispruch im Strafverfahren allen staatlichen Stellen untersagt, sich auf einen noch bestehenden Restverdacht zu beziehen.

Wortwörtlich:

> *"The voicing of suspicions regarding an accused's innocence is conceivable as long as the conclusion of criminal proceedings has not resulted in a decision on the merits of*

1 *EGMR*, Urt. v. 25.08.1993 – App. No. 13126/87, Sekanina v. Austria.

the accusation. However, it is no longer admissible to rely on such suspicions once an acquittal has become final."[2]

Dieser Grundsatz führt gerade in Fällen des Freispruchs aus Mangel an Beweisen zu Problemen in außerstrafrechtlichen Folgeverfahren, denn bei einem Freispruch aus Mangel an Beweisen existiert immer ein Restverdacht. Der Entscheidungsträger in einem außerstrafrechtlichen Folgeverfahren ist nach diesem Grundsatz verpflichtet, existierende Verdachtsmomente zu ignorieren. Zu welchen schwerwiegenden Problemen dies führen kann soll das folgende Beispiel verdeutlichen:

Fallbeispiel:[3]

Die geschiedene Ehefrau des Vaters V bezichtigt diesen des Missbrauchs an der gemeinsamen Tochter T. Im Strafverfahren gegen V ist T die einzige Zeugin. Deren Aussagen sind nach Einschätzung des Gerichts nicht sicher genug, um volle Überzeugung davon zu gewinnen, dass V den Straftatbestand des Kindesmissbrauchs erfüllt hat. Aus Mangel an Beweisen wird V freigesprochen. Im darauffolgenden Sorgerechtsstreit sieht sich das Familiengericht mit der Frage konfrontiert, ob es den gegen V bestehenden Restverdacht des Kindesmissbrauchs in die Entscheidungsfindung einbeziehen darf.

Auf der einen Seite steht das Interesse des Kindeswohls, welches das Verfahren vor dem Familiengericht leitet. Der Verdacht, dass V möglicherweise seine Tochter missbraucht hat spricht stark dagegen, ihm weiterhin das Sorgerecht einzuräumen. Andererseits wurde ihm der Kindesmissbrauch nie nachgewiesen. Hier muss auch bedacht werden, dass der Vorwurf des Kindesmissbrauchs ursprünglich von der Kindesmutter stammt, die dem V möglicherweise durch diesen Vorwurf nur die Chancen auf das Sorgerecht nehmen wollte. V wird gegenüber dem Familiengericht betonen, dass er freigesprochen wurde und eine sorgerechtsentziehende Entscheidung des Familiengerichts diesen Freispruch faktisch entwerten würde.

III. Ziel der Untersuchung

Augenscheinlich führt die *Sekanina*-Rechtsprechung des EGMR in der praktischen Umsetzung zu Schwierigkeiten. Auch wenn der EGMR im Nachhinein einige Ausnahmetatbestände geschaffen hat, in denen der Restverdacht trotz

2 *EGMR*, Urt. v. 25.08.1993 – App. No. 13126/87, Sekanina v. Austria, Rn. 30.
3 Sachverhalt angelehnt an *EGMR*, Urt. v. 15.01.2015 – App. No. 48144/09, Cleve v. Germany.

Freispruch in Folgeverfahren verwertet werden darf, bleiben Unsicherheiten für den Rechtsanwender. Ziel der Untersuchung ist es, die EGMR-Rechtsprechung zu analysieren und einen Lösungsweg zu finden, wie die Schnittstelle zwischen dem freisprechenden Strafverfahren und außerstrafrechtlichen Folgeverfahren gestaltet werden sollte. Dabei soll der Fokus auf der innerstaatlichen Umsetzung der EGMR-Rechtsprechung liegen.

Arbeitsthese ist, dass die Unschuldsvermutung von Natur her strafrechtlicher Natur ist und über diesen Anwendungsbereich hinaus auch keine Wirkung entfalten darf. Ein effektiver, aber nicht grenzenloser Schutz des Freigesprochenen muss über außerstrafrechtliche Grundsätze bewirkt werden, die eine Abwägung mit entgegenstehenden Interessen Dritter zulassen. Auch wenn die Unschuldsvermutung fundamentaler Grundsatz des Rechtsstaats ist, darf sie nicht abwägungslos Rechte Dritter einschränken.

IV. Stand der rechtswissenschaftlichen Forschung

Die Recherche zu dem Themenbereich hat ergeben, dass die Fortwirkung der Unschuldsvermutung bisher fast ausschließlich aus strafrechtlicher Sicht behandelt wurde. Das verwundert, da die Fortwirkung besonders die zivil- und verwaltungsrechtliche Seite der Dinge betrifft. Interessante Beiträge zum wenig erforschten Feld der Unschuldsvermutung im Bereich des Zivilrechts leisteten bisher insbesondere *Bock*[4], *Stuckenberg*[5] und *Gollwitzer*[6]. Diese Arbeit soll dort anknüpfen.

V. Gang der Untersuchung

Die folgende Untersuchung ergeht in zwei Teilen.

Im ersten Teil soll eine Bestandsaufnahme zum Thema der fortwirkenden Unschuldsvermutung erfolgen. Im Rahmen der Bestandsaufnahme soll nach einigen allgemeinen Ausführungen zum Rechtssatz der Unschuldsvermutung (§ 2) eine Analyse der EGMR-Rechtsprechung zum Thema der fortwirkenden Unschuldsvermutung erfolgen (§ 3). Dabei soll ein besonderes Augenmerk auf die oben genannte Entscheidung *Sekanina* aus dem Jahr 1993 geworfen werden.

---

4 *Bock,* Unschuldsvermutung und Entscheidungsbegründung.

5 *Stuckenberg*, StV 2016, 5; *Stuckenberg*, ZStW 1999, 422; *Stuckenberg,* Untersuchungen zur Unschuldsvermutung.

6 Gollwitzer/*Gollwitzer*, Art. 6 EMRK, Art. 14 IPBPR.

Schließlich sollen die Probleme dargestellt werden, die sich aus dieser Rechtsprechung ergeben (§ 4)

Im Rahmen des zweiten Teils sollen dann zunächst dogmatische Lösungskonzepte vorgestellt und diskutiert werden (§ 5), um schließlich Hinweise für den Umgang mit der Rechtslage in der Praxis zu erörtern (§ 6).

Die Ergebnisse dieser Untersuchung sollen am Ende in fünf abschließenden Thesen zusammengefasst werden (§ 7)

Teil 1: Bestandsaufnahme

§ 2 - Der Geltungsbereich der strafrechtlichen Unschuldsvermutung

Um die Auswirkungen der Unschuldsvermutung auf außerstrafrechtliche Folgeverfahren untersuchen zu können, bedarf es zunächst einer Auseinandersetzung mit dem Rechtssatz der Unschuldsvermutung selbst und dessen Geltungsbereich. Auch wenn die Unschuldsvermutung ein sehr bekannter Rechtsbegriff ist, mit dem sogar die meisten Laien etwas assoziieren, ist sie in rechtsdogmatischer Sicht doch einen näheren Blick wert. Zu den diskussionswürdigen Punkten soll schon vorab Stellung bezogen werden, um Unklarheiten im weiteren Verlauf der Untersuchungen zu vermeiden.

Allem voran soll eine überblickartige historische Untersuchung des Rechtssatzes der Unschuldsvermutung gestellt werden (I.). Im Weiteren sollen Ausführungen zur gesetzlichen Verankerung der Unschuldsvermutung im internationalen und nationalen Recht (II.), der theoretischen Grundlage (III.) und dem Begriff der Unschuldsvermutung selbst (IV.) folgen. Letztendlich soll dann beleuchtet werden, welche konkreten Rechtsregeln aus der Unschuldsvermutung resultieren und welchen Geltungsbereich diese beanspruchen (V).

I. Die Unschuldsvermutung vor ihrem historischen Hintergrund

Den weiteren Untersuchungen soll ein kurzer Überblick über die historische Entwicklung der Unschuldsvermutung vorangestellt werden.[7]

Die Unschuldsvermutung in ihrem heutigen Sinne stammt aus der Epoche der Aufklärung. Schon im römischen Recht und im Mittelalter gab es nach Überlieferung Überlegungen zu einem Verbot der Verdachtsstrafe und

7 Umfassend zum historischen Hintergrund der Unschuldsvermutung: *Hruschka*, ZStW 2000, 285; *Köster*, Die Rechtsvermutung der Unschuld; *Stuckenberg*, Untersuchungen zur Unschuldsvermutung, 11 ff.; überblicksartig zum Zweifelssatz: *Schwabenbauer*, Der Zweifelssatz im Strafprozessrecht, 5 ff.; insbesondere die Werke von *Köster* und *Stuckenberg* sind im Bereich der Geschichte der Unschuldsvermutung sehr detailliert und umfassend recherchiert. Im Rahmen dieser Untersuchungen soll im Sinne der Schwerpunktsetzung keine vertiefte historische Untersuchung erfolgen. Vielmehr wird für eine solche Vertiefung auf die zitierten Werke verwiesen.

philosophische bzw. theologische Vermutungen für das Gute im Menschen.[8] Berühmt ist besonders folgende Sentenz von Trajan, die Ulpian in den Digesten zitiert:

> *„Sed nec de suspicionibus debere aliquem damnari […]: satius enim esse impunitium relinqui facinus nocentis quam innocentem damnari."*[9]

Diese Überlegungen basierten allerdings auf anderen Gedankenkonzepten als die heutige Unschuldsvermutung und erreichten in der strafprozessualen Praxis auch nur wenig Beachtung.

Erst ab dem 16 Jahrhundert begannen Rechtswissenschaftler die Vermutung für die Bonität des Menschen in eine rechtliche Sphäre zu heben und läuteten so die Geburtsstunde der Unschuldsvermutung im heutigen Sinne ein.[10] Eine dogmatische Durchdringung der Unschuldsvermutung strengte erst die neuzeitliche Naturrechtslehre angeführt von *Pufendorf*, *Thomasius*, *Achenwall* und *Kant* an.[11]

Die heutige Unschuldsvermutung basiert also im Wesentlichen auf Rechtsgedanken des Aufklärungszeitalters. Es kam zu einem Bruch mit der vorherigen Tradition der Unschuldsvermutung.[12] Um es mit den Worten *Stuckenbergs* zu verdeutlichen:

> *„Insgesamt ist die Aussage der Bonitäts- und Unschuldsvermutungen bis zur Aufklärung so verschieden von modernen Verständnissen der gleichen sprachlichen Formel, daß ein entwicklungsgeschichtlicher Sinnzusammenhang zweifelhaft und sich auf eben diese sprachliche Formel zu reduzieren erscheint."*[13]

---

8 Zur Bonitätsvermutung wohl zuerst *Accursius* in der Glossa Ordinaria von 1234, *Köster*, Die Rechtsvermutung der Unschuld, 9; *Stuckenberg*, Untersuchungen zur Unschuldsvermutung, 13.

9 Ulp.D.48.19.5.pr. 7 de off. procons., freie Übersetzung, angelehnt an *Zopfs*, Der Grundsatz „in dubio pro reo", 237: „Niemand soll aufgrund eines Verdachtes verurteilt werden: Es ist nämlich besser, einen Schuldigen nicht zu bestrafen, als einen Unschuldigen zu bestrafen."

10 Menochius (1532–1607) war wohl der erste Rechtswissenschaftler der in seinem Werk "De Praesumptionibus" die Bonitätsvermutung von der Unschuldsvermutung trennte, *Stuckenberg*, Untersuchungen zur Unschuldsvermutung, 15 f., Fn. 34 m.w.N.

11 Umfassend: *Hruschka*, ZStW 2000, 285, m.w.N.; im Einzelnen: *Achenwall*, Ius Naturae in Usum Auditorum; *Kant*, Die Metaphysik der Sitten; *Pufendorf*, De Jure Naturae et Gentium; *Thomasius/Ludovici*, De Praesumptione Bonitatis.

12 *Köster*, Die Rechtsvermutung der Unschuld, 65.

13 *Stuckenberg*, Untersuchungen zur Unschuldsvermutung, 24.

Die erste Kodifikation der Unschuldsvermutung im heutigen Sinne wurde durch die Französische Revolution angeregt, Art. 9 Déclaration des Droits de l'Homme et du Citoyen von 1789. Diese stieß dann auch in anderen Staaten den Ruf nach der Unschuldsvermutung als Ausdruck der Menschenwürde und Staatsbürgerrecht an.[14] Ende des 19. Jahrhunderts wurde die Unschuldsvermutung vor allem von der italienischen „positivistischen Schule" stark angegriffen, die sie als Hindernis auf dem Weg zu einer effektiveren Kriminalitätsbekämpfung sah.[15] In Deutschland war sie „Leitlinie" bei der Reform des Strafprozessrechts in 1877.[16] Die Unschuldsvermutung wurde im Rahmen dieser Entwicklung vom Satz des Beweisrechts zum Gestaltungsprinzip.[17] Im Folgenden ergaben sich aus der Unschuldsvermutung die Anforderung des vollkommenen Schuldbeweises und der Zweifelssatz *in dubio pro reo*.[18]

Mit der Kodifizierung in der französischen Menschenrechtskonvention und der Durchsetzung in modernen Verfahrensordnungen war die rechtsgeschichtliche Entwicklung der modernen Unschuldsvermutung abgeschlossen.[19] Im nationalsozialistischen Regime wurde sie als Produkt eines liberal-demokratischen und individualistischen Denkens abgelehnt.[20] Nach dem zweiten Weltkrieg kam es aber dann zum stärkeren Ruf nach positiven Menschenrechten. Im Rahmen dieser Entwicklung gab es zahlreiche Kodifizierungen der Unschuldsvermutung. Einige deutsche Bundesländer nahmen den Rechtssatz in ihre Landesverfassungen auf.[21] Außerdem kam es im Rahmen der AEMR, der EMRK und des IPbpR zu internationalen Kodifizierungen der Unschuldsvermutung.[22] Weitere Kodifizierungen folgten u.a. in der jüngeren spanischen, portugiesischen und italienischen Verfassung.[23]

Zusammenfassend lässt sich für die weiteren Überlegungen also festhalten, dass die Unschuldsvermutung im modernen Sinne ihre Ursprünge im Zeitalter der Aufklärung hat. Bedeutung in der strafprozessualen Praxis erlangte sie erst

---

14 *Köster,* Die Rechtsvermutung der Unschuld, 94 ff.

15 *Stuckenberg,* Untersuchungen zur Unschuldsvermutung, 41 m.w.N.

16 Vgl. *Köster,* Die Rechtsvermutung der Unschuld, 101.

17 *Köster,* Die Rechtsvermutung der Unschuld, 102, 114.

18 *Köster,* Die Rechtsvermutung der Unschuld, 103 f.

19 *Köster,* Die Rechtsvermutung der Unschuld, 115.

20 *Stuckenberg,* Untersuchungen zur Unschuldsvermutung, 44 m.w.N.

21 Berlin Art. 9 Abs. 2, Bremen Art. 6 Abs. 3, Brandenburg Art. 53 Abs. 2, Hessen Art. 20 Abs. 2 S. 1, Rheinland-Pfalz Art. 6 Abs. 4 S. 2, Saarland Art. 14 Abs. 2.

22 *Stuckenberg,* Untersuchungen zur Unschuldsvermutung, 44.

23 Spanien Art. 24 Abs. 2, Portugal Art. 32 Abs. 2, Italien Art. 27 Abs. 2.

am Ende des 18. Jahrhunderts im Zusammenhang mit der vermehrten Diskussion über Menschenrechte. Diese junge Geschichte der Unschuldsvermutung sollte bei der Auslegung nicht in Vergessenheit geraten.

II. Gesetzliche Verankerung

Die Unschuldsvermutung als weltweit anerkanntes Rechtsprinzip[24] ist in verschiedenen Formen positiviert worden. In der deutschen Verfassung hat sie ausdrücklich noch keine Erwähnung gefunden.

1. Internationales Recht

a. Die allgemeine Erklärung der Menschenrechte

Im internationalen Recht gibt es verschiedene Ausformulierungen der Unschuldsvermutung. Eine frühe Formulierung findet sich in Art. 11 Abs. 1 AEMR der VN von 1948:

> *„Jeder Mensch, der einer strafbaren Handlung beschuldigt wird, ist so lange als unschuldig anzusehen, bis seine Schuld in einem öffentlichen Verfahren, in dem alle für seine Verteidigung nötigen Voraussetzungen gewährleistet waren, gemäss dem Gesetz nachgewiesen ist."*

Die AEMR ist eine nicht bindende Resolution der VN und dient als Idealbild im Kontext der Menschenrechte. Sie entstand nach dem zweiten Weltkrieg, als die Staatengemeinschaft vor dem Hintergrund der Gräueltaten des Krieges dazu drängte, menschenrechtliche Mindeststandards zu schaffen. In diesem Zusammenhang war die unverbindliche Resolution der VN ein erster Schritt in Richtung der Festlegung materieller Menschenrechte.[25] In Deutschland hat die AEMR selbst keine besondere Bedeutung für den Rechtsanwender, die über eine allgemeine Leitbildfunktion hinausgeht.[26] Dennoch ist der Text als Vorgänger für folgende Formulierungen, insbesondere die EMRK und den IPbpR, interessant.[27]

b. Die Europäische Menschenrechtskonvention

Art. 6 Abs. 2 der EMRK von 1950 benennt die Unschuldsvermutung wie folgt:

---

24 *Gropp*, JZ 1991, 804 (804); *Lindner*, AöR 2008, 235 (235).
25 Hofmann/Boldt/*Hofmann/Boldt*, Einleitung, Rn. 1.
26 Vgl. *Vogler*, ZStW 1970, 743 (744): Dieser spricht von einer bloßen Programmerklärung.
27 Gollwitzer/*Gollwitzer*, Art. 6 EMRK, Art. 14 IPBPR, Rn. 104.

„Jede Person, die einer Straftat angeklagt ist, gilt bis zum gesetzlichen Beweis ihrer Schuld als unschuldig.“

Die EMRK wurde aus der AEMR fortentwickelt.[28] Auch der Text der Unschuldsvermutung ähnelt dem der AEMR in der Grundkonzeption.

Die EMRK sollte ein Grundpfeiler der geplanten gemeineuropäischen Verfassung sein.[29] Auch wenn das Verfassungsprojekt gescheitert ist, bleibt die EMRK zentraler Kern des europäischen Grundrechteschutzes, der den menschenrechtlichen Kerngedanken der Konventionsstaaten verkörpert.[30] Trotz des Grundrechtegehaltes steht die EMRK in Deutschland gemäß Art. 59 Abs. 2 GG nur im Rang einfachen Bundesrechts, hat aber aufgrund der völkerrechtlichen Verpflichtungen der Bundesrepublik als Spezialregelung besondere Bedeutung.[31]

Der EGMR wacht über die Einhaltung der EMRK. Gemäß Art. 32 EMRK hat der EGMR die Deutungshoheit, wie die EMRK auszulegen ist. Daraus ergibt sich für den deutschen Rechtsanwender unmittelbar die Frage, welche Bedeutung den Entscheidungen des EGMR im nationalen Recht beizumessen ist.[32] In den wegweisenden Entscheidungen *Görgülü*[33] und *Sicherungsverwahrung*[34] hat das BVerfG diese Frage umfangreich beantwortet:

Das BVerfG machte der viel diskutierten Frage ein Ende, ob die EMRK verfassungsrechtliche oder jedenfalls einfachem Bundesrecht übergeordnete Bedeutung habe. Sie sei nur einfaches Bundesrecht und damit auch kein unmittelbarer verfassungsrechtlicher Prüfungsmaßstab.[35] Allerdings diene die EMRK als Hilfe bei der Auslegung der Grundrechte und den rechtsstaatlichen

---

28 Löwe-Rosenberg/*Esser*, Art. 6 EMRK, Art. 14 IPbpR, Rn. 446; *Pache*, EuR 2004, 393 (396); *Voßkuhle*, RdA 2015, 336 (336).

29 *Pache*, EuR 2004, 393 (394).

30 *Pache*, EuR 2004, 393 (395).

31 *Pache*, EuR 2004, 393 (398 ff.).

32 Hierzu überblicksartig: *Diehm*, Die Menschenrechte der EMRK und ihr Einfluss auf das deutsche Strafgesetzbuch, 100 ff.

33 *BVerfG*, Beschl. v. 14.10.2004 – 2 BvR 1481/04.

34 *BVerfG*, Urt. v. 04.05.2011 – 2 BvR 2333/08.

35 Vgl. *Vogler*, ZStW 1970, 743 (746): Davon abzugrenzen sei die Frage, ob eine Verfassungsbeschwerde auf Grundrechte der EMRK gestützt werden kann. Das ergebe sich jedenfalls nicht zwingend aus dem teilweise angenommenen Verfassungsrang der EMRK, da auch im innerstaatlichen Recht nicht jede Verfassungsnorm Grundlage für eine Verfassungsbeschwerde sein kann.

Grundsätzen des Grundgesetzes.[36] Aus der Völkerrechtsfreundlichkeit des Grundgesetzes ergebe sich die Pflicht, innerstaatliches Recht so auszulegen, dass Konflikte mit dem Völkerrecht vermieden werden.[37] Über Art. 1 Abs. 2 GG habe das Grundgesetz den Geltungsgehalt der EMRK als Mindeststandard in sich aufgenommen.[38]

Weiterhin unterscheidet das BVerfG zwischen der Rechtskraftwirkung von Urteilen des EGMR für die betroffenen Parteien und der Orientierungswirkung für nicht beteiligte Staaten.[39] Gemäß Art. 46 EMRK muss ein Staat ein ihn betreffendes Urteil befolgen und die Konventionsverletzung mit nationalen Instrumenten abstellen. Im Falle eines Verwaltungsaktes müsse dieser aufgehoben werden, im Falle einer Gerichtsentscheidung müsse das Verfahren (wenn möglich)[40] wiederaufgenommen werden und im Falle einer Rechtsnorm müsse diese angepasst werden.[41]

Aus Art. 56 EMRK folge, dass im Hinblick auf die „wirksame Anwendung" der EMRK alle Träger hoheitlicher Gewalt gebunden sind, das umfasse auch die Gerichte.[42] Die Bindung an Gesetz und Recht umfasse schließlich auch die Bindung an die EMRK.[43] Bei der Entscheidungsfindung seien deutsche Gerichte daher gehalten, einschlägige Rechtsprechung des EGMR zur Kenntnis zu nehmen, sich damit auseinanderzusetzen und den Aussagegehalt zu beachten. Abweichungen müssten umfassend begründet werden.[44] Allerdings seien bei der Umsetzung der Rechtsprechung des EGMR auch immer die nationalen Besonderheiten des Rechtsgefüges zu beachten. So dürften Entscheidungen des EGMR nicht schematisch auf Privatrechtsverhältnisse angewendet werden, um die empfindliche Interessenabwägung nicht zugunsten der Partei zu verschieben, die vor dem EGMR geklagt hat.[45] Ganz besondere Vorsicht erfordere

---

36 *BVerfG*, Urt. v. 04.05.2011 – 2 BvR 2333/08, Rn. 87 f.; Beschl. v. 14.10.2004 – 2 BvR 1481/04, Rn. 31 f.

37 *BVerfG*, Beschl. v. 14.10.2004 – 2 BvR 1481/04, Rn. 33.

38 *BVerfG*, Urt. v. 04.05.2011 – 2 BvR 2333/08, Rn. 90.

39 *BVerfG*, Urt. v. 04.05.2011 – 2 BvR 2333/08, Rn. 89; Beschl. v. 14.10.2004 – 2 BvR 1481/04, Rn. 38 f.

40 Einen entsprechenden Wiederaufnahmegrund gibt es bisher nur im Strafverfahrensrecht: § 359 Nr. 6 StPO.

41 *BVerfG*, Beschl. v. 14.10.2004 – 2 BvR 1481/04, Rn. 51 ff.

42 *BVerfG*, Beschl. v. 14.10.2004 – 2 BvR 1481/04, Rn. 46.

43 *BVerfG*, Beschl. v. 14.10.2004 – 2 BvR 1481/04, Rn. 47.

44 *BVerfG*, Beschl. v. 14.10.2004 – 2 BvR 1481/04, Rn. 48.

45 *BVerfG*, Beschl. v. 14.10.2004 – 2 BvR 1481/04, Rn. 50.

der Eingriff in sogenannte „ausbalancierte Teilsysteme“ des deutschen Rechts, z.B. das Persönlichkeitsrecht. Hier gebe es aufgrund der komplizierten innerstaatlichen Lösung eines Rechtsproblems gegebenenfalls „Rezeptionshemmnis[se]“.[46]

Insgesamt führt die Rechtsprechung des EGMR dazu, dass im deutschen Recht eine fortlaufende europäische Harmonisierung in Bezug auf den Grundrechteschutz erfolgt.[47] Geplant ist für die Zukunft sogar ein Beitritt der EU zur EMRK, Art. 6 Abs. 2 EUV. Das würde dazu führen, dass der EGMR über den Grundrechtsschutz der EU selbst, insbesondere in der Rechtsprechung des EuGH, wachen würde.[48]

c. Der Internationale Pakt über bürgerliche und politische Rechte

Auch Art. 14 Abs. 2 des IPbpR von 1966 gilt in Deutschland über Art. 59 Abs. 2 GG als Bundesrecht und lautet wie folgt:

> *„Jeder wegen einer strafbaren Handlung Angeklagte hat Anspruch darauf, bis zu dem im gesetzlichen Verfahren erbrachten Nachweis seiner Schuld als unschuldig zu gelten“*

Die Unschuldsvermutungen der EMRK und des IPbpR stimmen inhaltlich überein, auch wenn es sich um unterschiedliche Formulierungen handelt.[49]

Der IPbpR wurde als völkerrechtlicher Vertrag ausformuliert. In ihm werden viele Aspekte der AEMR neu aufgegriffen und in bindender Form festgelegt. Da die AEMR als Resolution selbst keine Bindungswirkung entfaltet, mussten ihre einzelnen Garantien erst in einen bindenden Vertrag transformiert werden.[50] Das Rechtsschutzsystem des IPbpR sieht zwar ein Individualbeschwerdesystem vor dem Menschenrechtsausschuss vor, dieses wird jedoch verglichen mit dem der EMRK wenig in Anspruch genommen.[51] Das mag daran liegen, dass das Verfahren vor dem Menschenrechtsausschuss nicht obligatorisch ist und die Entscheidungen des Menschenrechtsausschusses nur Empfehlungscharakter haben – also nicht bindend sind.[52] In dieser Hinsicht ist der IPbpR in

---

46 *BVerfG*, Urt. v. 04.05.2011 – 2 BvR 2333/08, Rn. 91 ff.; Beschl. v. 14.10.2004 – 2 BvR 1481/04, Rn. 57 f.

47 Vgl. *Becker*, EuR 2019, 469 (470); *Pache*, EuR 2004, 393 (412).

48 *Becker*, EuR 2019, 469 (482); *Pache*, EuR 2004, 393 (413 f.).

49 Gollwitzer/*Gollwitzer*, Art. 6 EMRK, Art. 14 IPBPR, Rn. 104.

50 Hofmann/Boldt/*Hofmann/Boldt*, Einleitung, Rn. 1; Löwe-Rosenberg/*Esser*, Art. 6 EMRK, Art. 14 IPbpR, Rn. 446; *Pache*, EuR 2004, 393 (393 f.).

51 Hofmann/Boldt/*Hofmann/Boldt*, Einleitung, Rn. 2.

52 Vgl. Art. 1-5 Protokoll 1 IPbpR.

Deutschland eher bedeutungsschwach.[53] Primäre Bedeutung erlangt er im nationalen Recht durch Inbezugnahmen in der verfassungsrechtlichen Praxis.[54]

d. *Die Charta der Grundrechte der Europäischen Union*

Auch die GRCh von 2009 nennt als Primärrecht der EU die Unschuldsvermutung in Art. 48 Abs. 1:

> *„Jeder Angeklagte gilt bis zum rechtsförmlich erbrachten Beweis seiner Schuld als unschuldig."*

Die GRCh gehört zum europäischen Primärrecht, Art. 6 Abs. 1 EUV. Gemäß Art. 51 Abs. 1 GRCh bindet sie vorrangig die Organe, Einrichtungen und sonstigen Stellen der Europäischen Union. Daneben bindet sie die Mitgliedsstaaten bei der Durchführung von Unionsrecht.

e. *Vergleich des Wortlautes der verschiedenen Unschuldsvermutungen*

Vergleicht man die aufgezählten Formulierungen, fallen förmliche und inhaltliche Übereinstimmungen auf.

Jede dieser Unschuldsvermutungen besteht aus drei sprachlichen Elementen, dem persönlichen Schutzbereich, der Vermutungswirkung und einem Ereignis, das die Vermutungswirkung beendet.[55]

Der persönliche Schutzbereich umfasst in allen Formulierungen den Angeklagten im Strafverfahren. Lediglich die AEMR geht noch weiter, wenn sie auch den Beschuldigten in den Schutzbereich einbezieht. Aus dieser Gemeinsamkeit lässt sich schließen, dass die Unschuldsvermutung primär strafrechtsbezogen ist.

Die Vermutungswirkung ist jeweils, dass die vom Schutzbereich erfasste Person als unschuldig gilt. Im IPbpR geht die Formulierung dahin, dass ein Recht bzw. Anspruch besteht, als unschuldig zu gelten. Die Vermutungswirkung verdeutlicht die subjektiv-rechtliche Seite der Unschuldsvermutung, die als Abwehrrecht gegenüber dem Staat wirkt. Die Fiktion der Unschuld[56] dient

---

53 Hofmann/Boldt/*Hofmann/Boldt*, Einleitung, Rn. 2 f.

54 Hofmann/Boldt/*Hofmann/Boldt*, Einleitung, Rn. 2.

55 *Stuckenberg*, Unschuldsvermutung und Verdacht, 66 f.; *Stuckenberg*, ZStW 1999, 422 (443): Dieser nennt die Bausteine der Vermutung Vermutungsbasis, Gegenbeweis und Vermutungsobjekt. Diese Bausteine seien durch normative Beziehungen zueinander verbunden.

56 Von einer "Fiktion der Normtreue" spricht: Gollwitzer/*Gollwitzer*, Art. 6 EMRK, Art. 14 IPBPR, 105.

dazu, den Betroffenen vor staatlichen Maßnahmen zu schützen die die Schuld voraussetzen.

Alle Unschuldsvermutungen beenden ihre Wirkung, sobald ein Schuldnachweis stattgefunden hat. Die Anforderungen an den Schuldnachweis variieren. Voraussetzung ist aber in allen Fällen ein gesetzliches Verfahren. An dieser Stelle lassen die Unschuldsvermutungen dem nationalen Gesetzgeber Raum, das Verfahren, welches letztendlich zum Schuldnachweis führt, zu gestalten. Dieser Freiraum nimmt der Garantie ihre Schärfe, wird aber wiederum durch die Anforderungen von Art. 6 Abs. 1 und 3 EMRK zum fairen Verfahren konkretisiert.[57] Aufgrund des strafrechtlichen Bezugs der Unschuldsvermutung muss es bei dem Schuldnachweis aber um den Nachweis der strafrechtlichen Schuld des Betroffenen gehen. Eine zivilrechtliche Verurteilung könnte dem z.B. nicht genügen, da das Zivilgericht – jedenfalls im deutschen Recht – keine strafrechtliche Schuld feststellen kann.[58]

Zusammenfassend enthalten alle Unschuldsvermutungen die Grundaussage, dass ein Angeklagter im Strafverfahren als unschuldig gilt, bis zu dem Zeitpunkt, in dem ihm die Schuld in einem gesetzlichen Verfahren nachgewiesen wurde. Wer als unschuldig gilt, darf nicht mit Maßnahmen belastet werden, die die Schuld des Betroffenen voraussetzen.

Für den deutschen Rechtsanwender sind vor allem die Unschuldsvermutungen aus dem IPbpR, der EMRK und der GRCh von Bedeutung.

2. Nationales Recht

Nicht ausdrücklich niedergeschrieben ist die Unschuldsvermutung in der deutschen Verfassung. Allerdings besteht weite Einigkeit dahingehend, dass die Unschuldsvermutung aus dem GG herauszulesen ist.[59] Nach ständiger Rechtsprechung des BVerfG ist die Unschuldsvermutung als Ausprägung des Rechtsstaatsprinzips aus Art. 20 Abs. 3 GG anerkannt und hat somit Verfassungsrang.[60] Positiviert wurde sie in Deutschland nur im Wege der

57 Löwe-Rosenberg/*Esser*, Art. 6 EMRK, Art. 14 IPbpR, Rn. 467.

58 Vgl. Löwe-Rosenberg/*Esser*, Art. 6 EMRK, Art. 14 IPbpR, Rn. 467.

59 Löwe-Rosenberg/*Esser*, Art. 6 EMRK, Art. 14 IPbpR, Rn. 448.

60 *BVerfG*, Stattgebender Kammerbeschl. v. 16.07.2019 – 2 BvR 419/19, Rn. 44; Beschl. v. 26.03.1987 – 2 BvR 589/79, Rn. 35; Beschl. v. 19.07.1967 – 2 BvR 489/66, Rn. 32; Beschl. v. 15.12.1965 – 1 BvR 513/65, Rn. 13.

Transformation der EMRK und des IPbpR in einfaches innerstaatliches Recht sowie in einigen Landesverfassungen.[61]

3. Einheitliche oder getrennte Auslegung der unterschiedlich normierten Unschuldsvermutungen?

Grundsätzlich ist jede Norm in ihrem Normsystem auszulegen. Das heißt, dass die Unschuldsvermutungen der unterschiedlichen Normsysteme nicht unbedingt gleich auszulegen sind und möglicherweise unterschiedlich weit reichen. Für diese Untersuchung sind die Unschuldsvermutungen der EMRK und die des GG zentraler Gegenstand. Diese Fokussierung ergibt sich aus dem Themenzuschnitt, der die Umsetzung einer Rechtsprechungslinie des EGMR im deutschen Recht behandelt.

Die Unschuldsvermutung des GG ist ein ungeschriebener Ausfluss des Rechtsstaatsprinzips aus Art. 20 Abs. 3 GG. Möchte man diese Norm auslegen, fehlt es an einem speziellen Wortlaut als Gegenstand der Auslegung. Der Wortlaut des Art. 20 Abs. 3 GG bezieht sich gerade nicht auf das Bestehen oder die Ausgestaltung einer Unschuldsvermutung.[62] Das BVerfG stellt jedoch in ständiger Rechtsprechung fest, dass eine Positivierung der Unschuldsvermutung im Wege der Transformation der EMRK in nationales Recht erfolgt ist.[63]

Die Auslegung der EMRK wird maßgeblich von der Rechtsprechung des EGMR beeinflusst. Deutsche Gerichte sind wiederum dazu angehalten, die einschlägige Rechtsprechung des EGMR zur Kenntnis zu nehmen und sich damit auseinanderzusetzen. Zwar ist es ihnen möglich, von den Entscheidungen des EGMR auch abzuweichen; das muss allerdings umfassend begründet werden.[64] Auch diese Leitbildfunktion der EGMR-Rechtsprechung für das deutsche Recht führt zu einer Angleichung der Unschuldsvermutungen aus EGMR und GG.[65] Das BVerfG nimmt an, dass die Rechtsprechung des EGMR als Auslegungshilfe bei der Bestimmung von Inhalt und Reichweite von Grundrechten und rechtsstaatlichen Grundsätzen des GG anzuwenden ist. Wortwörtlich:

---

61 Berlin Art. 9 Abs. 2, Bremen Art. 6 Abs. 3, Brandenburg Art. 53 Abs. 2, Hessen Art. 20 Abs. 2 S. 1, Rheinland-Pfalz Art. 6 Abs. 4 S. 2, Saarland Art. 14 Abs. 2.

62 Allgemein zur Bedeutung des Wortlautes bei der Auslegung: *Honsell*, ZfPW 2016, 106 (120).

63 *BVerfG*, Stattgebender Kammerbeschl. v. 16.07.2019 – 2 BvR 419/19, Rn. 44; Beschl. v. 26.03.1987 – 2 BvR 589/79, Rn. 35; Beschl. v. 19.07.1967 – 2 BvR 489/66, Rn. 32; Beschl. v. 15.12.1965 – 1 BvR 513/65, Rn. 13.

64 Siehe § 2 II 1 b).

65 Vgl. Löwe-Rosenberg/*Esser*, Art. 6 EMRK, Art. 14 IPbpR, Rn. 454.

„Die Unschuldsvermutung ist eine besondere Ausprägung des Rechtsstaatsprinzips und hat damit Verfassungsrang. Sie ist auch kraft Art. 6 Abs. 2 EMRK Bestandteil des positiven Rechts der Bundesrepublik Deutschland im Range eines Bundesgesetzes (vgl. BVerfGE 19, 342 (347); 22, 254 (265); 25, 327 (331); 35, 311 (320)). Wenn das Bundesverfassungsgericht sich zur Definition der Unschuldsvermutung auf den Wortlaut des Art. 6 Abs. 2 EMRK bezogen hat (BVerfGE 35, 311 (320)), der in der Bundesrepublik den Rang von Verfassungsrecht nicht genießt, so beruht dies auf der rechtlichen Wirkung, die das Inkrafttreten der Konvention auf das Verhältnis zwischen den Grundrechten des Grundgesetzes und ihnen verwandten Menschenrechten der Konvention hat. Bei der Auslegung des Grundgesetzes sind auch Inhalt und Entwicklungsstand der Europäischen Menschenrechtskonvention in Betracht zu ziehen, sofern dies nicht zu einer Einschränkung oder Minderung des Grundrechtsschutzes nach dem Grundgesetz führt, eine Wirkung, die die Konvention indes selbst ausgeschlossen wissen will (Art. 60 EM-RK). Deshalb dient insoweit auch die Rechtsprechung des Europäischen Gerichtshofs für Menschenrechte als Auslegungshilfe für die Bestimmung von Inhalt und Reichweite von Grundrechten und rechtsstaatlichen Grundsätzen des Grundgesetzes.“ [66]

Dennoch können die Unschuldsvermutungen der EMRK und des GG theoretisch voneinander abweichen.[67] Der Menschenrechtsstandard der EMRK wird immerhin dadurch gesichert, dass diese im nationalen Recht als einfaches Recht gilt und der Rechtsweg zum EGMR offen steht. Einzig ausgeschlossen wird durch Art. 53 EMRK, dass die Unschuldsvermutung des GG aufgrund einer engen Auslegung der EMRK beschränkt wird. Schließlich dient die EMRK zur Erweiterung des Menschenrechteschutzes und nicht zu dessen Beschränkung.

Praktisch ist mithin davon auszugehen, dass die Unschuldsvermutungen von EMRK und GG im Wesentlichen deckungsgleich sind. Sie haben einen gleichen Kerntatbestand.[68] Bei der Auslegung der Unschuldsvermutung des GG wird die Rechtsprechung des EGMR zu Art. 6 Abs. 2 EMRK herangezogen. Allerdings werden bei der Umsetzung auch Besonderheiten der nationalen Rechtsordnung beachtet.[69]

III. Theoretische Grundlage der Unschuldsvermutung

Die Existenz einer Vermutung für die Unschuld einer Person ist keinesfalls selbsterklärend. Die Unschuldsvermutung steht einer effektiven

---

66 *BVerfG*, Beschl. v. 26.03.1987 – 2 BvR 589/79, Rn. 35.

67 Löwe-Rosenberg/*Esser*, Art. 6 EMRK, Art. 14 IPbpR, Rn. 454.

68 So auch Gollwitzer/*Gollwitzer*, Art. 6 EMRK, Art. 14 IPBPR, Rn. 111.

69 Gollwitzer/*Gollwitzer*, Art. 6 EMRK, Art. 14 IPBPR, Rn. 117; vgl. *Echterhölter*, JZ 1956, 142 (142).

Kriminalitätsbekämpfung zum Wohle der Allgemeinheit entgegen. Diese Problematik war schon im 19. Jahrhundert bekannt.[70]

Die meisten Angeklagten im Strafverfahren werden auch verurteilt.[71] Die Unschuldsvermutung lässt sich also nicht ohne weiteres auf eine Wahrscheinlichkeit stützen.[72] Würde man diesem Ansatz folgen, müsste man wohl eine Schuldvermutung annehmen, diese gibt es allerdings nicht.[73]

Der Geltungsgrund der Unschuldsvermutung ist vielmehr im Soll- anstatt im Istzustand zu suchen. Er ist ein idealistisches Menschenbild, nach dem man – wider die tatsächliche Sachlage – davon ausgeht, dass die Menschen grundsätzlich gut sind und ein Beschuldigter grundsätzlich freigesprochen wird.[74]

An dieser Stelle soll außerdem auch auf die viel zitierte Trajansentenz zurückgekommen werden: Es ist besser, einen Schuldigen davonkommen zu lassen, als einen Unschuldigen zu bestrafen.[75] Diese alte rechtsphilosophische Überlegung ist auch heute noch überzeugend. Die staatliche Gewalt ist im Strafrecht besonders ausgeprägt; das Strafrecht ist das „schärfste Schwert des Staates"[76] Dieses sollte nicht unbedacht eingesetzt werden und so das Vertrauen der Bürger in den Rechtsstaat erschüttern.[77]

Ähnlichen Überlegungen folgt auch das Schuldprinzip. Beide Prinzipien vervollständigen sich gegenseitig und schützen den Einzelnen davor, für das Gemeininteresse einer effektiven Kriminalitätsbekämpfung geopfert zu werden. In diesem Sinne gründet die Unschuldsvermutung nicht nur auf einem idealistischen Menschenbild, sondern vielmehr auch auf einem pessimistischen Staatsbild.

---

70 Siehe § 2 I.

71 *Statistisches Bundesamt,* Gerichtliche Strafverfolgungsstatistik 2018, 17: So wurden alleine in den Jahren 2016–2018 80,6 %, 80,4 % und 80,2 % der Abgeurteilten auch verurteilt.

72 Allgemein zu den Grenzen der Statistik bei der Lösung juristischer Fälle: *Schuhr,* Beweis und Statistik.

73 Vgl. *Stuckenberg,* Unschuldsvermutung und Verdacht, 67; *Stuckenberg,* ZStW 1999, 422 (443).

74 Vgl. *Stuckenberg,* Unschuldsvermutung und Verdacht, 67.

75 Siehe § 2 I, Fn. 9.

76 *Rostalski,* HRRS 2015, 315 (318).

77 Vgl. Gollwitzer/*Gollwitzer,* Art. 6 EMRK, Art. 14 IPBPR, Rn. 118; *Marxen,* GA 1980, 365 (373).

IV. Der Begriff der Unschuldsvermutung

1. Psychologisches und normatives Verständnis der Unschuldsvermutung

Wie genau ist der verfassungsrechtliche Begriff der Unschuldsvermutung zu verstehen? Ein Angeklagter gilt demnach als unschuldig, bis ein Schuldnachweis erbracht wurde. Wie wirkt sich diese Vermutung für die Unschuld ganz konkret aus?

Das nur vereinzelt vertretene psychologische Verständnis der Unschuldsvermutung nach *Sax* basiert auf einem reziproken Wirkverhältnis von Unschuldsvermutung und Tatverdacht. Konkret bedeutet das, dass der Wirkungsgrad der Unschuldsvermutung davon abhängt, wie schwer der Tatverdacht wiegt. Je stärker der Tatverdacht, desto schwächer die Wirkung der Unschuldsvermutung und umgekehrt.[78] Ein solches Verständnis der Unschuldsvermutung verstößt jedoch schon gegen den Wortlaut von Art. 6 Abs. 2 EMRK. Aus diesem lässt sich keine Abhängigkeit der Vermutung von der Stärke des Tatverdachts ablesen.

Neben dem psychologischen gibt es das normative Verständnis der Unschuldsvermutung. Demnach entfaltet die Unschuldsvermutung ihre volle Wirkung solange, bis der Schuldnachweis geführt wurde.[79] Die Schwere des Tatverdachts berührt die Wirksamkeit der Unschuldsvermutung nicht. Diese hat nicht unterschiedliche Wirkungsgrade, sie kann nur voll oder gar nicht wirken.

Der normative Begriff hat sich wohl zum herrschenden Meinungsstand entwickelt. Es finden sich auch bei intensiver Literaturrecherche keine aktuellen Auseinandersetzungen von Autoren mit dem psychologischen Begriff mehr. Für den normativen Begriff der Unschuldsvermutung spricht vor allem die rechtsstaatliche Anforderung, dass ein Richter auch bei erdrückender Verdachtslage psychologisch noch in der Lage sein muss, von der Unschuld des Angeklagten auszugehen und somit ein möglichst objektives Verfahren zu gewährleisten.[80] Der psychologische Begriff hat demgegenüber zwei entscheidende Schwächen. Zum einen wäre er in unserem Strafprozesssystem von vorneherein wirkungslos, da die Eröffnung der Hauptverhandlung den hinreichenden Tatverdacht

---

78 *Sax*, Grundsätze der Strafrechtspflege, 987 f.

79 *Gropp*, JZ 1991, 804 (805 f.); *Staudinger*, Welche Folgen hat die Unschuldsvermutung im Strafprozess?, 61 ff.

80 Vgl. *Gropp*, JZ 1991, 804 (806); IntKomm EMRK/*Kühne*, Art. 6 EMRK, Rn. 471.

voraussetzt.[81] Im reziproken Wirksystem des psychologischen Begriffs würde das bedeuten, dass der Wirkungsgrad der Unschuldsvermutung zu Beginn der Hauptverhandlung gegen Null geht.[82] Zum anderen versagt der psychologische Begriff bei mehreren Richtern, da unklar ist, auf wessen Überzeugung vom Tatverdacht es zur Bewertung des Wirkverhältnisses ankommt.[83] Im Ergebnis ist daher davon auszugehen, dass die Unschuldsvermutung bis zum Schuldnachweis ihre volle Wirkung zugunsten des Betroffenen entfaltet.[84]

2. Verschiedene Begriffe der Unschuld

Im Rahmen der Begriffsklärung ist außerdem darauf hinzuweisen, dass der Begriff der Unschuld selbst nicht immer einheitlich verwendet wird. Darauf macht vor allem *Stuckenberg* aufmerksam.[85] Dieser unterscheidet vier mögliche Verwendungen des Begriffs der Unschuld und macht auch deutlich, dass es noch weitere geben kann:

(1) Unschuld in dem Sinne, dass ein Tatbestand nicht oder jedenfalls nicht vollständig erfüllt ist
(2) Unschuld in dem Sinne, dass nicht alle Bestrafungsvoraussetzungen vorliegen. Dazu zählt vor allem der Abschluss eines Strafverfahrens
(3) Nachgewiesene Unschuld als Ergebnis der Beweiswürdigung
(4) Unschuld in dem Sinne, dass die Schuld endgültig nicht festgestellt werden konnte[86]

Bei Diskussionen über die Unschuldsvermutung ist es wichtig, sich darüber im Klaren zu sein, von welchem Verständnis der Unschuld jeweils ausgegangen wird. Bei unbedarfter Verwendung eines nicht eindeutigen Begriffs können Missverständnisse entstehen, die es zu vermeiden gilt.[87]

81 § 203 StPO.
82 *Gropp*, JZ 1991, 804 (806).
83 *Gropp*, JZ 1991, 804 (806).
84 Zustimmend auch *Marxen*, GA 1980, 365 (374).
85 *Stuckenberg*, StV 2016, 5 (7 f.); *Stuckenberg*, Unschuldsvermutung und Verdacht, 64 f.; *Stuckenberg*, ZStW 1999, 422 (440 ff.).
86 *Stuckenberg*, Unschuldsvermutung und Verdacht, 64 f.; *Stuckenberg*, ZStW 1999, 422 (440 ff.).
87 *Stuckenberg*, StV 2016, 5 (7 f.); vgl. *Stuckenberg*, ZStW 1999, 422 (7 f.).

V. Aussagegehalt der Unschuldsvermutung

Nachdem der Begriff der Unschuldsvermutung für diese Untersuchung festgelegt wurde, drängt sich die Frage auf, welche konkreten Rechtsregeln nun aus der Unschuldsvermutung folgen.

1. Die Unschuldsvermutung im Strafverfahren (erster Aspekt)

Die Unschuldsvermutung entfaltet ihre Wirkung primär im Strafverfahren.[88] Das ergibt sich schon aus den unterschiedlichen Formulierungen, die im persönlichen Schutzbereich alle darauf abstellen, dass jemand einer Straftat beschuldigt oder angeklagt ist.[89] Zum einen ist die Unschuldsvermutung hier subjektives Recht des Betroffenen, das ihn vor bestimmten Eingriffen schützt, zum anderen handelt es sich um eine objektive Institutsgarantie, die das faire, rechtsstaatliche Verfahren sichert.[90] Aufgrund dieser objektiven Komponente ist ein Verzicht auf die Unschuldsvermutung ausgeschlossen; hiervon ausgenommen ist das Geständnis.[91]

Die Unschuldsvermutung hängt eng mit dem Schuldprinzip zusammen. Während das Schuldprinzip den Angeklagten vor der Strafe als solcher schützt (materiell), schützt ihn die Unschuldsvermutung vor einem vorzeitigen Unwerturteil (verfahrens- und zeitbezogen).[92] Manche Autoren sehen in der Unschuldsvermutung auch eine grundrechtliche Komponente, in der Form, dass es sich um die Verbürgung eines subjektiven Rechts zum besonderen verfassungsrechtlichen Schutz des Einzelnen handelt.[93] *Lindner* leitet diese Betrachtung daraus her, dass er die Unschuldsvermutung als Ausprägung des

88 Meyer/Hölscheidt/*Eser/Kubiciel*, Art. 48 GrCh, Rn. 13; Gollwitzer/*Gollwitzer*, Art. 6 EMRK, Art. 14 IPBPR, Rn. 106; Löwe-Rosenberg/*Esser*, Art. 6 EMRK, Art. 14 IPbpR, Rn. 449; IntKomm EMRK/*Kühne*, Art. 6 EMRK, Rn. 417; *Meyer*, Grenzen der Unschuldsvermutung, 62.

89 Z.B.: Art. 6 Abs. 2 EMRK; Art. 48 Abs. 1 GRCh; Art. 14 Abs. 2 IPbpR; Art. 11 Abs. 1 AEMR.

90 Meyer/Hölscheidt/*Eser/Kubiciel*, Art. 48 GrCh, Rn. 11; Gollwitzer/*Gollwitzer*, Art. 6 EMRK, Art. 14 IPBPR, Rn. 115; vgl. Heghmanns/Scheffler/*Meinen*, Kapitel IV, Rn. 1.

91 Gollwitzer/*Gollwitzer*, Art. 6 EMRK, Art. 14 IPBPR, Rn. 115; SK StPO/*Meyer*, Art. 6 EMRK, Rn. 360.

92 *Lindner*, AöR 2008, 235 (244); ähnlich: *Frister*, Schuldprinzip, Verbot der Verdachtsstrafe und Unschuldsvermutung als materielle Grundprinzipien des Strafrechts, 13; *Staudinger*, Welche Folgen hat die Unschuldsvermutung im Strafprozess?, 51 ff.

93 Z.B. *Lindner*, AöR 2008, 235 (242 f.); SK StPO/*Meyer*, Art. 6 EMRK, Rn. 307.

allgemeinen Persönlichkeitsrechts sieht.[94] Das führt zu drei Dimensionen der Unschuldsvermutung: die eingriffsabwehrrechtliche, die schutzrechtliche und die verfahrensorganisierende Dimension.[95] Außerdem resultiert daraus, dass die Unschuldsvermutung einer Abwägung zugänglich ist, bei der das Verhältnismäßigkeitsprinzip anzuwenden ist.[96]

Die Auswirkungen, die die Unschuldsvermutung auf das Strafverfahren hat, lassen sich in zwei Kategorien einteilen: die, welche auf das Verfahren bezogen sind, und die, welche auf die Entscheidung bezogen sind.[97]

Bezogen auf das Strafverfahren wirkt die Unschuldsvermutung sich limitierend aus.[98] Indem sie den Betroffenen schützt, zwingt sie den Staat, bestimmte Eingriffe in dessen Rechtssphäre zu unterlassen. Insbesondere gilt für die Strafverfolgungsbehörden im Ermittlungsverfahren ein striktes Verbot der öffentlichen Vorverurteilung.[99] Dieser Schutz mag auch als Anknüpfungsverbot bezeichnet werden. Ein solches Anknüpfungsverbot verbietet es, staatliche rechtliche oder tatsächliche Maßnahmen (ohne entsprechende Rechtfertigung) an einen Verdacht zu knüpfen. Eine Anknüpfung ist weder erlaubt, wenn sie sich explizit auf den Verdacht stützt, noch wenn das stillschweigend geschieht. Solche belastenden Maßnahmen dürfen erst dann eingesetzt werden, wenn die Schuld des Betroffenen sicher festgestellt wurde. Dieses Anknüpfungsverbot ergeht aus der Unschuldsvermutung im Lichte des allgemeinen Persönlichkeitsrechtes.[100] Schließlich leitet die Unschuldsvermutung das Verfahren mit zwei grundsätzlichen Verboten: Der Verdächtige darf nicht gleich einem Schuldigen behandelt werden (Gleichbehandlungsgebot) und nicht ungleich einem Nicht-Verdächtigen (Ungleichbehandlungsverbot). Tatsächlich verstößt das geltende Strafprozessrecht in vielen Fällen gegen diese Verbote – man denke nur an die Eingriffsbefugnisse im Ermittlungsverfahren. Entsprechende Verstöße bedürfen allerdings einer Rechtfertigung.[101]

---

94 *Lindner*, AöR 2008, 235 (245 ff.).
95 *Lindner*, AöR 2008, 235 (236).
96 *Lindner*, AöR 2008, 235 (250).
97 *Frister*, Schuldprinzip, Verbot der Verdachtsstrafe und Unschuldsvermutung als materielle Grundprinzipien des Strafrechts, 84 f.; *Gropp*, JZ 1991, 804 (806); *Köster*, Die Rechtsvermutung der Unschuld, 102.
98 *Gropp*, JZ 1991, 804 (804).
99 SK StPO/*Meyer*, Art. 6 EMRK, Rn. 331 ff.
100 *Lindner*, AöR 2008, 235 (246).
101 *Gropp*, JZ 1991, 804 (807); *Stuckenberg*, Unschuldsvermutung und Verdacht, 73 ff.

Bezogen auf die Entscheidung gewährleistet die Unschuldsvermutung vor allem eine „ergebnisoffene Entscheidungsfindung".[102] An anderer Stelle wird diese Funktion auch als Schutz des Verfahrens vor Desavouierung bezeichnet.[103] Dies meint, dass die Ungewissheit über den Verfahrensausgang künstlich bis zur Rechtsfolgenentscheidung hinausgezögert wird.[104]

Daneben resultiert aus der Unschuldsvermutung die Entscheidungsregel *in dubio pro reo* – im Zweifel für den Angeklagten. Eine unklare Tatsachenbasis darf also nicht zulasten des Angeklagten gewertet werden. Einige Stimmen gehen sogar darüber hinaus und sprechen der Unschuldsvermutung die Wirkungen einer Beweislastregel zu: Die Unschuldsvermutung verbiete es, dem Angeklagten aufzuerlegen, seine Unschuld nachzuweisen. Vielmehr verlange sie, dass der Staat den vollen Nachweis aller Tatsachen erbringt, die die Schuld begründen.[105] Diese Ansicht ist freilich nicht selbstverständlich. Jedenfalls aus dem Wortlaut der unterschiedlichen Unschuldsvermutungen ergibt sich nicht die Regelung der Beweislastverteilung. Abgeleitet werden könnte diese Funktion aber aus dem Rechtsstaatsprinzip.

Schließlich adressiert die Unschuldsvermutung auch den Gesetzgeber, der sich bei der Gesetzgebung an ihre Voraussetzungen halten muss.[106] Im Rahmen der mittelbaren Drittwirkung kann sie nach der Meinung einiger Autoren sogar die Rechtssphäre von Privaten tangieren.[107]

Immer wieder Thema von rechtswissenschaftlichen Untersuchungen ist das Dilemma zwischen dem Rechtssatz der Unschuldsvermutung und dem Legalitätsprinzip: Das Legalitätsprinzip als eine der strafprozessualen Maximen zwingt die Ermittlungsbehörden dazu, bei Bestehen eines Tatverdachts Ermittlungen zu führen. Im Sinne der Unschuldsvermutung gilt es hingegen,

---

102 Gollwitzer/*Gollwitzer*, Art. 6 EMRK, Art. 14 IPBPR, Rn. 103; Löwe-Rosenberg/*Esser*, Art. 6 EMRK, Art. 14 IPbpR, Rn. 445; vgl. IntKomm EMRK/*Kühne*, Art. 6 EMRK, Rn. 441.

103 SK StPO/*Meyer*, Art. 6 EMRK, Rn. 308; *Stuckenberg*, Untersuchungen zur Unschuldsvermutung, 544.

104 Vgl. *Effer-Uhe/Mohnert*, Psychologie für Juristen, Rn. 45 f., diese künstliche Verlängerung der Ungewissheit des Verfahrensausgangs ist insbesondere deshalb wichtig, weil sich Überzeugungen aus psychologischer Sicht schon sehr früh im Prozess bilden und dann schwer zu ändern sind.

105 Gollwitzer/*Gollwitzer*, Art. 6 EMRK, Art. 14 IPBPR, Rn. 137; SK StPO/*Meyer*, Art. 6 EMRK, Rn. 326 ff.

106 SK StPO/*Meyer*, Art. 6 EMRK, Rn. 343.

107 SK StPO/*Meyer*, Art. 6 EMRK, Rn. 344 ff.

noch keine staatlichen Maßnahmen an einen Verdacht zu knüpfen. Beidem können die Ermittlungsbehörden nicht gerecht werden.[108] In der Praxis wird dieses Dilemma durch einen Mittelweg gelöst. Ein Blick in die geltende StPO zeigt, dass einige ihrer Normen die Unschuldsvermutung unterstützen,[109] andere ihr zuwiderlaufen.[110] Die Strafverfolgungsbehörden sind während des Ermittlungsverfahrens nicht dazu gezwungen, von der Unschuld des Betroffenen auszugehen, sonst wäre das Ermittlungsverfahren nicht durchzuführen.[111] Sowohl die Unschuldsvermutung als auch das Legalitätsprinzip sind Rechtsprinzipien.[112] Die Einordnung der Unschuldsvermutung als Prinzip und nicht als Rechtsregel folgt daraus, dass sie Grundannahme für konkrete Rechtsregeln ist. Die Unschuldsvermutung als Prinzip beeinflusst die gesamte Gestaltung des Strafprozesses. Prinzipien sind grundsätzlich als Optimierungsgebote zu verstehen. Das bedeutet, dass ihnen größtmögliche Wirkung verschafft werden sollte. Im Fall einer Kollision sind Prinzipien gegeneinander abzuwägen und nicht strikt beizubehalten.[113]

2. Die Unschuldsvermutung außerhalb des Strafprozesses (zweiter Aspekt)

Die Unschuldsvermutung gilt in erster Linie im Strafprozess. Auch nach dem Strafprozess hat der Betroffene aber ein Schutzbedürfnis in Bezug auf nicht nachgewiesene Schuldvorwürfe. Deshalb stellt sich die Frage, ob die Unschuldsvermutung ihren Schutz auch über das Strafverfahren hinaus entfalten kann.

Nach der Meinung einiger Autoren gilt die Unschuldsvermutung ausschließlich im Strafverfahren, da sie als spezifische Garantie des Strafrechts ihre Wirkung nur bis zur förmlichen Beendigung des Strafprozesses entfalten könne. Nach Beendigung des Strafprozesses habe sie keinen Bezugspunkt mehr.[114]

---

108 Ausführlich zum Dilemma mit Lösungsvorschlag: *Staudinger,* Welche Folgen hat die Unschuldsvermutung im Strafprozess?, 104 ff.

109 So z.B. § 136 Abs. 2 StPO.

110 Dazu zählen vor allem die Befugnisnormen im Ermittlungsverfahren.

111 Meyer/Hölscheidt/*Eser/Kubiciel,* Art. 48 GrCh, Rn. 6; Gollwitzer/*Gollwitzer,* Art. 6 EMRK, Art. 14 IPBPR, Rn. 124; KK StPO/*Fischer,* Art. 6 EMRK, Rn. 136; *Gropp,* JZ 1991, 804 (805); *Schubarth,* Zur Tragweite des Grundsatzes der Unschuldsvermutung, 22 f.

112 Zur Unschuldsvermutung: Frowein/Peukert/*Peukert,* Art. 6 EMRK, Rn. 265.

113 Nach: *Alexy,* Rechtsregeln und Rechtsprinzipien, 19 f.; *Gropp,* JZ 1991, 804 (813).

114 So z.B. Separate Opinion of Judge de Gaetano, in: *EGMR,* Urt. v. 12.07.2013 – App. No. 25424/09, Allen v. United Kingdom, S. 38; *Eschke,* Die

Anders sieht es der EGMR. Dieser hat in einer mittlerweile umfangreichen Rechtsprechung herausgearbeitet, dass die Unschuldsvermutung zwei Schutzdimensionen habe: Zum einen wirke sie im Strafprozess, zum anderen wirke sie in außerstrafrechtlichen Folgeverfahren fort („*second aspect*“).[115] Die erste Schutzdimension betreffe die konkrete Ausgestaltung des Strafprozesses. Die zweite Schutzdimension solle den Beschuldigten auch über den Strafprozess hinaus schützen, vor einem Schuldspruch als schuldig bezeichnet zu werden. Hier gehe es also besonders um das gesellschaftliche Ansehen des Beschuldigten. Dieser Schutzbereich überschneide sich mit dem von Art. 8 EMRK (Recht auf Achtung des Privat- und Familienlebens).[116] Die Wirkung der Unschuldsvermutung über die Grenzen des Strafprozesses hinaus begründet der EGMR damit, dass nur so ein effektiver Schutz des Beschuldigten möglich sei.[117] Beschuldigungen nach Abschluss des Strafverfahrens könnten für den Betroffenen sogar noch einschneidender sein als während des laufenden Verfahrens.

Als einschränkendes Korrektiv hat der EGMR das „*link*-Erfordernis“ geschaffen: Die Unschuldsvermutung gilt demnach nur dann in außerstrafrechtlichen Folgeverfahren fort, wenn ein Zusammenhang des Folgeverfahrens mit dem vorherigen Strafprozess besteht.[118] Der EGMR hat allerdings keine klaren Voraussetzungen für das Bestehen des sogenannten „*links*“ geschaffen. Entscheidungen richten sich nach offenen Fallgruppen. Aus diesem Grund wird das „*link*-Erfordernis“ als willkürlich kritisiert.[119]

Die Ausweitung der strafrechtlichen Unschuldsvermutung auf außerstrafrechtliche Verfahren bedarf der Rechtfertigung.[120] Das Schutzbedürfnis eines Betroffenen, dessen Strafverfahren ohne Schuldnachweis endete, ist nach dem Verfahren unter Umständen sogar noch größer als währenddessen. Mit Abschluss des Strafverfahrens endet auch die Möglichkeit, die Unschuld noch im Verfahren zu beweisen und so gesellschaftlich rehabilitiert zu werden. Aus

---

Geltung der Unschuldsvermutung im Zivil- und Zivilverfahrensrecht, 80 ff.; *Meyer*, Grenzen der Unschuldsvermutung, 62.

115 *EGMR*, Urt. v. 12.07.2013 – App. No. 25424/09, Allen v. United Kingdom, Rn. 94.

116 *Bock*, Unschuldsvermutung und Entscheidungsbegründung, 158 ff.

117 *EGMR*, Urt. v. 12.07.2013 – App. No. 25424/09, Allen v. United Kingdom, Rn. 94; Concurring Opinion of Judge Tulkens, in: Urteil v. 11.02.2003 – App. No. 34964/97, Ringvold v. Norway, S. 15.

118 *EGMR*, Urt. v. 12.07.2013 – App. No. 25424/09, Allen v. United Kingdom, Rn. 104.

119 So z.B. *Bock*, Unschuldsvermutung und Entscheidungsbegründung, 165.

120 *Bock*, Unschuldsvermutung und Entscheidungsbegründung, 164.

dem Grunde der Effektivität wirkt die Unschuldsvermutung nach der Rechtsprechung des EGMR daher auch über das Strafverfahren hinaus.[121]

Auffällig ist, dass es kaum Entscheidungen deutscher Gerichte zum Thema „*second aspect*" gibt. Bei Befolgung der EGMR-Rechtsprechung treu dem Orientierungsgebot müsste es eigentlich immer wieder Anwendungsfälle für die Unschuldsvermutung auch außerhalb strafrechtlicher Verfahren geben. Es drängt sich die Vermutung auf, dass das Thema der Fortwirkung der Unschuldsvermutung in Deutschland wenig Beachtung erfährt und möglicherweise einige Entscheidungen nationaler Gerichte so vom EGMR nicht akzeptiert würden. Eine Vielzahl solcher Fälle kommt vermutlich nie zur Entscheidung durch den EGMR, sodass die Mängel in der deutschen Umsetzung nicht auffallen.

Zwar geht auch die höchstrichterliche Rechtsprechung deutscher Gerichte von einer Doppelwirkung der Unschuldsvermutung aus. Das wird erstmals in der Entscheidung des BVerfG in BVerfGE 74, 358 ff. (Privatklageverfahren und Unschuldsvermutung) deutlich. Hier geht das Gericht davon aus, dass die Unschuldsvermutung nicht nur im Strafverfahren wirkt, sondern auch dazu führt, dass dem Betroffenen seine Schuld im „allgemeinen Rechtsverkehr" erst dann vorgehalten werden darf, wenn die Schuld ordnungsgemäß festgestellt wurde.[122] Diese Doppelwirkung geht aber weniger weit als das Konzept des EGMR vom „*second aspect*". Bei der Wirkung der Unschuldsvermutung im allgemeinen Rechtsverkehr handelt es sich nach dem nationalen Verständnis um eine Wirkung des allgemeinen Persönlichkeitsrechts, die teilweise noch unter dem Aspekt der Unschuldsvermutung genannt wird, eigentlich aber auf einem anderen gedanklichen Konzept beruht.[123]

Anerkannt wird von den deutschen Gerichten jedenfalls die Fortwirkung der Unschuldsvermutung in Nebenentscheidungen der Strafsache, die mit dieser im Zusammenhang stehen und „sozial ähnlich stigmatisierend" wirken – z.B. Kostenentscheidungen.[124]

---

121 So z.B. in *EGMR*, Urt. v. 12.07.2013 – App. No. 25424/09, Allen v. United Kingdom, Rn. 94.

122 *BVerfG*, Beschl. v. 26.03.1987 – 2 BvR 589/79, Rn. 36.

123 Gollwitzer/*Gollwitzer*, Art. 6 EMRK, Art. 14 IPBPR, Rn. 107; kritisch: *Stuckenberg*, Unschuldsvermutung und Verdacht, 72: Dieser hält den Aussagegehalt der Entscheidung für unklar.

124 Gollwitzer/*Gollwitzer*, Art. 6 EMRK, Art. 14 IPBPR, Rn. 129; *BVerfG*, Beschl. v. 15.12.1965 – 1 BvR 513/65, Rn. 13.

Die fortwirkende Unschuldsvermutung, die der EGMR entwickelt hat, hat im deutschen Recht allerdings noch keine Umsetzung erfahren. Die Geltung der Unschuldsvermutung auch in außerstrafrechtliche Folgeentscheidungen, z.B. zivilrechtlichen Schadensersatzverfahren, lässt sich auch nach ausführlicher Recherche im nationalen Recht nicht finden. Die Gründe dafür werden im späteren Verlauf dieser Untersuchung, insbesondere in den §§ 4 und 5, noch in den Fokus rücken.

§ 3 - Die Rechtsprechung des EGMR zur Wirkung der strafrechtlichen Unschuldsvermutung in außerstrafrechtlichen Folgeverfahren

Geht man mit dem EGMR davon aus, dass die Unschuldsvermutung bei Vorliegen des „*link*-Erfordernisses" auch auf außerstrafrechtliche Folgeverfahren anwendbar ist, so stellt sich die Frage, wann in einem solchen Folgeverfahren gegen die Unschuldsvermutung verstoßen wird. Liegt ein Verstoß schon dann vor, wenn das Zivilgericht demjenigen, der aus Mangel an Beweisen *in dubio* freigesprochen wurde, zivilrechtlich die Verantwortung zur Zahlung von Schadensersatz auferlegt? Oder wenn das Verwaltungsgericht trotz eines solchen Freispruchs eine negative polizeirechtliche Gefahrenprognose annimmt? Problematisch ist hier, dass im Strafrecht andere Grundsätze und Voraussetzungen als im Zivil- und Verwaltungsrecht gelten. Zu nennen sind hier u.a. unterschiedliche Prozessmaximen und abweichende Bestimmungen zur Beweislastverteilung sowie zum Beweismaß.

Im Folgenden soll die Rechtsprechung des EGMR zu diesem Themenbereich aufgearbeitet und dargestellt werden. Der Fokus soll zunächst auf die zentrale Unterscheidung von (zulässiger) Verdachtsäußerung und (unzulässiger) Schuldfeststellung gerichtet werden (I.). Danach soll eine Besprechung des Urteils *Sekanina*[125] erfolgen (II.), um schließlich zu beleuchten, wie die Grundsätze dieses Urteils in der aktuellen (nationalen und internationalen) Rechtsprechung umgesetzt werden (III. und IV.).

I. Die Unterscheidung von Verdachtsäußerung und Schuldfeststellung

Bereits in früheren Urteilen schuf der EGMR die Grundregel, dass das Gericht im Folgeprozess nicht die Meinung zum Ausdruck bringen darf, dass der Betroffene schuldig ist, bevor diese Schuld in einem ordnungsgemäßen Strafprozess nachgewiesen wurde. Nicht erlaubt sei also jede formale oder auch informale Schuldfeststellung. Erlaubt blieb nach dem EGMR zunächst jede Beschreibung einer Verdachtslage, die durch einen Freispruch aus Mangel an

---

125 *EGMR*, Urt. v. 25.08.1993 – App. No. 13126/87, Sekanina v. Austria.

Beweisen nicht eliminiert wird.[126] Dasselbe dürfte für Behörden im Verwaltungsverfahren gelten.

Die folgenden Urteile gehören zu der älteren Rechtsprechungslinie des EGMR zum Thema der fortwirkenden Unschuldsvermutung. In dieser etablierte der Gerichtshof die Unterscheidung von zulässiger Verdachtsbeschreibung und unzulässiger Schuldfeststellung. Sie alle sind zeitlich vor dem Urteil *Sekanina* anzusetzen. Welche Auswirkungen dieses spätere Urteil hatte, soll im weiteren Verlauf dieses Kapitels beleuchtet werden.

1. *Adolf v. Austria*

Im Verfahren *Adolf* beschäftigte der EGMR sich mit einer Schuldfeststellung in der Einstellungsbegründung.[127] Hier stellte der EGMR erste Kriterien zur Bewertung einer Schuldfeststellung auf und befasste sich mit der Möglichkeit der Heilung von Konventionsverletzungen im Bereich des fairen Verfahrens im innerstaatlichen Instanzenzug.

Diese Entscheidung ist hier beachtenswert – auch wenn es nicht um die Auswirkungen der Unschuldsvermutung im Folgeverfahren geht – weil der EGMR in *Adolf* wichtige Aussagen zur Prüfung der Schuldfeststellung festlegte. Die Ausführungen in der Einstellungsbegründung, dass sowohl die Verletzung des Opfers als auch die Schuld als gering anzusehen seien, suggerieren nach dem EGMR, dass der Beschwerdeführer die Tat tatsächlich begangen hat. Es liege eine Schuldfeststellung vor. Dabei komme es nicht darauf an, was das Gericht ausdrücken wollte (Innenwirkung), sondern auf das, was man objektiv verstehen kann (Außenwirkung). Eine Schuldfeststellung könne unabhängig davon vorliegen, ob die entsprechende Tat bestraft wird.[128]

---

126 *EGMR*, Urt. v. 25.08.1987 – App. No. 10282/83, Englert v. Germany, Rn. 37 ff.; Urt. v. 25.08.1987 – App. No. 9912/82, Lutz v. Germany, Rn. 60 ff.; Urt. v. 25.08.1987 – App. No. 10300/83, Nölkenbockhoff v. Germany, Rn. 37 ff.; Urt. v. 25.03.1983 – App. No. 8660/79, Minelli v. Switzerland, Rn. 37 f.

127 Zum Sachverhalt: *EGMR*, Urt. v. 26.03.1982 – App. No. 8269/78, Adolf v. Austria, Rn. 9 ff.: Der Beschwerdeführer war wegen Körperverletzung angeklagt. Nach damaligem österreichischem Recht konnte das Gericht, bei kumulativ vorliegendem geringen Schaden sowie geringer Schuld, das Verfahren einstellen. Das Verfahren gegen den Beschwerdeführer wurde dann aufgrund dieser Kriterien eingestellt. Das nationale Gericht äußerte sich zur Frage der Tatbegehung und zur Schuld, ohne ein vollständiges Verfahren zu gewährleisten, insbesondere wurden die Einwände des Beschwerdeführers nicht gehört und kein vollständiges Beweisverfahren durchgeführt.

128 *EGMR*, Urt. v. 26.03.1982 – App. No. 8269/78, Adolf v. Austria, Rn. 38 f.

Im Ergebnis nahm der EGMR aber schließlich doch keine Konventionsverletzung an, da eine Heilung durch die Klarstellung des zweitinstanzlichen Gerichts eingetreten sei.[129] In diesem Punkt waren sich die Richter nicht einig, die Richter *John Cremona*, *Léon Liesch* und *Louis-Edmond Pettiti* äußerten sich explizit gegen die Möglichkeit der Heilung durch Klarstellung des zweitinstanzlichen Gerichts. Die Verletzung der Konvention durch die erstinstanzliche Aussage könne nicht einfach „weißgewaschen" werden.[130]

„The 'fact' of those findings was not erased by mere 'hypothetical' whitewashing."[131]

Das zweitinstanzliche Gericht könne nichts mehr daran ändern, dass Verfahrensregeln nicht richtig eingehalten wurden.[132] In späteren Entscheidungen des EGMR wurde eine solche Heilung dann auch nicht mehr angenommen.[133]

2. *Minelli v. Switzerland*

Die zentral bedeutsame Abgrenzung von Schuldfeststellung und Verdachtsäußerung wurde insbesondere in dem Urteil *Minelli*[134] herausgearbeitet. In diesem Verfahren beschäftigte der EGMR sich mit der Frage, ob dem Beschwerdeführer die Verfahrenskosten des Strafverfahrens auferlegt werden können, wenn das Verfahren zwar wegen Verjährung eingestellt wurde, das Gericht aber der Meinung war, eine Verurteilung sei ansonsten „sehr wahrscheinlich" gewesen.[135]

Der EGMR entwickelte den Grundsatz, dass die Unschuldsvermutung dann verletzt sei, wenn das Gericht die Meinung zum Ausdruck bringt, es halte den Angeklagten für schuldig, obwohl diese Schuld nicht in einem ordnungsgemäßen Verfahren nachgewiesen wurde; Verdachtsbeschreibungen seien allerdings zulässig (*Minelli*-Grundsatz). Es komme nicht darauf an, dass diese Meinung formal im Verfahren ergehe; inoffizielle Äußerungen könnten dieselbe Wirkung entfalten.[136] Im konkreten Fall kam der EGMR zu dem Schluss, dass

129 *EGMR*, Urt. v. 26.03.1982 – App. No. 8269/78, Adolf v. Austria, Rn. 40.

130 Dissenting Opinion of Judges Cremona, Liesch and Pettiti, in: *EGMR*, Urt. v. 26.03.1982 – App. No. 8269/78, Adolf v. Austria, S. 17 f.

131 Dissenting Opinion of Judges Cremona, Liesch and Pettiti, in: *EGMR*, Urt. v. 26.03.1982 – App. No. 8269/78, Adolf v. Austria, S. 18.

132 Dissenting Opinion of Judges Cremona, Liesch and Pettiti, in: *EGMR*, Urt. v. 26.03.1982 – App. No. 8269/78, Adolf v. Austria, S. 18.

133 *Demko*, HRRS 2007, 286 (288 f.).

134 *EGMR*, Urt. v. 25.03.1983 – App. No. 8660/79, Minelli v. Switzerland.

135 Zum Sachverhalt umfassend: *EGMR*, Urt. v. 25.03.1983 – App. No. 8660/79, Minelli v. Switzerland, Rn. 8 ff.

136 *EGMR*, Urt. v. 25.03.1983 – App. No. 8660/79, Minelli v. Switzerland, Rn. 37.

die Äußerung des Gerichts, die Verurteilung des Beschwerdeführers sei „sehr wahrscheinlich", die Unschuldsvermutung schon verletze. Denn gestützt auf diese Annahme behandele das Gericht den Angeklagten als schuldig, obwohl seine Schuld nie nachgewiesen wurde. Das Gericht begründete sein Wahrscheinlichkeitsurteil außerdem mit der Betrachtung eines Parallelverfahrens, an dem der Beschwerdeführer aber nicht teilgenommen hatte und somit keinen Einfluss auf dessen Ausgang nehmen konnte. Auch wenn das Gericht keine formale Schuldfeststellung äußerte, nannte es die Annahmen beim Namen und behandelte den Beschwerdeführer entsprechend. Das sei mit Art. 6 Abs. 2 EMRK nicht vereinbar.[137] Der Einwand der Regierung, die informale Schuldfeststellung sei im innerstaatlichen Instanzenzug geheilt worden, galt nicht. Zwar sei eine solche Heilung grundsätzlich möglich, hier machte sich die zweite Instanz den Kern der erstinstanzlichen Entscheidung aber zu eigen, sodass keine Heilung eintreten konnte.[138]

Sowohl bei *Adolf* als auch bei *Minelli* differenzierte der EGMR Verdachtsbeschreibung und Schuldfeststellung anhand der Außenwirkung.[139]

3. *Englert, Lutz, Nölkenbockhoff v. Germany*

In den ähnlich gelagerten Fällen *Englert*[140], *Lutz*[141] und *Nölkenbockhoff*[142] veränderte der EGMR die Grundsätze seiner Rechtsprechung, ohne hierfür

---

137 *EGMR*, Urt. v. 25.03.1983 – App. No. 8660/79, Minelli v. Switzerland, Rn. 38.

138 *EGMR*, Urt. v. 25.03.1983 – App. No. 8660/79, Minelli v. Switzerland, Rn. 40.

139 *Demko*, HRRS 2007, 286 (288).

140 Zum Sachverhalt: *EGMR*, Urt. v. 25.08.1987 – App. No. 10282/83, Englert v. Germany, Rn. 11 ff.: Das Verfahren gegen den Beschwerdeführer wurde eingestellt. Die Haftentschädigung und der Ersatz notwendiger Verteidigerkosten wurden dem Beschwerdeführer mit dem Hinweis versagt, eine Verurteilung sei im Falle der Entscheidung „deutlich wahrscheinlicher" als ein Freispruch.

141 Zum Sachverhalt, *EGMR*, Urt. v. 25.08.1987 – App. No. 9912/82, Lutz v. Germany, Rn. 11 ff.: Der Fall Lutz ist der Fallgruppe des Ersatzes notwendiger Verteidigerkosten zuzuordnen. Der Beschwerdeführer war in ein Ordnungswidrigkeitenverfahren im Zusammenhang mit einem Verkehrsunfall verwickelt (zur Anwendbarkeit von Art. 6 Abs. 2 EMRK im Ordnungswidrigkeitenverfahren siehe Rn. 50–57 m.w.N.). Dieses Verfahren wurde eingestellt, woraufhin der Beschwerdeführer Ersatz seiner notwendigen Verteidigungskosten verlangte. Das Gericht versagte ihm diesen Anspruch mit der Begründung, der Beschwerdeführer wäre nach Aktenlage mit „hoher Wahrscheinlichkeit" verurteilt worden, es wäre daher unbillig, den Steuerzahler zu belasten.

142 Zum Sachverhalt: *EGMR*, Urt. v. 25.08.1987 – App. No. 10300/83, Nölkenbockhoff v. Germany, Rn. 11 ff.: Der Fall Nölkenbockhoff ist der Fallgruppe der

eine nachvollziehbare Begründung zu nennen. Die Urteile und ihre Begründungen sind widersprüchlich.[143] Die drei Verfahren wurden aufgrund ihrer Ähnlichkeit auf Anordnung des Gerichtspräsidenten von einer Kammer entschieden.[144]

Die Anwendbarkeit der Unschuldsvermutung auf die nachfolgende Kostenentscheidung begründete der EGMR damit, dass diese eine unmittelbare Folge („direct sequel") des Strafverfahrens sei.[145] Ganz allgemein stellte der EGMR fest, dass die Unschuldsvermutung selbst kein Recht auf Entschädigung für ein durchgangenes Strafverfahren gewähre.[146] Dennoch könne eine ablehnende Entscheidung über Entschädigungen die Unschuldsvermutung verletzen, wenn sie Zahlungen mit der nicht festgestellten Schuld des Betroffenen begründe.[147] Der EGMR urteilte in allen drei Verfahren, dass die Wahrscheinlichkeitsäußerungen im Kontext der Entscheidungen nicht als Schuldfeststellungen, sondern als bloße Verdachtsbeschreibungen zu deuten seien. Die Wortwahl der Gerichte (in Bezug auf die besonders hohe Wahrscheinlichkeit der Verurteilung) sei zwar unglücklich, nach der Intention der Gerichte (Innenwirkung) aber als bloße Darstellung des verbleibenden Verdachts zu verstehen. Der

---

Haftentschädigung zuzuordnen. Der verstorbene Ehemann der Beschwerdeführerin (zur Aktivlegitimation der Alleinerbin siehe Rn. 32–33) wurde im Zusammenhang mit der Insolvenz eines Unternehmens als einer mehrerer Entscheidungsträger der Untreue, des Betruges und des Bankrotts für schuldig erklärt und verurteilt. Er reichte eine Berufungsbegründung ein, verstarb aber vor der Entscheidung des Berufungsgerichts. Der Beschwerdeführerin wurden Kostenersatz und Entschädigungszahlungen verwehrt, da eine Verurteilung „wesentlich wahrscheinlicher" war als ein Freispruch bzw. mit „annähernder Sicherheit" zu erwarten gewesen wäre. Die Wahrscheinlichkeit wurde u.a. auf die Verfahren der Mitangeklagten gestützt.

143 *Demko*, HRRS 2007, 286 (288).

144 *EGMR*, Urt. v. 25.08.1987 – App. No. 10282/83, Englert v. Germany, Rn. 3; Urt. v. 25.08.1987 – App. No. 9912/82, Lutz v. Germany, Rn. 3; Urt. v. 25.08.1987 – App. No. 10300/83, Nölkenbockhoff v. Germany, Rn. 3.

145 *EGMR*, Urt. v. 25.08.1987 – App. No. 10300/83, Nölkenbockhoff v. Germany, Rn. 35.

146 *EGMR*, Urt. v. 25.08.1987 – App. No. 10282/83, Englert v. Germany, Rn. 36; Urt. v. 25.08.1987 – App. No. 9912/82, Lutz v. Germany, Rn. 59; Urt. v. 25.08.1987 – App. No. 10300/83, Nölkenbockhoff v. Germany, Rn. 36.

147 *EGMR*, Urt. v. 25.08.1987 – App. No. 10282/83, Englert v. Germany, Rn. 37; Urt. v. 25.08.1987 – App. No. 9912/82, Lutz v. Germany, Rn. 60; Urt. v. 25.08.1987 – App. No. 10300/83, Nölkenbockhoff v. Germany, Rn. 37.

EGMR distanziert diese Fälle von dem im Fall Minelli bestehenden Sachverhalt.[148] Unklar bleibt, wie der Inhalt des von den Gerichten Gewollten ermittelt werden soll. Die Innenwirkung lässt sich viel schwerer ermitteln als die Außenwirkung, auf die bei *Adolf* und *Minelli* noch abgestellt wurde.[149] Der EGMR senkte den Maßstab für Schuldfeststellungen und schränkte den Schutzbereich der Unschuldsvermutung ohne Begründung ein.[150] Anstatt es bei dieser Wertung zu belassen, führte der EGMR an dieser Stelle ein weiteres (Hilfs-)Kriterium ein: er fragte, ob die ablehnende Entscheidung des nationalen Gerichts wie eine Strafe wirke. In den vorliegenden Fällen sei das nicht so. Die Versagung von Entschädigungszahlungen habe – anders als die Auferlegung von Verfahrenskosten im Fall *Minelli* – keinen Strafcharakter. Die Versagung der Ansprüche geschehe nämlich ohne Zuweisung von strafrechtlicher Schuld.[151]

Die Beurteilung dieser Fälle mit völlig neuen Kriterien, ohne Darlegung der dahinterstehenden Überlegungen, führte zu vielfacher Kritik aus eigenen Reihen sowie der Literatur.

So sieht der Richter *John Cremona* in allen drei Fällen eine klare Schuldfeststellung des Gerichts und kritisiert die parallelen Urteile in wesentlichen Punkten.[152] *Cremona* folgert, dass das nationale Gericht aufgrund eines Wahrscheinlichkeitsurteils davon ausgehe, die Unschuldsvermutung greife nicht ein, und dass das Gericht die Schuld des Angeklagten schon für sich festgestellt habe.[153] Nach *Cremona* komme es auf die Außenwirkung der Äußerungen an,

---

148 *EGMR*, Urt. v. 25.08.1987 – App. No. 10282/83, Englert v. Germany, Rn. 39; Urt. v. 25.08.1987 – App. No. 9912/82, Lutz v. Germany, Rn. 62; Urt. v. 25.08.1987 – App. No. 10300/83, Nölkenbockhoff v. Germany, Rn. 39.

149 *Demko*, HRRS 2007, 286 (289).

150 *Demko*, HRRS 2007, 286 (289 f.).

151 *EGMR*, Urt. v. 25.08.1987 – App. No. 10282/83, Englert v. Germany, Rn. 40; Urt. v. 25.08.1987 – App. No. 9912/82, Lutz v. Germany, Rn. 63; Urt. v. 25.08.1987 – App. No. 10300/83, Nölkenbockhoff v. Germany, Rn. 40.

152 Dissenting Opinion of Judge Cremona, in: *EGMR*, Urt. v. 25.08.1987 – App. No. 10282/83, Englert v. Germany; Dissenting Opinion of Judge Cremona, in: Urt. v. 25.08.1987 – App. No. 9912/82, Lutz v. Germany; Dissenting Opinion of Judge Cremona, in: Urt. v. 25.08.1987 – App. No. 10300/83, Nölkenbockhoff v. Germany; in allen Punkten zustimmend: *Kühl*, NJW 1988, 3233.

153 Dissenting Opinion of Judge Cremona, in: *EGMR*, Urt. v. 25.08.1987 – App. No. 10282/83, Englert v. Germany, S. 18; Dissenting Opinion of Judge Cremona, in:Urt. v. 25.08.1987 – App. No. 9912/82, Lutz v. Germany, S. 24 f.; Dissenting Opinion of Judge Cremona, in: Urt. v. 25.08.1987 – App. No. 10300/83, Nölkenbockhoff v. Germany, S. 19 f.

nicht darauf, was das Gericht mit seinen Worten ausdrücken wollte (Innenwirkung).[154] Unverständlich sei ferner, weshalb der EGMR das neue Kriterium der strafähnlichen Wirkung heranziehe. Es diene wohl zur künstlichen Unterscheidung der Fälle von *Minelli*. Die Unschuldsvermutung gelte aber unabhängig davon, ob eine staatliche Maßnahme strafähnliche Wirkung habe. Einzig entscheidend sei, ob das Gericht von der Schuld des Angeklagten ausgehe oder nur einen Verdacht beschreibe.[155]

Kritisch betrachtet auch *Demko* die Entscheidungen.[156] Die Abgrenzung zwischen Schuldfeststellung und Verdachtsbeschreibung sei nach den Grundsätzen des EGMR unklar. Der Wortlaut ist als Abgrenzungskriterium wenig geeignet. Vielmehr komme es auf den Gesamtkontext an.[157] Nach *Demko* sei es zum Schutz des Verdächtigen nur konsequent, wenn im Einstellungsbescheid überhaupt kein Verdacht mehr beschrieben werden dürfte.[158] Das seit den Entscheidungen *Englert*, *Lutz* und *Nölkenbockhoff* neue (Hilfs-)Kriterium der strafähnlichen Wirkung der Maßnahme sei verfehlt. Die Relevanz dieses Kriteriums sei bis heute ungeklärt.[159]

Kühl sieht die Entscheidungstrias *Englert*, *Lutz* und *Nölkenbockhoff* ebenfalls kritisch und stimmt dabei *Cremona* zu. Er vertritt in seiner Besprechung der Urteile die These, dass der deutsche Gesetzgeber viel zur Verbesserung des deutschen Rechts nach Maßgabe der StPO getan hat, die Bundesregierung dann aber in den Verfahren *Englert*, *Lutz* und *Nölkenbockhoff* nicht entsprechend vorgetragen hat. Der EGMR habe die Unschuldsvermutung in diesen Urteilen massiv beschränkt.[160] In Widerspruch zu den vorangegangenen Entscheidungen *Adolf* und *Minelli* beanstande der EGMR nun die Verwendung

---

154 Dissenting Opinion of Judge Cremona, in: *EGMR*, Urt. v. 25.08.1987 – App. No. 10282/83, Englert v. Germany, S. 18; Dissenting Opinion of Judge Cremona, in: Urt. v. 25.08.1987 – App. No. 9912/82, Lutz v. Germany, S. 25; Dissenting Opinion of Judge Cremona, in: Urt. v. 25.08.1987 – App. No. 10300/83, Nölkenbockhoff v. Germany, S. 20 f.

155 Dissenting Opinion of Judge Cremona, in: *EGMR*, Urt. v. 25.08.1987 – App. No. 10282/83, Englert v. Germany, S. 19; Dissenting Opinion of Judge Cremona, in: Urt. v. 25.08.1987 – App. No. 9912/82, Lutz v. Germany, S. 25 f.; Dissenting Opinion of Judge Cremona, in: Urt. v. 25.08.1987 – App. No. 10300/83, Nölkenbockhoff v. Germany, S. 21.

156 *Demko*, HRRS 2007, 286.

157 *Demko*, HRRS 2007, 286 (290).

158 *Demko*, HRRS 2007, 286 (290) m.w.N. in Fn. 41.

159 *Demko*, HRRS 2007, 286 (291).

160 *Kühl*, NJW 1988, 3233.

von Schuldwahrscheinlichkeitsklauseln nicht mehr und missachte mit dem Abstellen auf die Innenwirkung die schützenwerte Empfängerperspektive.[161] Kritisch betrachtet *Kühl* auch das neu geschaffene Hilfskriterium der strafähnlichen Sanktion: Der EGMR schaffe ein neues Kriterium, ohne dessen Bedeutung genau zu klären. Die nach dem EGMR nicht strafähnlichen Kosten- und Auslagenentscheidungen seien Hauptanwendungsfall der fortwirkenden Unschuldsvermutung gewesen und fielen nun nach dem neuen Kriterium aus dem Anwendungsbereich heraus.[162] Indem der Gesetzgeber den „Freispruch zweiter Klasse" abgeschafft hat, das Entschädigungsrecht reformiert hat und auch zahlreiche andere Änderungen im Zusammenhang mit der Unschuldsvermutung vorgenommen hat, habe er das deutsche Recht maßgeblich verbessert.[163] Da die Auffassungen des deutschen Gesetzgebers und des EGMR offenbar divergieren, hätte die Bundesregierung in den Verfahren *Englert*, *Lutz* und *Nölkenbockhoff* anders vortragen müssen, um ihren Standpunkt besser zu verdeutlichen.[164] *De lege ferenda* sei es sinnvoll, Ausnahmevorschriften aus dem deutschen Kostenrecht, die die Gerichte zu Schuldwahrscheinlichkeitsabwägungen motivieren, zu streichen oder auf Fälle des prozessualen Fehlverhaltens zu präzisieren, um so einen hohen Schutzstandard in Bezug auf die Unschuldsvermutung im nationalen Recht sicherzustellen.[165]

4. Zusammenfassung der Rechtsprechungsgrundsätze des EGMR bis *Sekanina*

Zusammenfassend bleibt zu sagen, dass die Abgrenzung der zulässigen Beschreibung einer Verdachtslage von einer nicht zulässigen Schuldfeststellung bis heute problematisch ist. Der Übergang zwischen beiden Kategorien ist fließend. Der EGMR orientiert sich an dem Wortlaut der Entscheidung,[166] akzeptiert aber teilweise einen „unglücklichen Sprachgebrauch".[167] Das macht die Differenzierung unklar bis willkürlich.[168] Vor allem problematisch ist, dass der EGMR oft auf Feinheiten des Wortlautes abstellt, die Übersetzung von Original-Urteilen aber

161 *Kühl*, NJW 1988, 3233 (3235).
162 *Kühl*, NJW 1988, 3233 (3236).
163 *Kühl*, NJW 1988, 3233 (3236 ff.).
164 *Kühl*, NJW 1988, 3233 (3238).
165 *Kühl*, NJW 1988, 3233 (3238).
166 *EGMR*, Urt. v. 15.05.2008 – App. No. 31283/04, Orr v. Norway, Rn. 50 ff.; So z.B. Urt. v. 11.02.2003 – App. No. 56568/00, Y v. Norway, Rn. 46 f.
167 So z.B. *EGMR*, Urt. v. 28.04.2005 – App. No. 72758/01, A.L. v. Germany, Rn. 38.
168 *Bock*, Unschuldsvermutung und Entscheidungsbegründung, 161 f.

nicht von professionellen Linguisten durchführen lässt.[169] Ohne die Arbeit professioneller Linguisten kann nicht sichergestellt werden, dass Urteile sprachlich korrekt und auch mit Hinblick auf sprachliche Besonderheiten richtig übersetzt werden. Eine nicht korrekte Übersetzung führt bei einer Prüfung, die speziell am Wortlaut orientiert ist, zu einer großen Fehleranfälligkeit.

II. Die Rechtsprechungsverschärfung in *Sekanina v. Austria*

Seit dem Fall *Sekanina*[170] hat der EGMR eine weitere Differenzierung vorgenommen: Die bisherige Unterscheidung von zulässigen Verdachtsbeschreibungen und nicht zulässigen Schuldfeststellungen gilt zwar grundsätzlich immer noch. Wenn ein Strafprozess aber mit einem Freispruch endet, gilt seither außerdem, dass nicht einmal Beschreibungen der Verdachtslage noch zulässig sind (*Sekanina*-Grundsatz).[171] Das bedeutet, dass in einem Folgeverfahren nach einem Freispruch möglicherweise ganze Handlungsstränge zu ignorieren sind. An diesem strengen Grundsatz hält der EGMR bis heute fest.[172]

Bisher ging der EGMR davon aus, dass vor der rechtmäßigen Verurteilung des Angeklagten generell keine Schuldfeststellungen durch das Gericht erlaubt sind. Bloße Beschreibungen der Verdachtslage galten als unproblematisch (*Minelli*-Grundsatz). Anders als in den Präzedenzfällen, in denen das Verfahren gegen den Angeklagten aus diversen Gründen eingestellt wurde, wurde der Beschwerdeführer in *Sekanina* aber schon freigesprochen, als es zum Streit um die Haftentschädigung kam.[173] Der EGMR nahm diesen Fall zum Anlass festzustellen, dass nach einem Freispruch nicht einmal mehr ein Restverdacht angesprochen werden dürfe. Die Aussage, dass ein Restverdacht besteht, zweifele die Unschuld

169 Concurring Opinion of Judge Greve, in: *EGMR*, Urt. v. 11.02.2003 – App. No. 56568/00, Y v. Norway, S. 20 ff.

170 Zum Sachverhalt: *EGMR*, Urt. v. 25.08.1993 – App. No. 13126/87, Sekanina v. Austria, Rn. 6 ff.: Dieser Fall ist in die Fallgruppe der versagten Haftentschädigung einzuordnen. Der Beschwerdeführer wurde beschuldigt, seine Frau getötet und mehrere Mithäftlinge in der Untersuchungshaft bedroht zu haben. Obwohl der Verdacht schwer wog, wurde der Beschwerdeführer schließlich aus Mangel an Beweisen freigesprochen. Haftentschädigung wurde ihm allerdings mit Hinweis auf den bestehenden Restverdacht verwehrt.

171 *EGMR*, Urt. v. 25.08.1993 – App. No. 13126/87, Sekanina v. Austria, Rn. 28 ff.

172 *EGMR*, Urt. v. 24.01.2019 – App. No. 24247/15, Demjanjuk v. Germany, Rn. 37; Urt. v. 25.01.2018 – App. No. 76607/13, Bikas v. Germany, Rn. 44; Urt. v. 15.01.2015 – App. No. 48144/09, Cleve v. Germany, Rn. 36.

173 *EGMR*, Urt. v. 25.08.1993 – App. No. 13126/87, Sekanina v. Austria, Rn. 27 f.

des Freigesprochenen und die Richtigkeit des Strafurteils an. *Ratio decidendi* des Urteils *Sekanina* ist, dass sich eine staatliche Stelle nur so lange auf einen Verdacht gegen den Angeklagten beziehen darf, bis das Strafverfahren in einer Entscheidung mündet. Nach einem rechtskräftigen Freispruch sind Verdachtsbeschreibungen nicht mehr zulässig. Mit den Worten des EGMR:

„29. Notwithstanding this decision, on 10 December 1986 the Linz Regional Court rejected the applicant's claim for compensation, pursuant to section 2(1)(b) of the 1969 Law (see paragraphs 12 and 16 above). In its view, there remained strong indications of Mr Sekanina's guilt capable of substantiating the suspicions concerning him; it listed them relying on the Assize Court file. The evidence in question could, in its opinion, still constitute an argument for the applicant's guilt. The court inferred from the record of the jury's deliberations that in acquitting the applicant they had given him the benefit of the doubt (see paragraph 12 above).

The Linz Court of Appeal went further in the grounds of its decision of 25 February 1987. It considered that section 2(1)(b) of the 1969 Law, according to which compensation is confined to persons that have been not only acquitted but also cleared of all suspicion, was in conformity with the Austrian Constitution and Article 6 para. 2 (art. 6-2) of the Convention. In this respect it did not regard itself as bound by the Assize Court's acquittal. On the other hand, it referred to its own decision of 30 April 1986 authorising detention on remand for a year (see paragraph 7 above); it saw this as confirmation of the gravity of the suspicions concerning the applicant. After having drawn up a comprehensive list of items of evidence against Mr. Sekanina, in its view not refuted during the trial, and after having carefully examined the statements of various witnesses, it concluded: 'The jury took the view that the suspicion was not sufficient to reach a guilty verdict; there was, however, no question of that suspicion's being dispelled' (see paragraph 13 above).

30. Such affirmations – not corroborated by the judgment acquitting the applicant or by the record of the jury's deliberations – left open a doubt both as to the applicant's innocence and as to the correctness of the Assize Court's verdict. Despite the fact that there had been a final decision acquitting Mr Sekanina, the courts which had to rule on the claim for compensation undertook an assessment of the applicant's guilt on the basis of the contents of the Assize Court file. The voicing of suspicions regarding an accused's innocence is conceivable as long as the conclusion of criminal proceedings has not resulted in a decision on the merits of the accusation. However, it is no longer admissible to rely on such suspicions once an acquittal has become final. Consequently, the reasoning of the Linz Regional Court and the Linz Court of Appeal is incompatible with the presumption of innocence.

31. Accordingly, there has been a violation of Article 6 para. 2 (art. 6-2).“[174]

174 *EGMR*, Urt. v. 25.08.1993 – App. No. 13126/87, Sekanina v. Austria, Rn. 29 ff., Hervorhebungen durch den Bearbeiter.

Eine gesonderte Meinung zu diesem Urteil vertrat der Richter *Franz Matscher*. Er stimmt im Wesentlichen mit der Urteilsbegründung überein, merkt aber an, dass die Voraussetzungen im Straf- und Zivilprozess nicht identisch sind. Demzufolge könne es in anderen Prozessen sein, dass die Voraussetzungen für den Freispruch vorliegen und trotzdem kein Entschädigungsanspruch besteht.[175]

III. Umsetzung des *Sekanina*-Grundsatzes in der folgenden Rechtsprechung des EGMR bis heute

Der *Sekanina*-Grundsatz beinhaltet eine erhebliche Ausweitung des Schutzes der Unschuldsvermutung nach Art. 6 Abs. 2 EMRK. Es stellt sich die Frage, ob diese extensive Auslegung der Norm im Nachgang des Urteils auch konsequent beachtet wurde. Eine Antwort auf diese Frage soll die Zusammenstellung der folgenden Urteile in Bezug zu dem *Sekanina*-Grundsatz geben.

Der EGMR erkennt zwar, dass diese weitreichende Wirkung des Freispruchs gerade in bestimmten Fällen beschränkt werden sollte,[176] befolgt in seinen Urteilen aber dennoch die radikale Rechtsprechung, dass nach einem Freispruch nicht einmal mehr die Verdachtslage beschrieben werden darf.[177] Es scheint so, dass der EGMR seine Rechtsprechung um jeden Preis fortführen möchte. Diese Rechtsprechung ist von Widersprüchen durchsetzt.[178]

Im Folgenden soll beleuchtet werden, wie der EGMR in neueren Fällen der Fortwirkung der Unschuldsvermutung entschieden hat. Dabei soll der Fokus darauf liegen zu erkennen, wie sich der Grundsatz *keine Verdachtsbeschreibungen nach dem Freispruch* durchgesetzt hat, bzw. mit welchen Argumenten er nicht angewendet wurde.

1. *Ringvold v. Norway*

In dem Verfahren *Ringvold* ging es um die Auswirkungen des Freispruchs aus Mangel an Beweisen auf ein nachfolgendes Schadensersatzverfahren.[179]

---

175 Concurring Opinion of Judge Matscher, in: *EGMR*, Urt. v. 25.08.1993 – App. No. 13126/87, Sekanina v. Austria, S. 1.

176 *EGMR*, Urt. v. 12.07.2013 – App. No. 25424/09, Allen v. United Kingdom, Rn. 123 f.

177 *EGMR*, Urt. v. 15.05.2008 – App. No. 31283/04, Orr v. Norway, Rn. 50 ff.; Urt. v. 11.02.2003 – App. No. 56568/00, Y v. Norway, Rn. 44 ff.

178 So auch: *Stuckenberg*, StV 2016, 5 (8).

179 Zum Sachverhalt: *EGMR*, Urt. v. 11.02.2003 – App. No. 34964/97, Ringvold v. Germany, Rn. 10 ff.: Der Beschwerdeführer wurde von dem Strafgericht aus Mangel an Beweisen von dem Vorwurf des Kindesmissbrauchs freigesprochen. Die

Der EGMR betonte in seiner Entscheidung zunächst, dass das Verfahren vor dem Zivilgericht im Zusammenhang mit dem Anspruch auf Zahlung von Schmerzensgeld rein zivilrechtlich sei. Mangels Strafcharakter des Verfahrens komme es zur Anwendbarkeit von Art. 6 Abs. 2 EMRK also auf das Vorliegen des „*links*" an.[180] Zur Sache urteilte der EGMR, dass der Freispruch aus Mangel an Beweisen den Betroffenen nicht von zivilrechtlicher Verantwortlichkeit befreien soll. Im norwegischen Zivil- und Strafprozess gelten andere prozessuale und materiell-rechtliche Voraussetzungen, insbesondere im Hinblick auf das zur Verurteilung notwendige Beweismaß, welches dort nicht wie im deutschen Recht uniform ist.[181] Unterschiedliche Verfahrensergebnisse im Straf- und Zivilprozess müssten daher nicht unbedingt widersprüchlich sein und sich gegenseitig entwerten.[182]

Im Bereich der nachfolgenden Schadensersatzprozesse macht der EGMR eine Ausnahme vom *Sekanina*-Grundsatz. Bei strenger Beachtung desselben müsste gelten, dass nach einem Freispruch im Strafverfahren auch ein Zivilgericht davon ausgehen muss, dass der Beklagte die Tat nicht begangen hat. In aller Regel wäre der Beklagte dann auch nicht zur Zahlung von Schadensersatz zu verurteilen. Diese Freizeichnung scheint dem EGMR aber zu weit zu gehen, sodass er den *Sekanina*-Grundsatz in seinem Anwendungsbereich beschränkt.

Die Richterin *Françoise Tulkens* betont in ihren zustimmenden Äußerungen zum Urteil, dass strafrechtliche und zivilrechtliche Tatbestände zu unterscheiden sind. Der Freispruch aus Mangel an Beweisen schütze nicht vor zivilrechtlicher Verantwortung.[183] Um die Praktikabilität und Effizienz der Unschuldsvermutung zu wahren, sei es aber notwendig, sie auch in Folgeprozessen zu beachten.[184]

Kritischer sieht der Richter *Jean-Paul Costa* das gefällte Urteil in der Sache *Ringvold*. Auch er stimmt zwar damit überein, dass die Unschuldsvermutung im Sinne ihrer Praktikabilität und Effizienz über das Strafverfahren hinaus

---

mutmaßlich Geschädigte klagte im Nachhinein vor dem Zivilgericht auf Zahlung von Schmerzensgeld. Das Zivilgericht forderte die Strafakte an und stütze sein Urteil zur Zahlung von Schmerzensgeld u.a. auf den Inhalt dieser Akte.

180 *EGMR*, Urt. v. 11.02.2003 – App. No. 34964/97, Ringvold v. Norway, Rn. 37.

181 Dazu genauer: § 4 II 4.

182 *EGMR*, Urt. v. 11.02.2003 – App. No. 34964/97, Ringvold v. Norway, Rn. 38.

183 Concurring Opinion of Judge Tulkens, in: *EGMR*, Urt. v. 11.02.2003 – App. No. 34964/97, Ringvold v. Norway, S. 15.

184 Concurring Opinion of Judge Tulkens, in: *EGMR*, Urt. v. 11.02.2003 – App. No. 34964/97, Ringvold v. Norway, S. 15.

wirke.[185] Allerdings sei der Freispruch im vorliegenden Fall durch das widersprüchliche Zivilurteil faktisch entwertet worden.[186] *Costa* sieht es kritisch, ohne weiteres nach einem Freispruch zu Schadensersatzzahlungen zu verurteilen. Im Sinne des Schutzes desjenigen, dessen Schuld nicht nachgewiesen wurde, sei es besser, die Unschuldsvermutung weit auszulegen. Als Lösungsvorschlag zum Schutz der mutmaßlichen Opfer denkt *Costa* über die Einrichtung von Kompensationsfonds nach.[187] Mit den Worten des Richters:

> „*Just as revenge is not justice, compassion is no ground for circumventing justice.*“[188]

2. *Y v. Norway*

Ebenfalls um die Forderung von Schadensersatz ging es in dem Verfahren *Y*.[189] Hervorzuheben ist bezüglich der Verfahrenssituation, dass es sich hier nicht um ein zivilrechtliches Folgeverfahren sondern um ein integriertes Adhäsionsverfahren handelte.

Ratio decidendi des EGMR im Fall *Y* ist, dass es zur Abgrenzung von Verdachtsbeschreibung und Schuldfeststellung auf den vom Gericht gewählten Wortlaut ankomme. Der EGMR kam zu dem Schluss, dass der Wortlaut in diesem Fall die Grenzen der Zivilgerichtsbarkeit überschreite und einen Schuldvorwurf enthalte, welcher als Verstoß gegen die Unschuldsvermutung zu werten sei.[190]

Kritisch merkt Richterin *Hanne Sophie Greve* an, dass die Übersetzung der Urteile aus dem Norwegischen nicht von professionellen Linguisten

---

185 Dissenting Opinion of Judge Costa, in: *EGMR*, Urt. v. 11.02.2003 – App. No. 34964/97, Ringvold v. Norway, S. 17.

186 Dissenting Opinion of Judge Costa, in: *EGMR*, Urt. v. 11.02.2003 – App. No. 34964/97, Ringvold v. Norway, S. 17 f.

187 Dissenting Opinion of Judge Costa, in: *EGMR*, Urt. v. 11.02.2003 – App. No. 34964/97, Ringvold v. Norway, S. 18.

188 Dissenting Opinion of Judge Costa, in: *EGMR*, Urt. v. 11.02.2003 – App. No. 34964/97, Ringvold v. Norway, S. 18.

189 Zum Sachverhalt: *EGMR*, Urt. v. 11.02.2003 – App. No. 56568/00, Y v. Norway, Rn. 9 ff.: Der Beschwerdeführer wurde u.a. wegen der Tötung seiner Cousine angeklagt und zu Haft und im Adhäsionsverfahren zu Zahlung von Schmerzensgeld an die Familie der Getöteten verurteilt. In der Berufung endschied die Jury allerdings, dass die Strafbarkeit des Beschwerdeführers nicht zweifelsfrei zu beweisen sei. Daraufhin hob das Berufungsgericht die Verurteilung in der Strafsache auf. Das Zivilurteil zur Zahlung von Schmerzensgeld ließ das Gericht allerdings bestehen.

190 *EGMR*, Urt. v. 11.02.2003 – App. No. 56568/00, Y v. Norway, Rn. 46 f.

durchgeführt wurde. Ein Abstellen auf den exakten Wortlaut – wie es der EGMR hier praktiziert – sei deshalb äußerst problematisch. Es bestehe eine nicht zu unterschätzende Unsicherheit.[191]

In dem Urteil *Y* beachtete der EGMR den in dem Urteil *Ringvold* geschaffenen Ausnahmetatbestand von dem *Sekanina*-Grundsatz. Trotz Freispruch des Angeklagten dürfe das Gericht in der Zivilsache unter Geltung eines geringeren Beweismaßes davon ausgehen, dass die Tat begangen wurde.

3. *Del Latte v. The Netherlands*

Aus der Reihe fällt das Urteil *Del Latte*[192], in dem der EGMR sich ohne nähere Begründung von dem *Sekanina*-Grundsatz zu distanzieren scheint.[193]

Zu beantworten war in diesem Verfahren die Frage, ob die Versagung der Haftentschädigung mit dem Hinweis, der vorangegangene Freispruch sei nur technischer Natur, ein Verstoß gegen die Unschuldsvermutung aus Art. 6 Abs. 2 EMRK sei. Als Ausgangspunkt seiner Entscheidung zitierte der EGMR den *Minelli*-Grundsatz: zulässig seien nur Verdachtsbeschreibungen, nicht aber Schuldfeststellungen.[194] Bei der Aussage, der Freispruch sei nur technischer Natur handele es sich um eine Schuldfeststellung, weshalb eine Verletzung von Art. 6 Abs. 2 EMRK vorliege.[195]

Mit Blick auf die vorangegangene Rechtsprechungslinie seit *Sekanina* hätte der EGMR hier eigentlich den Grundsatz anwenden müssen, dass nach einem Freispruch im Strafverfahren weder Verdachtsnennungen noch

---

191 Concurring Opinion of Judge Greve, in: *EGMR*, Urt. v. 11.02.2003 – App. No. 56568/00, Y v. Norway, S. 20 ff.

192 Zum Sachverhalt: *EGMR*, Urt. v. 09.11.2004 – App. No. 44760/98, Del Latte v. The Netherlands, Rn. 10 ff.: Die beiden Beschwerdeführer suchten nach dem Streit in einer Bar einen Bekannten auf. Einer der Beschwerdeführer schoss drei Mal auf diesen. Die beiden wurden in Untersuchungshaft genommen. Nach dem Freispruch im Strafverfahren wurden die Beschwerdeführer aus der Haft entlassen. Zu dem Freispruch kam es nur, weil die Anklage der Staatsanwaltschaft sehr limitiert war und die speziell vorgeworfenen Straftaten nicht nachweisbar waren. Eine weiter gefasste Anklage hätte wahrscheinlich zur Verurteilung der Beschwerdeführer geführt. Diese begehrten Haftentschädigung, die mit dem Hinweis verwehrt wurde, der Freispruch sei nur technischer Natur.

193 So: Löwe-Rosenberg/*Esser*, Art. 6 EMRK, Art. 14 IPbpR, Rn. 514.

194 *EGMR*, Urt. v. 09.11.2004 – App. No. 44760/98, Del Latte v. The Netherlands, Rn. 31.

195 *EGMR*, Urt. v. 09.11.2004 – App. No. 44760/98, Del Latte v. The Netherlands, Rn. 32 ff.

Schuldfeststellungen zulässig sind. Auch wenn bei der Einordnung der streitgegenständlichen Aussage als Schuldfeststellung die Anwendung des *Sekanina*-Grundsatzes gegenüber dem *Minelli*-Grundsatz nicht zu einem anderen Ergebnis geführt hätte, hätte der EGMR zur Wahrung der selbst geschaffenen Grundsätze den einschlägigen Grundsatz anwenden müssen. Jedenfalls hätte er die Abweichung von der bisherigen Rechtsprechung begründen müssen. Mangels einer solchen Begründung ist die Entscheidung *Del Latte* dazu geeignet, erhebliche Unsicherheiten der Rechtsanwender zu begründen. Die Rechtsprechungslinie des EGMR im Zusammenhang mit der fortwirkenden Unschuldsvermutung in außerstrafrechtlichen Folgeentscheidungen scheint widersprüchlich und unvorhersehbar.[196]

4. *A.L. v. Germany*

Im Bereich der Haftentschädigung ist das Verfahren *A.L.*[197] interessant.

Der EGMR stellte in seinem Urteil zu diesem Verfahren fest, dass informelle Äußerungen des Vorsitzenden Richters zwar die Unschuldsvermutung verletzen können, aber öffentlich sein müssen. Ein inoffizielles Schreiben, das nur an den Anwalt des Angeklagten gerichtet ist, falle nicht in den Schutzbereich der Norm.[198] Im vorliegenden Fall sei nach außen hin außerdem deutlich gemacht worden, dass keine Schuldzuweisungen getätigt werden sollten.[199] Die Verwehrung von Entschädigung sei überdies keine strafähnliche Maßnahme.[200]

Die Strafsache *A.L.* endete nicht mit einem Freispruch, sondern wurde eingestellt. Der *Sekanina*-Grundsatz ist hier also gar nicht erst anwendbar. Dennoch soll auch der Fall *A.L.* hier aufgezeigt werden, weil der EGMR hier zur Unterscheidung von Verdachtsäußerung und Schuldfeststellung wieder auf die Außenwirkung abstellt. Das hat er nur in den frühen Fällen *Adolf* und *Minelli*

---

196 Vgl. auch: Löwe-Rosenberg/*Esser*, Art. 6 EMRK, Art. 14 IPbpR, Rn. 514.

197 Zum Sachverhalt: *EGMR*, Urt. v. 28.04.2005 – App. No. 72758/01, A.L. v. Germany, Rn. 4 ff.: Dem Beschwerdeführer wurde Betrug im Zusammenhang mit seinem Unternehmen vorgeworfen. Wegen Verdunklungsgefahr wurde er zunächst in Haft genommen, dann aber Entlassen. Das Verfahren wurde gegen Auflage eingestellt. Haftentschädigung wurde dem Beschwerdeführer in allen nationalen Instanzen mit Blick auf die hohe Wahrscheinlichkeit einer Verurteilung versagt. Die nationalen Gerichte, insb. der BGH, gingen davon aus, dass der Verweis auf die Verdachtslage zulässig ist, solange das Gericht klar macht, dass es keine Schuld feststellt.

198 *EGMR*, Urt. v. 28.04.2005 – App. No. 72758/01, A.L. v. Germany, Rn. 38.

199 *EGMR*, Urt. v. 28.04.2005 – App. No. 72758/01, A.L. v. Germany, Rn. 38.

200 *EGMR*, Urt. v. 28.04.2005 – App. No. 72758/01, A.L. v. Germany, Rn. 38.

getan. Anschließend stellte er auf die Innenwirkung der Äußerungen des nationalen Gerichts ab. Auch nach *A.L.* wurde wieder auf die Innenwirkung abgestellt, so dass *A.L.* ein herausstechendes Urteil ist. Unklar bleibt, welche Bedeutung das Kriterium der Außenwirkung letztendlich hat.[201]

Die Unterscheidung von Verdachtsbeschreibung und Schuldfeststellung anhand der Außenwirkung hat den eindeutigen Vorteil, dass diese prüfbar ist. Die Ermittlung dessen, was das Gericht mit seinen Worten ausdrücken wollte (Innenwirkung), ist in der Praxis oft schwierig bis unmöglich. Außerdem ist es die Wirkung nach außen hin, mit der der Betroffene oft zu kämpfen hat. Wenn ein Gericht sich so äußert, dass der Empfänger davon ausgeht, der Betroffene sei einer Straftat schuldig, wird der Betroffene gesellschaftlich als Straftäter angesehen. Die Tatsache, dass das Gericht subjektiv etwas anderes sagen wollte, hilft dem Betroffenen nicht, die gesellschaftliche Stigmatisierung abzuwehren. Außerdem ist es auch im allgemeinen Rechtsverkehr so, dass sich der Äußernde an dem festhalten lassen muss, was der objektive Empfänger versteht. Es spricht also vieles für das Kriterium der Außenwirkung. Eine Stellungnahme des EGMR, welches Kriterium wann herangezogen wird, bleibt jedoch aus.

5. *Puig Panella v. Spain*

In dem Verfahren *Puig Panella*[202] bekräftigt der EGMR sein Festhalten an dem *Sekanina*-Grundsatz. Dies scheint im Widerspruch zu der Entscheidung *Del Latte* zu stehen, wird aber nicht näher begründet.[203]

In den Entscheidungsgründen wiederholt der EGMR den *Sekanina*-Grundsatz, dass nach einem rechtskräftigen Freispruch weder Verdachts-

---

201 So auch: *Demko*, HRRS 2007, 286 (291).

202 Zum Sachverhalt: *EGMR*, Urt. v. 25.04.2006 – App. No. 1483/02, Puig Panella v. Spain, Rn. 9 ff. (nur auf Französisch): Der Beschwerdeführer wurde im Zusammenhang mit einem Angriff auf ein Militärlager verhaftet und in Gewahrsam der Polizei genommen. Ein Militärgericht verurteilte ihn u.a. wegen Diebstahl und illegaler Nutzung von Fahrzeugen zu einer mehrjährigen Haftstrafe. Das Verfassungsgericht hob das Urteil des Militärgerichts auf, da es unter Verletzung der Unschuldsvermutung zustande gekommen sei. Der Beschwerdeführer klagte daraufhin auf Haftentschädigung, die ihm mit dem Hinweis versagt wurde, dass sein Verfahren weder mit Freispruch noch mit Einstellung beendet wurde, sondern nur aus Mangel an Beweisen. Es sei nicht klar, ob der Beschwerdeführer unschuldig sei. Zusammenfassung des Sachverhalts in englischer Sprache: *EGMR*, Press release Nr. 236/2006, 5 f.

203 Vgl. Löwe-Rosenberg/*Esser*, Art. 6 EMRK, Art. 14 IPbpR, Rn. 514.

beschreibungen noch Schuldfeststellungen erlaubt seien. Dieser Grundsatz gelte erst recht dann, wenn es zwar keinen Freispruch gab, das Urteil aus dem Strafprozess aber wegen Verstoßes gegen die Unschuldsvermutung durch das nationale Verfassungsgericht aufgehoben wurde.[204]

6. *Orr v. Norway*

Im Verfahren *Orr* hatte der EGMR in einem Fall zu entscheiden, bei dem es im Strafverfahren zum Freispruch aus Mangel an Beweisen und zur Verurteilung zur Zahlung von Schadensersatz im zivilrechtlichen Adhäsionsverfahren gekommen war.[205] Die kritische Frage war, ob dieses Ergebnis widersprüchlich war und damit eine Verletzung der Unschuldsvermutung aus Art. 6 Abs. 2 EMRK darstellte.

Der EGMR stellte in diesem Zusammenhang zunächst fest, dass der Zivilprozess auch im Rahmen eines Adhäsionsverfahrens noch ein vom Strafprozess abgrenzbarer Prozess sei. Um die Anwendbarkeit von Art. 6 Abs. 2 EMRK zu bejahen, müsse daher geprüft werden, ob ein *„link"* vorliegt.[206] Das gelte selbst dann, wenn die Tatbestandvoraussetzungen im Straf- und Zivilprozess sehr ähnlich sind bzw. sich zu weiten Teilen überschneiden.[207] Zur Sache entschied der EGMR grundsätzlich, dass Art. 6 Abs. 2 EMRK nicht dazu führen soll, dass ein strafrechtlicher Freispruch aus Mangel an Beweisen die Möglichkeit des mutmaßlichen Opfers auf zivilrechtlichen Schadensersatz bzw. dessen Recht auf Zugang zum Gericht einschränkt.[208] Diese Einschränkung des Sekanina-Grundsatzes hat der EGMR in dem Verfahren *Ringvold* entwickelt und schon bei *Y* so angewendet.[209] Zu einer Verletzung von Art. 6 Abs. 2 EMRK kommt es nach dem EGMR nur, wenn das Zivilurteil Schuldfeststellungen enthält.[210]

---

204 *EGMR*, Urt. v. 25.04.2006 – App. No. 1483/02, Puig Panella v. Spain, Rn. 57.

205 Zum Sachverhalt: *EGMR*, Urt. v. 15.05.2008 – App. No. 31283/04, Orr v. Norway, Rn. 3 ff.: Der Beschwerdeführer, ein britischer Pilot, hatte in Oslo sexuellen Kontakt mit einem Crewmitglied. Im Strafverfahren wegen Vergewaltigung wurde er aus Mangel an Beweisen freigesprochen. Im Adhäsionsverfahren wurde er zur Zahlung von Schmerzensgeld an das mutmaßliche Opfer verurteilt. Der Entschädigungstatbestand glich dem Straftatbestand in seinen Voraussetzungen. Das Gericht stütze die unterschiedlichen Verfahrensergebnisse auf das in Norwegen unterschiedliche Beweismaß im Straf- und Zivilverfahren.

206 *EGMR*, Urt. v. 15.05.2008 – App. No. 31283/04, Orr v. Norway, Rn. 48.

207 *EGMR*, Urt. v. 15.05.2008 – App. No. 31283/04, Orr v. Norway, Rn. 49.

208 *EGMR*, Urt. v. 15.05.2008 – App. No. 31283/04, Orr v. Norway, Rn. 49.

209 Siehe § 3 III 1 und 2.

210 *EGMR*, Urt. v. 15.05.2008 – App. No. 31283/04, Orr v. Norway, Rn. 49.

Im vorliegenden Fall betone das Gericht zwar die Unterscheidung von Verdachtsbeschreibung und Schuldfeststellung. Da es aber auf das strafrechtliche Konzept der „Gewalt“ abstelle, käme es zu einer faktischen Entwertung des Freispruchs, die als Verletzung der Unschuldsvermutung zu werten sei.[211]

In seiner zustimmenden Einzelmeinung zum Urteil *Orr* äußert sich auch der Richter *Giorgio Malinverni* dahingehend, dass die Grundsätze im Straf- und Zivilverfahren unterschiedlich seien. Demnach sei es an sich keine Verletzung der Unschuldsvermutung, wenn das Zivilgericht zu einem anderen Verfahrensergebnis kommt als das Strafgericht. Faktisch sei es aber sehr schwer, ein solches abweichendes Urteil zu begründen, ohne den strafrechtlichen Freispruch faktisch zu entwerten. Gerade im Adhäsionsverfahren sei die Gefahr der Widersprüchlichkeit der Verfahrensergebnisse groß.[212]

Eine abweichende Meinung äußert Richter *Sverre Erik Jebens*. Dieser meint, dass selbst bei teilweiser Überschneidung der Tatbestandsvoraussetzungen im Zivilrecht andere Voraussetzungen als im Strafrecht gelten. Unterschiedliche Verfahrensergebnisse müssten also nicht widersprüchlich sein.[213] Jedoch solle die Unschuldsvermutung zwar den nicht nachweisbar Schuldigen schützen, nicht aber Rechte mutmaßlicher Opfer beschneiden.[214] Hier habe das nationale Gericht mit der expliziten Unterscheidung von strafrechtlicher und zivilrechtlicher Haftung alles getan, um den Täter zu schützen. Eine Verletzung von Art. 6 Abs. 2 EMRK sei also zu verneinen.[215]

Ähnlich ist auch die abweichende Meinung der Richter *George Nicolaou* und *Nina Vajić*. Diese weisen darauf hin, dass im norwegischen Straf- und Zivilverfahren ein unterschiedliches Beweismaß gelte („beyond reasonable doubt“ – „balance of probabilities“).[216] Aufgrund dieser Unterscheidung seien grundsätzlich unterschiedliche Verfahrensergebnisse möglich. Ob die Unschuldsvermutung verletzt ist, hänge von der Wortwahl des nationalen

---

211 *EGMR*, Urt. v. 15.05.2008 – App. No. 31283/04, Orr v. Norway, Rn. 51 ff.

212 Concurring Opinion of Judge Malinverni, in: *EGMR*, Urt. v. 15.05.2008 – App. No. 31283/04, Orr v. Norway, S. 20.

213 Dissenting Opinion of Judge Jebens, in: *EGMR*, Urt. v. 15.05.2008 – App. No. 31283/04, Orr v. Norway, S. 21.

214 Dissenting Opinion of Judge Jebens, in: *EGMR*, Urt. v. 15.05.2008 – App. No. 31283/04, Orr v. Norway, S. 21.

215 Dissenting Opinion of Judge Jebens, in: *EGMR*, Urt. v. 15.05.2008 – App. No. 31283/04, Orr v. Norway, S. 22.

216 Dissenting Opinion of Judges Nicolaou and Vajic, in: *EGMR*, Urt. v. 15.05.2008 – App. No. 31283/04, Orr v. Norway, S. 24.

Gerichts ab.[217] Die Wortwahl hier weise aber nicht einmal entfernt auf die strafrechtliche Schuld des Beschwerdeführers hin.[218] Mit seiner unklaren Rechtsprechung mache der EGMR es nationalen Gerichten schwer, EMRK-konform zu urteilen und Dinge dennoch bei ihrem Namen zu nennen.[219]

In dem vorliegenden Urteil wird deutlich, welche Probleme die Rechtsprechung des EGMR in der Praxis hervorruft. Einerseits gilt, dass nach einem Freispruch kein Restverdacht mehr beschrieben werden darf (*Sekanina*-Grundsatz). Andererseits gibt es – insbesondere im Schadensersatzrecht – Ausnahmetatbestände, in denen dieser Grundsatz nicht anwendbar ist, um Rechte Dritter nicht zu beschneiden. Dann kommt es zur Abgrenzung von zulässiger Verdachtsbeschreibung und unzulässiger Schuldfeststellung wieder auf den Wortlaut an. Die Abgrenzung anhand des Wortlautes ist aber problematisch, da der EGMR nicht einheitlich geklärt hat, ob die Innen- oder die Außenwirkung bei der Auslegung entscheidend ist. Die Tatsache, dass vielfach betont wird, eine „unglückliche" Wortwahl müsse nicht schädlich sein, deutet auf die Innenwirkung hin. Diese ist jedoch sehr schwer festzustellen. Ergebnisse sind von daher kaum vorherzusehen. Nationale Gerichte haben keine Anhaltspunkte, wie sie formulieren dürfen, ohne die EMRK zu verletzen.

7. *Allen v. United Kingdom*

Zum Thema der fortwirkenden Unschuldsvermutung nach Art. 6 Abs. 2 EMRK äußert sich der EGMR schließlich umfassend im Urteil *Allen*.[220] Insbesondere wird die bisherige Rechtsprechung systematisch dargestellt.

---

217 Dissenting Opinion of Judges Nicolaou and Vajic, in: *EGMR*, Urt. v. 15.05.2008 – App. No. 31283/04, Orr v. Norway, S. 25.

218 Dissenting Opinion of Judges Nicolaou and Vajic, in: *EGMR*, Urt. v. 15.05.2008 – App. No. 31283/04, Orr v. Norway, S. 26.

219 Dissenting Opinion of Judges Nicolaou and Vajic, in: *EGMR*, Urt. v. 15.05.2008 – App. No. 31283/04, Orr v. Norway, S. 26.

220 Zum Sachverhalt: *EGMR*, Urt. v. 12.07.2013 – App. No. 25424/09, Allen v. United Kingdom, Rn. 9 ff.: Die Beschwerdeführerin war angeklagt, ihren vier Monate alten Sohn getötet zu haben. Das Strafurteil wurde gemäß des Rechts Großbritanniens durch eine Jury gefällt. Dieser lagen medizinische Gutachten vor, die dahingingen, dass die Verletzungen des Kindes durch grobe Einwirkung einer anderen Person verursacht wurden. Aufgrund dieser Informationslage wurde die Beschwerdeführerin zu Haft verurteilt. Nachdem die Beschwerdeführerin schon verurteilt war und ihre Haftstrafe verbüßte, warfen neue medizinische Erkenntnisse Zweifel an der Todesursache des Kindes auf. Der Court of Appeal Criminal Division musste daraufhin entscheiden, ob das Strafurteil unsicher („unsafe") war, sprich, ob die Jury

Zu Beginn der Entscheidung setzt der EGMR sich intensiv mit der Anwendbarkeit der Unschuldsvermutung auf Folgeverfahren auseinander. Art. 6 Abs. 2 EMRK sei so auszulegen, dass die Unschuldsvermutung praktikabel und effizient zugleich ist. Im Sinne dieser Ziele sei es notwendig, dass sie auch über die Grenzen des Strafprozesses ihre Wirkung entfaltet. Das nennt der EGMR „*second aspect*".[221] Es werden in diesem Zusammenhang mögliche Themenbereiche für Folgeverfahren aufgezählt, in denen es zur Anwendbarkeit der Unschuldsvermutung kommen kann:

- Prozesskosten (z.B. bei *Minelli*)
- Haftentschädigung (z.B. *Englert*, *Nölkenbockhoff*, *Sekanina*)
- Verteidigungskosten (z.B. *Lutz*)
- Schadensersatzansprüche des Betroffenen z.B. aus dem fehlerhaften Ermittlungsverfahren
- Schadensersatzklagen des mutmaßlichen Opfers (z.B. *Ringvold*, *Y*, *Orr*)
- Zivilrechtliche Ansprüche gegen den Versicherer des Betroffenen
- Sorgerechtsstreitigkeiten nach Verfahren gegen ein Elternteil
- Disziplinarmaßnahmen
- Sozialrechtliche Streitigkeiten[222]

Diese Aufzählung verdeutlicht die zahlreichen Anwendungsbereiche für die Frage der Fortwirkung der Unschuldsvermutung.

---

unter Einfluss der neuen Fakten dasselbe Urteil gefällt hätte. Im Rahmen der Frage nach der Sicherheit des Urteils wurde die Verdachtslage beurteilt und Überlegungen angestellt, dass die Jury möglicherweise erneut genauso entschieden hätte. Zu einem erneuten Juryurteil kam es im Ergebnis aber aus prozessökonomischen Gesichtspunkten nicht, da die Beschwerdeführerin schon einen Großteil der Haft verbüßt hatte. Aus Mangel an Beweisen wurde die Beschwerdeführerin letztendlich vom Court of Appeal Criminal Division freigesprochen, da das Strafurteil unsicher war. Der Antrag der Beschwerdeführerin auf Haftentschädigung für die bereits erlebte Haftstrafe wurde aber von allen nationalen Instanzen abgewiesen. Grund dafür ist, dass das Recht Großbritanniens eine Haftentschädigung nur in bestimmten eng umgrenzten Fällen zuspricht. Für die Entschädigungsfrage ist es relevant, ob ein Fehlurteil („miscarriage of justice") vorliegt. In diesem Zusammenhang ist streitig, ob das voraussetzt, dass der Betroffene nachweisbar unschuldig ist. Im Rahmen dieses Streits wurde auch im Fall der Beschwerdeführerin überlegt, ob diese nachweisbar unschuldig sei oder nicht.

221 *EGMR*, Urt. v. 12.07.2013 – App. No. 25424/09, Allen v. United Kingdom, Rn. 94.

222 *EGMR*, Urt. v. 12.07.2013 – App. No. 25424/09, Allen v. United Kingdom, Rn. 98.

In einem zusammenfassenden Rückblick über die eigene Rechtsprechung zeichnet der EGMR die Anforderungen des „*link*-Erfordernisses" nach. In den frühen Verfahren *Englert*, *Lutz* und *Nölkenbockhoff* stellte der EGMR nur die Überlegung an, dass die Fragen nach dem Ersatz von notwendigen Verteidigungskosten und Haftentschädigung „Konsequenz und notwendige Begleiterscheinung" bzw. „direkte Folge" des Strafverfahrens seien. Folglich wurde Art. 6 Abs. 2 EMRK angewandt. Später, insbesondere im Verfahren *Sekanina*, stellte der EGMR dann darauf ab, ob strafrechtliche Verantwortung und der Anspruch auf Schadensersatz zusammenhängen („*link*"). Im Rahmen neuerer Entscheidungen komme es für das Vorliegen des „*links*" auf die Fallkonstellation an.[223] Generell sei der „*link*" zu bejahen, wenn im Folgeprozess Bezug auf den vorherigen Strafprozess genommen wird. Die Bezugnahme kann in unterschiedlicher Weise erfolgen, beispielsweise durch eine Analyse des Strafurteils, Beiziehen der Strafakte, Prüfen von Handlungen, die schon das Strafgericht prüfte, oder Überlegungen zur möglichen strafrechtlichen Schuld.[224]

Inhaltlich kam der EGMR zu dem Ergebnis, dass die Unschuldsvermutung im vorliegenden Fall nicht verletzt sei. Dabei bezieht er sich auf seine bisherigen Urteile aus diesem Themenbereich. Vergleichbare Präzedenzfälle seien insbesondere die Verfahren *Minelli*, *Englert*, *Lutz*, *Nölkenbockhoff* und *Sekanina*:

Bei *Minelli*, *Englert*, *Lutz* und *Nölkenbockhoff* habe der EGMR die Unterscheidung zwischen der zulässigen Verdachtsbeschreibung und der unzulässigen Schuldfeststellung etabliert („*Minelli* principle").[225] Im Verfahren *Sekanina* habe der EGMR diese Regel auf Fälle, in denen das Strafverfahren nicht mit einem Freispruch beendet wurde, begrenzt. Nach einem Freispruch sei der Verweis auf die Verdachtslage ebenfalls unzulässig („*Sekanina* principle"). Diese weite Wirkung der Unschuldsvermutung behielt der EGMR in mehreren Verfahren bei.[226]

Ausnahmefälle für das Verbot von Verdachtsbeschreibung und Schuldfeststellung nach einem Freispruch seien Fälle von Schadensersatzklagen mutmaßlicher Opfer, Klagen gegen Versicherer und Disziplinarverfahren. Grund sei, dass die Unschuldsvermutung weder die zivilrechtliche Haftung des *in dubio*-Freigesprochenen begrenzen soll, noch in das geschlossene System der Disziplinarverfahren eingreifen soll.[227] Für die Frage, ob in einem Folgeverfahren

223 *EGMR*, Urt. v. 12.07.2013 – App. No. 25424/09, Allen v. United Kingdom, Rn. 99 ff.
224 *EGMR*, Urt. v. 12.07.2013 – App. No. 25424/09, Allen v. United Kingdom, Rn. 104.
225 *EGMR*, Urt. v. 12.07.2013 – App. No. 25424/09, Allen v. United Kingdom, Rn. 120 f.
226 *EGMR*, Urt. v. 12.07.2013 – App. No. 25424/09, Allen v. United Kingdom, Rn. 122.
227 *EGMR*, Urt. v. 12.07.2013 – App. No. 25424/09, Allen v. United Kingdom, Rn. 123 f.

gegen die Unschuldsvermutung verstoßen wurde, gibt es also nach dem EGMR keinen einheitlichen Prüfungsansatz. Entscheidend seien immer auch die Art und der Hintergrund des Folgeverfahrens.[228] Ein besonderes Augenmerk sollte immer auf den Wortlaut geworfen werden, wobei zu beachten sei, dass ein unglücklicher Sprachgebrauch nicht unbedingt schädlich sein muss.[229] Mit den Worten des EGMR:

> *"(a) The Court's approach in previous comparable cases*
>
> *120. In the early case of Minelli, cited above, which concerned an order requiring the applicant to pay prosecution costs following discontinuation of the criminal proceedings, the Court set out the applicable principle as follows:*
>
> > *'37. In the Court's judgment, the presumption of innocence will be violated if, without the accused's having previously been proved guilty according to law and, notably, without his having had the opportunity of exercising his rights of defence, a judicial decision concerning him reflects an opinion that he is guilty. This may be so even in the absence of any formal finding; it suffices that there is some reasoning suggesting that the court regards the accused as guilty. ...'*
>
> *121. In the first cases with which it was confronted concerning applications by a former accused for compensation or for defence costs, the Court drew on the principle set out in Minelli, explaining that a decision whereby compensation for detention on remand and reimbursement of an accused's necessary costs and expenses were refused following termination of proceedings might raise an issue under Article 6 § 2 if supporting reasoning which could not be dissociated from the operative provisions amounted in substance to a determination of the accused's guilt without his having previously been proved guilty according to law and, in particular, without his having had an opportunity to exercise the rights of the defence (see Englert, cited above, § 37; Nölkenbockhoff, cited above, § 37; and Lutz, cited above, § 60). All three cases concerned prior criminal proceedings which had ended in discontinuation, rather than acquittal. In finding no violation of Article 6 § 2, the Court explained that the domestic courts had described a "state of suspicion" and that their decisions did not contain any finding of guilt.*
>
> *122. In the subsequent Sekanina judgment, the Court drew a distinction between cases where the criminal proceedings had been discontinued and those where a final acquittal judgment had been handed down, clarifying that the voicing of suspicions regarding an accused's innocence was conceivable as long as the conclusion of criminal proceedings had not resulted in a decision on the merits of the accusation, but that it was no longer admissible to rely on such suspicions once an acquittal had become final (Sekanina, cited above, § 30). Thus the Sekanina principle appears to seek to limit the principle established in Minelli to cases where criminal proceedings have been discontinued. The case-law shows*

228 *EGMR*, Urt. v. 12.07.2013 – App. No. 25424/09, Allen v. United Kingdom, Rn. 125.
229 *EGMR*, Urt. v. 12.07.2013 – App. No. 25424/09, Allen v. United Kingdom, Rn. 126.

that in the latter cases, the Minelli principle has been consistently cited as the applicable general principle (see Leutscher, § 29; Mulaj and Sallahi; Baars, §§ 26–27; the judgment in Capeau, § 22; A.L. v. Germany, § 31; Panteleyenko, § 67; and Grabchuk, § 42, all cited above). The distinction made in Sekanina between discontinuation and acquittal cases has been applied in most of the cases concerning acquittal judgments which followed Sekanina (see, for example, Rushiti, cited above, § 31; Lamanna v. Austria, no. 28923/95, § 38, 10 July 2001; Weixelbraun, cited above, § 25; O. v. Norway, cited above, § 39; Hammern, cited above, § 47; Yassar Hussain, cited above, §§ 19 and 23; Tendam, cited above, §§ 36–41; Ashendon and Jones, cited above, §§ 42 and 49; and Lorenzetti, cited above, §§ 44–47; but compare and contrast Del Latte and Bok, both cited above).

123. In cases involving civil compensation claims lodged by victims, regardless of whether the criminal proceedings ended in discontinuation or acquittal, the Court has emphasised that while exoneration from criminal liability ought to be respected in the civil compensation proceedings, it should not preclude the establishment of civil liability to pay compensation arising out of the same facts on the basis of a less strict burden of proof. However, if the national decision on compensation were to contain a statement imputing criminal liability to the respondent party, this would raise an issue falling within the ambit of Article 6 § 2 of the Convention (see Ringvold, cited above, § 38; Y v. Norway, cited above §§ 41–42; Orr, cited above, §§ 49 and 51; and Diacenco, cited above, §§ 59–60). This approach has also been followed in cases concerning civil claims lodged by acquitted applicants against insurers (see Lundkvist and Reeves, both cited above).

124. In cases concerning disciplinary proceedings, the Court accepted that there was no automatic infringement of Article 6 § 2 where an applicant was found guilty of a disciplinary offence arising out of the same facts as a previous criminal charge which had not resulted in a conviction. It emphasised that the disciplinary bodies were empowered to, and capable of, establishing independently the facts of the cases before them and that the constitutive elements of the criminal and disciplinary offences were not identical (see Vanjak, cited above, §§ 69–72, and Šikić, cited above, §§ 54–56).

125. It emerges from the above examination of the Court's case-law under Article 6 § 2 that there is no single approach to ascertaining the circumstances in which that Article will be violated in the context of proceedings which follow the conclusion of criminal proceedings. As illustrated by the Court's existing case-law, much will depend on the nature and context of the proceedings in which the impugned decision was adopted.

126. In all cases and no matter what the approach applied, the language used by the decision-maker will be of critical importance in assessing the compatibility of the decision and its reasoning with Article 6 § 2 (see, for example, Y v. Norway, cited above, §§ 43–46; O. v. Norway, cited above, §§ 39–40; Hammern, cited above, §§ 47–48; Baars, cited above, §§ 29–31; Reeves, cited above; Panteleyenko, cited above, § 70; Grabchuk, cited above, § 45; and Konstas v. Greece, no. 53466/07, § 34, 24 May 2011). Thus, in a case where the domestic court held that it was "clearly probable" that the applicant had "committed the offences … with which he was charged", the Court found that it had overstepped the bounds of the civil forum and had thereby cast doubt on the correctness of the acquittal (see Y v. Norway, cited above, § 46; see also Orr, cited above, § 51; and Diacenco, cited above, § 64). Similarly, where the domestic court indicated that the criminal file contained enough evidence to establish that a criminal offence had been committed, the language used was found to have violated the presumption of innocence (see Panteleyenko, cited above, § 70). In cases where the Court's judgment expressly referred to the failure to dispel the suspicion of criminal guilt, a violation of Article 6 § 2 was established (see, for example, Sekanina, cited above, §§ 29–30, and Rushiti, cited above, §§ 30–31). However, when regard is had to the nature and context of the particular proceedings, even the use of some unfortunate language may not be decisive (see paragraph 125 above). The Court's case-law provides some examples of instances where no violation of Article 6 § 2 has been found even though the language used by domestic authorities and courts was criticised (see Reeves, cited above, and A.L. v. Germany, cited above, §§ 38–39)."[230]

Im konkreten Fall *Allen* sei zu beachten, dass der Freispruch hier eher formal ist. Nach dem Recht Großbritanniens hat sich der Court of Appeal Criminal Division nur mit der Frage nach der Sicherheit des Urteils und nicht mit der Schuld oder Unschuld der Beschwerdeführerin beschäftigt. Ausführungen zur Beweislage und zur Wahrscheinlichkeit der Verurteilung erfolgten nur unter dem Gesichtspunkt der Sicherheit des Urteils sowie im Rahmen der Tatbestandsvoraussetzungen des Kompensationsanspruchs (Vorliegen eines Fehlurteils). Der Fall *Sekanina* läge anders, hier wurde der Beschwerdeführer mangels ausreichender Beweise aus inhaltlichen Gründen freigesprochen. Diese Differenzierung sei der Grund dafür, dass im Fall *Allen* die Beschreibung der Verdachtslage noch erlaubt sei, obwohl das nach der *Sekanina*-Rechtsprechung im Falle eines Freispruchs eigentlich nicht mehr erlaubt wäre.[231]

Kritisch betrachtete der Richter *Vincent De Gaetano* diese Entwicklung der Rechtsprechung des EGMR. Das Urteil sei im Ergebnis zwar richtig, löse aber nicht die in der Praxis wichtige Frage, was in zivilrechtlichen Folgeprozessen, die auf denselben Fakten wie das vorherige Strafverfahren beruhen, gesagt werden darf oder was nicht. Das einzelfallbasierte Fallrecht des EGMR zu Art. 6 Abs. 2 EMRK in Folgeverfahren lege nationalen Gerichten Steine in den Weg, da es weder klar noch praktikabel sei. Die Schwerpunktsetzung auf den Wortlaut mit der Möglichkeit des „unglücklichen Sprachgebrauchs" sei Wortspielerei und nicht hilfreich für den Rechtsanwender. Nach der Meinung *De Gaetanos* sollte Art. 6 Abs. 2 EMRK in außerstrafrechtlichen Entscheidungen generell keine Anwendung finden.[232]

---

230 *EGMR*, Urt. v. 12.07.2013 – App. No. 25424/09, Allen v. United Kingdom, Rn. 120 ff., Hervorhebungen durch den Bearbeiter.

231 *EGMR*, Urt. v. 12.07.2013 – App. No. 25424/09, Allen v. United Kingdom, Rn. 127.

232 Separate Opinion of Judge De Gaetano, in: *EGMR*, Urt. v. 12.07.2013 – App. No. 25424/09, Allen v. United Kingdom, S. 37.

8. *Cleve v. Germany*

Mit den Anforderungen an die Begründung eines freisprechenden Urteils beschäftigte sich der EGMR im Verfahren *Cleve*.[233]

Der EGMR stellt zunächst fest, dass das nationale Gericht in dem freisprechenden Urteil selbst den Restverdacht beschreiben darf, ohne gegen die Unschuldsvermutung zu verstoßen.[234] Ein Verstoß gegen den *Sekanina*-Grundsatz liegt hier aber nicht vor, da dieser erst im Folgeverfahren nach dem Freispruch eingreift. Die Frage, ob die Formulierung in den Urteilsgründen gegen die Unschuldsvermutung verstößt, sei durch eine genaue Analyse des Wortlauts zu klären, wobei der wahre Sinn („true sense") der Aussagen zu ermitteln sei (Innenwirkung).[235] Im konkreten Fall überschreite das Gericht die Grenzen der Verdachtsbeschreibung. Aufgrund der strafrechtsnahen („sexuelle Übergriffe"), klaren und unbedingten Formulierung liege eine Schuldfeststellung vor.[236] Der EGMR betont, dass das freisprechende Gericht in seiner Urteilsbegründung beachten muss, dass Gerichte in Folgeverfahren (hier das Familiengericht im Sorgerechtsstreit) sich auf die Formulierungen verlassen. Der EGMR geht sogar so weit, dass er annimmt, dass jede staatliche Stelle, die sich auf die strafrechtliche Verantwortung des Betroffenen stützen will, das freisprechende Urteil befolgen muss. Aus diesem Grund sei bei der Formulierung Vorsicht geboten.[237]

Die Quintessenz dieser Entscheidung wird durchaus kritisch betrachtet:

Eine knappe, aber bemerkenswerte Urteilsbesprechung zu *Cleve* und mit Blick auf die gesamte bisherige Rechtsprechung des EGMR zum Thema der fortwirkenden Unschuldsvermutung veröffentlichte *Stuckenberg*. Seiner

---

233 Zum Sachverhalt: *EGMR*, Urt. v. 15.01.2015 – App. No. 48144/09, Cleve v. Germany, Rn. 5 ff.: Der Beschwerdeführer wurde wegen sexuellen Missbrauchs seiner Tochter angeklagt. Die einzige Tatzeugin war die Tochter selbst, deren Aussage inkonsistent und widersprüchlich war. Das Landgericht sprach den Beschwerdeführer letztendlich frei, verkündete in der Begründung aber, dass „*die Kammer im Ergebnis davon aus[geht], dass das von der Zeugin geschilderte Kerngeschehen einen realen Hintergrund hat, nämlich, dass es tatsächlich zu sexuellen Übergriffen des Angeklagten zulasten seiner Tochter in seinem Auto gekommen ist.*" Der Beschwerdeführer sah in dieser Passage einen Widerspruch zum freisprechenden Tenor des Urteils und somit eine Verletzung der Unschuldsvermutung.

234 *EGMR*, Urt. v. 15.01.2015 – App. No. 48144/09, Cleve v. Germany, Rn. 41.

235 *EGMR*, Urt. v. 15.01.2015 – App. No. 48144/09, Cleve v. Germany, Rn. 55.

236 *EGMR*, Urt. v. 15.01.2015 – App. No. 48144/09, Cleve v. Germany, Rn. 60 f.

237 *EGMR*, Urt. v. 15.01.2015 – App. No. 48144/09, Cleve v. Germany, Rn. 62 f.

Ansicht nach behindert die strikte Bindung an den Freispruch seit *Sekanina* die ordnungsgemäße Durchführung außerstrafrechtlicher Folgeverfahren.[238] Das Verbot von förmlicher und tatsächlicher Schuldzuweisung durch den EGMR sei außerdem irreführend. Es sei nämlich unklar, was unter diese Begriffe fällt. Das Ergebnis sei eine Ausweitung des Anwendungsbereichs der Unschuldsvermutung, die Richter in Folgeverfahren vor die Frage stellt, wie noch formuliert werden darf.[239] Das Verständnis des EGMR gehe so weit, dass ein Freispruch nicht mehr nur die Strafbarkeit verneint, sondern die „reale Unschuld" des Freigesprochenen begründe. Mit „realer Unschuld" meint *Stuckenberg* die Tatsache, dass derjenige die fragliche Tat nicht begangen hat. Dieses Verständnis gehe zu weit.[240] Problematisch sei insgesamt, dass der EGMR Begriffe etabliere, ohne deren Bedeutungsgehalt eindeutig festzulegen. Mangels klaren Konzepts bleibe der Gewährleistungsgehalt von Art. 6 Abs. 2 EMRK somit im Unklaren.[241] Nicht verständlich sei außerdem, warum im Disziplinarverfahren unabhängige Entscheidungen über strafrechtlich Relevantes gefällt werden können, in anderen Folgeprozessen aber nicht.[242]

Weniger drastisch in ihrer Kritik zeigt sich *Rostalski*, die den vom EGMR aufgestellten allgemeinen Grundsätzen im Fall *Cleve* zwar zustimmt, die Anwendung im konkreten Fall aber kritisiert. *Rostalski* sieht in der Verurteilung und Bestrafung eines Angeklagten einen besonders großen Grundrechtseingriff. Vor dem Hintergrund der Eingriffsintensität seien die Urteilsgründe für das Verständnis der Entscheidung für den Betroffenen und die Allgemeinheit besonders wichtig. Folglich müsse auch in den Gründen die Unschuldsvermutung wirken.[243] Beim Freispruch aus Mangel an Beweisen stelle sich in der Begründung das praktische Problem der Darstellung der Verdachtslage, ohne Schuld festzustellen.[244] *Rostalski* merkt an dieser Stelle an, dass ein Verdacht nach ihrer Auffassung die Annahme ist, dass die Schuld mit gewisser Wahrscheinlichkeit besteht. Die Schuld hingegen erfordere volle Überzeugung des Gerichts. In der Praxis sei volle Überzeugung allerdings nur eine besonders hohe Verdachtswahrscheinlichkeit. Die Grenze zwischen beiden Kategorien sei mithin fließend, was es schwierig mache, eindeutige Regeln zu finden, welche

---

238 *Stuckenberg*, StV 2016, 5 (5).
239 *Stuckenberg*, StV 2016, 5 (7).
240 *Stuckenberg*, StV 2016, 5 (8).
241 *Stuckenberg*, StV 2016, 5 (8).
242 *Stuckenberg*, StV 2016, 5 (8).
243 *Rostalski*, HRRS 2015, 315 (319 f.).
244 *Rostalski*, HRRS 2015, 315 (321).

Äußerung noch zulässig ist und welche nicht mehr.[245] *Rostalski* betont, dass es notwendig sei, im freisprechenden Urteil aus Mangel an Beweisen auf den Restverdacht hinzuweisen. Schließlich soll das Gericht in seiner Urteilsbegründung keine Tatsachen verschweigen. Eine Auseinandersetzung mit der Verdachtslage sei notwendig und dürfe nicht dem überbetonten Schutz vor Diskriminierung zum Opfer fallen.[246] Die Darstellung der Verdachtsmomente in Verbindung mit dem Freispruch beschwere den Angeklagten nicht mehr als notwendig. Dieser habe kein Recht auf Wiederherstellung eines makellosen Ansehens nach dem Strafverfahren.[247] Die Unschuldsvermutung beziehe sich nur auf den rechtlichen Bereich, nicht aber auf den sozialethischen Bereich; wer das vermischt, weite den Anwendungsbereich der Unschuldsvermutung zu sehr aus.[248] Kriterien zur Abgrenzung von Schuldfeststellung und Verdachtsbeschreibung sind nach *Rostalski* die Wortwahl des Gerichts, das Vorhandensein von rechtlichen Überlegungen und die Einbettung in den Kontext der Entscheidung.[249]

Insoweit stimmt *Rostalski* im Wesentlichen mit dem EGMR überein. Im konkreten Fall kommt sie allerdings bei Anwendung dieser Kriterien zu einem anderen Ergebnis als der EGMR. *Rostalski* sieht im Fall *Cleve* keinen Verstoß gegen die Unschuldsvermutung: Alleine von einer klaren und bedingungslosen Formulierung lasse sich nicht auf eine Schuldfeststellung schließen.[250] Das Gericht habe darauf geachtet, gerade nicht den strafrechtlichen Terminus zu nutzen. Außerdem entkräfte das Gericht den Eindruck, dass der Beschwerdeführer strafrechtliche Schuld auf sich geladen hat, indem es auch betont, dass bestimmte Tatbestandsmerkmale des Straftatbestands eben gerade nicht vorliegen. Im rechtsstaatlichen Verfahren sei das Gericht gezwungen, Verdachtsmomente zu nennen. Insgesamt habe es also alles richtig getan, um den Beschwerdeführer nicht als schuldig darzustellen und dennoch eine fundierte Begründung zu nennen. Das Urteil des EGMR lasse offen, wie eine EMRK-konforme Entscheidung hätte aussehen müssen.[251] Das Interesse an einer zutreffenden und umfassenden Begründung des Urteils sei wichtiger als das Interesse des Beschwerdeführers an einer „reinen Weste".[252]

---

245 *Rostalski*, HRRS 2015, 315 (321).
246 *Rostalski*, HRRS 2015, 315 (322).
247 *Rostalski*, HRRS 2015, 315 (322).
248 *Rostalski*, HRRS 2015, 315 (323).
249 *Rostalski*, HRRS 2015, 315 (323 f.).
250 *Rostalski*, HRRS 2015, 315 (324 f.).
251 *Rostalski*, HRRS 2015, 315 (325).
252 *Rostalski*, HRRS 2015, 315 (326).

9. *Bikas v. Germany*

Recht aktuell ist das Verfahren *Bikas*[253], bei dem es um die strafschärfende Beachtung von früheren Taten geht, die aufgrund einer Teileinstellung nach § 154 Abs. 2 i.V.m. 1 StPO nicht selbst Inhalt eines eigenen Strafverfahrens waren.[254]

Der EGMR nahm diesen Fall als Anlass dazu, die Rechtsprechung um die Fortwirkung von Art. 6 Abs. 2 EMRK noch einmal aufzugreifen. Dazu verwies er auf die Notwendigkeit, die Norm auch außerhalb des Strafprozesses noch anzuwenden, den *Sekanina*-Grundsatz und die Unterscheidung von Verdachtsbeschreibung und Schuldfeststellung nach dem Wortlaut. Zu letzterem betont der EGMR, dass es auf die Innenwirkung („true sense") ankäme.[255]

Im konkreten Fall urteilte der EGMR, dass die Beachtung weiterer Taten nach den strengen Regeln des deutschen Richterrechts erfolgte.[256] Nach ständiger Rechtsprechung des BGH gilt folgendes für die strafschärfende Beachtung nicht abgeurteilter Straftaten:

> *„Zwar ist es grundsätzlich zulässig, bei der Strafzumessung zu berücksichtigen, dass der Angeklagte noch sonstige – bisher nicht abgeurteilte – Straftaten begangen hat; dies gilt allerdings nur, wenn diese Taten prozessordnungsgemäß und so bestimmt festgestellt sind, dass sie in ihrem wesentlichen Unrechtsgehalt abzuschätzen sind und eine unzulässige Berücksichtigung des bloßen Verdachts weiterer Straftaten ausgeschlossen werden kann (vgl. BGH, NStZ 1995, 439 = BGHR StGB § 54 Serienstraftaten 2; Beschl. v. 9.10.2003 – 4 StR 359/03, BeckRS 2003, 09324 und bei Pfister, NStZ-RR 2004, 353 [359] Nr. 37; NStZ-RR 2009, 306)."*[257]

---

253 *EGMR*, Urt. v. 25.01.2018 – App. No. 76607/13, Bikas v. Germany.

254 Zum Sachverhalt: *EGMR*, Urt. v. 25.01.2018 – App. No. 76607/13, Bikas v. Germany, Rn. 6 ff.: Der Beschwerdeführer wurde wegen einer großen Zahl an sexuellen Übergriffen angeklagt. Das Gericht beschränkte den Umfang der Anklage und stellte das Verfahren bezüglich der übrigen Vorwürfe ein, § 154 Abs. 2 i.V.m. 1 StPO (Teileinstellung bei mehreren Taten). In dem Urteil über die verbleibenden Taten wurde erschwerend beachtet, dass es nach der Überzeugung des Gerichts weitere (unbewiesene) Taten gegeben hat. Hierbei bezog das Gericht sich auf Taten, die von der vorherigen Einstellung erfasst waren. Im Hauptprozess wurden diese mit geringerem Beweismaß nach der geltenden Rechtsprechung geprüft; zur Bedeutung der Unschuldsvermutung in diesen Fällen vertieft: *Vogler*, Die strafschärfende Verwertung strafbarer Vor- und Nachtaten bei der Strafzumessung und die Unschuldsvermutung (Art. 6 Abs. 2 EMRK).

255 *EGMR*, Urt. v. 25.01.2018 – App. No. 76607/13, Bikas v. Germany, Rn. 43 ff.

256 Kompakte Darstellung des Richterrechts: *Bruns*, StV 1982, 17; kritisch: *Haberstroh*, NStZ 1984, 289 (291 f.).

257 *BGH*, Beschl. v. 07.08.2014 – 3 StR 438/13, Rn. 4.

In diesem Zusammenhang wurde ein rechtstaatliches Verfahren gewährleistet, lediglich das Beweismaß sei geringer, als es für eine einzelne Verurteilung erforderlich gewesen wäre. Es sei jedoch die Freiheit eines jeden Staates, selbst das geltende Beweismaß festzulegen. Da die innerstaatliche Regelung transparent und prozessökonomisch sinnvoll sei, sei kein Konventionsverstoß festzustellen.[258]

Zu einer Anwendung des *Sekanina*-Grundsatzes kam es hier im Ergebnis nicht, da die Verfahren der Taten, die strafschärfend beachtet wurden, nur eingestellt wurden. Ein Freispruch kam nicht zustande.

10. *Urat v. Turkey*

Mit der Fortwirkung der Unschuldsvermutung im Disziplinarverfahren beschäftigte der EGMR sich im Rahmen des Verfahrens *Urat*.[259]

Der EGMR führte zunächst seine allgemeinen Grundsätze zur Fortwirkung der Unschuldsvermutung im Disziplinarverfahren auf. Der Schutz der Unschuldsvermutung gehe über den Strafprozess hinaus und diene dem Schutz der gesellschaftlichen Reputation des Betroffenen. Würde man den Schutzbereich der Unschuldsvermutung enger fassen, werde die Schutzwirkung bloß theoretisch und illusorisch.[260] Die Disziplinargerichte könnten eigenständig über Sachverhalte entscheiden. Da ihren Entscheidungen andere Standards zugrunde lägen, gebe es keine Widersprüche zum Strafverfahren. Ein strafrechtlicher Freispruch solle den Betroffenen nicht von disziplinarrechtlicher Verantwortung befreien. Leidglich Äußerungen zur strafrechtlichen Schuld müsse das Disziplinargericht unterlassen.[261]

An dieser Stelle würde der *Sekanina*-Grundsatz nicht angewandt, da die Fortwirkung der Unschuldsvermutung im Rahmen von disziplinarrechtlichen Folgeentscheidungen begrenzt sei. Es handele sich um einen weiteren Ausnahmetatbestand neben dem der Schadensersatzprozesse.

---

258 *EGMR*, Urt. v. 25.01.2018 – App. No. 76607/13, Bikas v. Germany, Rn. 56 ff.

259 Zum Sachverhalt: *EGMR*, Urt. v. 27.11.2018 – App. No. 53561/09 and 13952/11, Urat v. Turkey, Rn. 5 ff.: Die beiden Beschwerdeführer wurden wegen Mitgliedschaft in einer illegalen Organisation angeklagt. Das Verfahren gegen den ersten wurde eingestellt, das gegen den zweiten aus Mangel an Beweisen mit Freispruch beendet. Beide Beschwerdeführer wurden von ihren Dienstherren aus dem öffentlichen Dienst suspendiert und schließlich mit der Begründung des Restverdachts entlassen.

260 *EGMR*, Urt. v. 27.11.2018 – App. No. 53561/09 and 13952/11, Urat v. Turkey, Rn. 51.

261 *EGMR*, Urt. v. 27.11.2018 – App. No. 53561/09 and 13952/11, Urat v. Turkey, Rn. 53.

11. *Demjanjuk v. Germany*

Das Verfahren *Demjanjuk* behandelt das Thema des Ersatzes notwendiger Auslagen nach Einstellung des Strafverfahrens wegen des Todes des Angeklagten.[262]

Der EGMR wiederholt an dieser Stelle seine Grundsätze zur Geltung der Unschuldsvermutung im Folgeverfahren:

> *"36. The Court reiterates that the presumption of innocence enshrined in Article 6 § 2 of the Convention will be violated if a judicial decision concerning a person charged with a criminal offence reflects an opinion, even in the absence of any formal finding of guilt, that he is guilty before he has been proved guilty according to law; it suffices that there is some reasoning suggesting the accused's guilt (see Cleve v. Germany, no. 48144/09, §§ 32 and 53, 15 January 2015, with further references). This concerns, for example, a decision on the reimbursement of an accused's defence costs (see Rupp, cited above, § 62; Lutz v. Germany, 25 August 1987, §§ 56–57, Series A no. 123), as in the present case.*
>
> *37. A finding of guilt in the absence of a final conviction must be distinguished, in that context, from the description of a "state of suspicion". While the former infringes the presumption of innocence, the latter has been regarded as unobjectionable in various situations examined by the Court (see Rupp, § 63, and Cleve, § 53, both cited above). The language used by the decision-maker will be of critical importance in assessing the compatibility of the decision and its reasoning with Article 6 § 2 of the Convention (Rupp, § 63, and Cleve, § 54, both cited above). Regard must be had, in this respect, to the nature and context of the particular proceedings in which the impugned statements were made (Cleve, cited above, § 55). Depending on the circumstances, even the use of some unfortunate language may thus be found not to be in breach of Article 6 § 2 of the Convention (ibid., with further references). The Court has drawn a distinction between cases where a final acquittal judgment has been handed down and those where criminal proceedings have been discontinued, with a more lenient standard applied in the latter cases (see Bikas v. Germany, no. 76607/13, § 44, 25 January 2018, with further references).*
>
> *38. The Court furthermore reiterates that a decision whereby reimbursement of an accused's necessary expenses was refused in connection with the discontinuation of criminal proceedings does not in itself breach Article 6 § 2 of the Convention (see Nölkenbockhoff,*

---

262 Zum Sachverhalt: *EGMR*, Urt. v. 24.01.2019 – App. No. 24247/15, Demjanjuk v. Germany, Rn. 5 ff.: Der im Prozess verstorbene Ehemann bzw. Vater der Beschwerdeführer wurde vor dem Hintergrund seiner Tätigkeit als Aufseher in einem Konzentrationslager im nationalsozialistischen Regime angeklagt. Nach der Verurteilung strengte dieser das Berufungsverfahren an. Im Laufe des Verfahrens verstarb er und das Strafverfahren wurde eingestellt. Die notwendigen Auslagen wurden nicht der Staatskasse auferlegt. Das Gericht argumentierte, dass der Angeklagte das Verfahren absichtlich in die Länge gezogen hätte; anderenfalls wäre er noch vor seinem Tod verurteilt worden.

§§ 36 and 40, and Rupp, § 72, both cited above). The issue that needs to be determined in the present case is, thus, whether the reasons advanced for the decision not to reimburse the late accused's necessary expenses, and notably the language used, contained a finding of the late accused's guilt."[263]

Im Ergebnis lehnt er das Vorliegen einer Schuldfeststellung mit Verweis auf die Innenwirkung der Äußerung ab.[264]

Mangels Freispruch kam es nicht zur Anwendung des *Sekanina*-Grundsatzes.

12. Zusammenfassung der Rechtsprechungsgrundsätze des EGMR seit *Sekanina*

Der EGMR ist dem in dem Urteil *Sekanina* geschaffenen Grundsatz, dass nach einem Freispruch staatliche Stellen sowohl Verdachtsbeschreibungen als auch Schuldfeststellungen unterlassen müssen, meist treu geblieben. Das zeigt sich durch zahlreiche Inbezugnahmen auf den Grundsatz in folgenden Entscheidungsbegründungen des EGMR. Dieser legt den Schutzbereich der Unschuldsvermutung nach Art. 6 Abs. 2 EMRK extensiv aus.

In Anbetracht der Rechte Dritter hat der EGMR allerdings verschiedene Ausnahmetatbestände geschaffen. Demnach sei der *Sekanina*-Grundsatz insbesondere in Folgeverfahren um Schadensersatz und Disziplinarverstöße nicht anwendbar. Die Motivation dieser Einschränkungen ist zwar nachvollziehbar. Die dogmatisch unsaubere Regel führt in der Praxis aber zu großen Unsicherheiten bei der Anwendung von Art. 6 Abs. 2 EMRK.

An dieser Stelle muss angemerkt werden, dass alle aufgeführten Verfahren, die auf den Strafprozess folgende Schadensersatzprozesse betreffen, gegen den Staat Norwegen geführt wurden. Wenn der EGMR hier argumentiert, Verdachtsbeschreibungen seien entgegen dem *Sekanina*-Grundsatz zulässig, um das Recht des mutmaßlichen Opfers auf Schadensersatz nicht zu beeinträchtigen, muss das differenzierend betrachtet werden. In Norwegen entscheidet sich der Zivilprozess nach einer Wahrscheinlichkeitsabwägung (*balance of probabilities*); eine Verdachtsbeschreibung kann also möglicherweise schon zur zivilrechtlichen Verurteilung führen, wenn sie zu einer überwiegenden Wahrscheinlichkeit führt. In Deutschland reicht eine solche Wahrscheinlichkeit zur Verurteilung aber nicht aus. Das führt dazu, dass in Deutschland trotz der Ausnahme vom Sekanina-Grundsatz wohl keine abweichenden Entscheidungen der Zivilgerichte zum Schadensersatz fallen werden. Anders als in Norwegen

263 *EGMR*, Urt. v. 24.01.2019 – App. No. 24247/15, Demjanjuk v. Germany, Rn. 36 ff.
264 *EGMR*, Urt. v. 24.01.2019 – App. No. 24247/15, Demjanjuk v. Germany, Rn. 40 f.

werden die deutschen Straf- und Zivilgerichte bei einer Unklarheit in Bezug auf die Tat wohl meistens zu demselben Ergebnis kommen – unabhängig von der Frage der Verdachtsverwertung. Etwas anderes gilt wohl bei Beweismaßsenkungen oder Prognoseentscheidungen. Vertieft wird diese Idee in § 4 erläutert.

Schlussendlich wird der Eindruck erweckt, dass der EGMR zwar grundsätzlich an dem durch die *Sekanina*-Rechtsprechung verkörperten weiten Verständnis der Unschuldsvermutung festhalten will, im konkreten Anwendungsfall aber in einer großen Zahl der Fälle Ausnahmetatbestände entwickelt, um Rechte Dritter nicht über die Maßen zu beschränken. Diese Praxis führt wiederum zu einer Entwertung des geschaffenen Schutzes für den Freigesprochenen.

IV. Umsetzung der EGMR-Rechtsprechung in der deutschen Rechtsprechung

Wie bereits angedeutet, ist die deutsche Rechtsprechung mit Äußerungen zum „*second aspect*" sehr zögerlich. Entscheidungen mit umfassenden Ausführungen dazu, wie sich die Unschuldsvermutung auf außerstrafrechtliche Folgeentscheidungen auswirkt, sucht man vergeblich.

Die deutsche Praxis wendet die Unschuldsvermutung eher restriktiv an. In außerstrafrechtlichen Verfahren werden auch Sachverhalte umfassend geprüft, die einen Straftatbestand erfüllen könnten. Zivil- und Verwaltungsrichter prüfen diesen Sachverhalt nach eigenen Maßstäben, ohne natürlich strafrechtliche Sanktionen auszusprechen.[265]

1. BGH, Urteil vom 14.11.1989

Interessant in diesem Zusammenhang ist zunächst ein Urteil des BGH aus 1989 zum Thema der Auswirkung der Unschuldsvermutung auf die Beweislastverteilung im Zivilprozess.[266] Dieses Urteil fiel vor der EGMR-Rechtsprechung *Sekanina*. Die Urteile der *Minelli*-Rechtsprechung zur Abgrenzung von Verdachtsbeschreibung und Schuldfeststellung waren zu diesem Zeitpunkt aber schon bekannt.

Der BGH hatte einen versicherungsrechtlichen Fall zu beurteilen. Die Klägerin, ein Versicherungsunternehmen, wollte Zahlungen von dem Beklagten zurückerhalten, weil sie ihm vorwarf, den Versicherungsfall, einen Brand, selbst

---

265 Gollwitzer/*Gollwitzer*, Art. 6 EMRK, Art. 14 IPBPR, Rn. 158.
266 *BGH*, Urt. v. 14.11.1989 – X ZR 116/88.

ausgelöst zu haben. Das Berufungsgericht hatte dem Beklagten zur Last gelegt, dass gegen diesen ein Verfahren wegen Brandstiftung in dieser Sache vor dem Strafgericht geführt wurde. Dieses endete mit Freispruch aus Mangel an Beweisen. Der BGH sah hierin einen Verstoß gegen die Unschuldsvermutung:

„bb) Diese Erwägungen sind von Rechtsirrtum beeinflußt.

Das erstgenannte Verdachtsmoment (Strafverfahren gegen den Beklagten) kann schon wegen der Unschuldsvermutung (Art. 6 Abs. 2 der Konvention zum Schutze der Menschenrechte und Grundfreiheiten) nicht gegen den Beklagten ins Feld geführt werden. Solange jemand wegen einer ihm vorgeworfenen strafbaren Handlung nicht rechtskräftig verurteilt worden ist, hat er vor dem Gesetz als unschuldig zu gelten. Das gilt erst recht für einen Beschuldigten, der in einem Strafverfahren – wie vorliegend der Beklagte – rechtskräftig freigesprochen worden ist. Es geht daher nicht an, die bloße Tatsache, daß gegen den Beklagten ein Strafverfahren stattgefunden hat, bei zivilrechtlichen Beweisüberlegungen zum Nachteil des Beklagten ausschlagen zu lassen. Die vom Berufungsgericht insoweit zitierte Entscheidung des IV. Zivilsenats des Bundesgerichtshofes vom 17. April 1952 (BGH NJW 1952, 1170) ist in diesem Punkt überholt, nachdem die seinerzeit noch geltende unterschiedliche Wertung eines Freispruchs wegen erwiesener Unschuld und eines solchen mangels Beweises im Wege der Gesetzesänderung aufgegeben worden ist.“ [267]

Der BGH betonte schon zu diesem Zeitpunkt die Wahrung der Unschuldsvermutung. Der Freispruch aus Mangel an Beweisen sollte kein „Freispruch zweiter Klasse“ mehr sein. Die reine Tatsache, dass ein Strafverfahren durchgeführt wurde, dürfe dem Betroffenen aufgrund der Unschuldsvermutung nicht zur Last gelegt werden. Ein Bezug auf Urteile des EGMR wurde hier allerdings vermieden. Der BGH stützte sich nicht auf die entwickelte Rechtsprechung zur Abgrenzung von Verdachtsbeschreibungen und Schuldfeststellungen. Es gab keine Ausführungen dazu, dass die Aussage des Zivilgerichts den Freispruch entwerte. Möglicherweise wollte der BGH seine Eigenständigkeit betonen und nicht auf die Rechtsprechungslinien des EGMR zurückgreifen müssen. Jedenfalls wird deutlich, dass schon zu dieser Zeit auch nationale Gerichte davon ausgingen, dass die Unschuldsvermutung durchaus in außerstrafrechtliche Verfahren ausstrahlen kann.

267 *BGH*, Urt. v. 14.11.1989 – X ZR 116/88, Rn. 20, Hervorhebungen durch den Bearbeiter.

2. BVerfG, Nichtannahmebeschluss vom 16. Mai 2002

Das BVerfG äußerte sich 2002 zu der Frage, ob die Speicherung personenbezogener Daten aus dem Ermittlungsverfahren zu präventiv-polizeilichen Zwecken nach einem Freispruch aus Mangel an Beweisen noch zulässig ist.[268]

Bei strenger Anwendung des *Sekanina*-Grundsatzes müsste man dies eigentlich verneinen. Die Frage, ob ein solcher Eingriff erlaubt ist, hängt davon ab, ob ein Verdacht besteht. Auf einen solchen darf man sich nach dem *Sekanina*-Grundsatz des EGMR aber gerade nicht mehr beziehen, wenn ein Freispruch vorliegt.

Zu einem anderen Urteil gelangte das BVerfG. Die Beschreibung eines Verdachts sei in Abgrenzung zu einer Schuldfeststellung zulässig. Hier gehe es nur um den Restverdacht aus dem Strafverfahren.[269]

> *„11 a) Die weitere Speicherung und Verwendung in Strafermittlungsverfahren gewonnener Daten zur Verhütung oder Verfolgung künftiger Straftaten steht der Unschuldsvermutung grundsätzlich auch dann nicht entgegen, wenn der Betroffene rechtskräftig freigesprochen worden ist, sofern die Verdachtsmomente dadurch nicht ausgeräumt sind (vgl. BVerwG, DÖV 1973, S. 752 f. zur Aufbewahrung erkennungsdienstlicher Unterlagen; BVerwGE 66, 202 <205> zur Aufbewahrung nach Verfahrenseinstellung; ebenso BVerwG, DÖV 1990, S. 117; Bäumler, Polizeiliche Informationsverarbeitung, in: Lisken/Denninger, Handbuch des Polizeirechts, 3. Aufl. 2001, Rn. 547 f. und 673 f.). Gleiches gilt, wenn das Strafverfahren aus anderen Gründen beendet worden ist (vgl. Rachor, Vorbeugende Straftatenbekämpfung und Kriminalakten, 1989, S. 90 ff.). Die Vermutung der Unschuld gilt bis zu einem etwaigen richterlichen Schuldspruch. Kommt es nicht dazu, gilt sie fort. Bei der Verfahrensbeendigung durch Einstellung nach § 153 ff. StPO oder bei einem Freispruch, der ausweislich der Gründe aus Mangel an Beweisen erfolgt, ist der Straftatverdacht nicht notwendig ausgeräumt. Darf er Grundlage für Maßnahmen der weiteren Datenspeicherung sein, so steht die Unschuldsvermutung als solche dem nicht entgegen.*
>
> *12 Gegenteiliges lässt sich auch aus der vom Beschwerdeführer angeführten Entscheidung des Europäischen Gerichtshofs für Menschenrechte im Fall Sekanina (ÖJZ 1993, S. 816 ff.) nicht entnehmen. Der Gerichtshof stellt dort fest, dass es nicht mehr zulässig sei, Feststellungen zur Schuld auf Verdächtigungen zu stützen, sobald ein Freispruch rechtskräftig geworden sei. Im Fall Sekanina hatten die Ausgangsgerichte, die über einen Entschädigungsanspruch zu entscheiden hatten, trotz des Freispruchs eine eigene Beurteilung der Schuld vorgenommen. Dies wurde als Verletzung der Unschuldsvermutung*

268 *BVerfG*, Nichtannahmebeschl. v. 16.05.2002 – 1 BvR 2257/01.

269 *BVerfG*, Nichtannahmebeschl. v. 16.05.2002 – 1 BvR 2257/01, Rn. 9 f.

bewertet. Die Frage, ob trotz Freispruchs Anhaltspunkte für einen Tatverdacht und für eine Wiederholungsgefahr bestehen können, stand nicht zur Entscheidung."[270]

Die Nichtanwendung des *Sekanina*-Grundsatzes wird damit begründet, dass es im vorliegenden Fall nicht um Schuldfeststellungen gehe. Diese Argumentation ist verfehlt. In dem Urteil *Sekanina* legte der EGMR gerade fest, dass nach einem Freispruch eben auch der bestehende Restverdacht nicht mehr verwertet werden darf. Im vorliegenden Fall hätte das BVerfG also zu dem Schluss kommen müssen, dass eine Verletzung der Unschuldsvermutung nach Art. 6 Abs. 2 EMRK vorlag. Das BVerfG entschied hier entgegen der Grundsätze des EGMR. Eine von der EGMR-Rechtsprechung abweichende Entscheidung hätte tiefgreifender begründet werden müssen.[271]

3. BVerwG, Beschluss vom 24.01.2017

Mit den Auswirkungen der Unschuldsvermutung auf ein verwaltungsrechtliches Folgeverfahren beschäftigte sich das BVerwG im Jahr 2017 ausführlich.[272]

In der Sache ging es um die Entlassung eines Lehrers aus einem Beamtenverhältnis auf Probe aufgrund des Verdachts mehrfachen sexuellen Missbrauchs von Kindern. Ein entsprechendes Strafverfahren endete mit Freispruch.[273] Der VGH hatte in der vom BVerwG zu überprüfenden Entscheidung über die Rechtmäßigkeit der Entlassungsverfügung angenommen, dass die Restverdachtsmomente aus dem mit Freispruch beendeten Strafverfahren im Folgeverfahren nicht mehr beachtet werden dürfen. Das ergebe sich sowohl aus der Rechtskraft des freisprechenden Urteils als auch aus der Unschuldsvermutung.[274]

Das BVerwG teilte diese Auffassung nicht:

Nach Auffassung des BVerwG binde ein strafgerichtlicher Freispruch andere Gerichte in Folgeverfahren nur hinsichtlich der Frage der strafrechtlichen Verantwortlichkeit des Betroffenen und dann, wenn gesetzlich eine Bindungswirkung angeordnet wird. Ansonsten seien Gerichte in Folgeverfahren frei.[275] In Bezug auf die Rechtskraft gelte, dass die materielle Rechtskraft nur auf den Tenor beschränkt sei. Eine Rechtskraftbindung erstrecke sich aber nicht auf die

---

270 *BVerfG*, Nichtannahmebeschl. v. 16.05.2002 – 1 BvR 2257/01, Rn. 11 f., Hervorhebungen durch den Bearbeiter.

271 *Hohnstädter*, NJW 2003, 490 (490).

272 *BVerwG*, Beschl. v. 24.01.2017 – 2 B 75/16.

273 *BVerwG*, Beschl. v. 24.01.2017 – 2 B 75/16, Rn. 1 ff.

274 *BVerwG*, Beschl. v. 24.01.2017 – 2 B 75/16, Rn. 7.

275 *BVerwG*, Beschl. v. 24.01.2017 – 2 B 75/16, Rn. 8.

tatsächlichen Feststellungen und die Entscheidungsgründe.[276] Aus der Tatsache, dass nicht einmal Strafgerichte an die Feststellungen eines vorangegangenen Strafurteils gebunden sind, ergebe sich, dass eine solche Bindung erst recht nicht für außerstrafrechtliche Gerichte gelten könne.[277] Im vorliegenden Fall käme es aber ganz besonders darauf an, dass die Unschuldsvermutung nur vor Rechtsfolgen mit Strafcharakter schütze, dazu zähle eine Entlassung aus dem Beamtenverhältnis auf Probe wegen mangelnder Qualifikation nicht.[278]

Es gelte demnach folgendes:

> *„Bei einem Freispruch aus Mangel an Beweisen dürfen zum Beispiel die nicht ausgeräumten Verdachtsmomente zur Rechtfertigung von Rechtsfolgen herangezogen werden, die ihrerseits weder Strafcharakter haben noch dem Betroffenen in einer strafgerichtlichen Entscheidung Schuld zuweisen (BVerfG, NJW 2002, 3231 mwN* [siehe § 3 IV 3] *zur Zulässigkeit einer Speicherung und Verwendung von im Strafermittlungsverfahren gewonnenen Daten zur Verhütung oder Verfolgung künftiger Straftaten nach einem rechtskräftigen Freispruch vom Vorwurf des sexuellen Missbrauchs von Kindern).“*[279]
>
> *„Das Gericht darf nicht einzelne entscheidungserhebliche Tatsachenfeststellungen oder Beweisergebnisse bei der Würdigung des Sachverhalts außer Acht lassen, insbesondere nicht Umstände übergehen, deren Entscheidungserheblichkeit sich ihm hätte aufdrängen müssen. In solchen Fällen fehlt es an einer tragfähigen Tatsachengrundlage für die innere Überzeugungsbildung des Gerichts (stRspr, vgl. BVerwG, Buchholz 235.1 § 17 BDG Nr. 1 = NVwZ 2009, 399 Rn. 27 und Buchholz 235.1 § 13 BDG Nr. 26 = NVwZ-RR 2015, 50 Rn. 40 ff.).“*[280]

Im Ergebnis verwies das BVerwG die Sache an den VGH zurück. Dieser habe den Fall unter Beachtung der Akte des Strafverfahrens neu zu bewerten.

Das BVerwG spricht sich in dieser Entscheidung unter Verweis auf andere höchstrichterliche Rechtsprechung gegen eine extensive Auslegung der Unschuldsvermutung im Folgeverfahren aus, wie der EGMR sie betreibt. Eine Auseinandersetzung mit den Urteilen des EGMR bleibt jedoch aus, obwohl an dieser Stelle möglicherweise der Verweis genügt hätte, dass der EGMR in Disziplinarverfahren eine Ausnahme von dem *Sekanina*-Grundsatz macht.

---

276 *BVerwG*, Beschl. v. 24.01.2017 – 2 B 75/16, Rn. 9.

277 *BVerwG*, Beschl. v. 24.01.2017 – 2 B 75/16, Rn. 10.

278 *BVerwG*, Beschl. v. 24.01.2017 – 2 B 75/16, Rn. 12 ff.

279 *BVerwG*, Beschl. v. 24.01.2017 – 2 B 75/16, Rn. 12, interner Verweis durch den Bearbeiter.

280 *BVerwG*, Beschl. v. 24.01.2017 – 2 B 75/16, Rn. 21.

4. Aktuelle Entscheidungen der Instanzgerichte

Es gestaltet sich als schwierig, aktuelle Urteile aus dem Bereich der fortwirkenden Unschuldsvermutung zu finden. Oftmals kommt es anscheinend gar nicht zur expliziten Auseinandersetzung mit den Problemschwerpunkten aus diesem Bereich. Auch wenn die Unschuldsvermutung in der deutschen Rechtsprechung grundsätzlich gewahrt wird, ist der Bereich des „*second aspect*" wenig beachtet.

Jedenfalls im Bereich der Kostenentscheidungen wird durch die Instanzgerichte regelmäßig entschieden, dass der Freispruch die Kostentragung durch den Staat zur Konsequenz hat.

So zum Beispiel das LG Traunstein in 2018:

> *„§ 467 Abs. 1 StPO (Kostentragung durch die Staatskasse) zieht die notwendigen kostenrechtlichen Konsequenzen aus der Unschuldsvermutung des Artikel 6 Abs. 2 EMRK (vgl. Gieg in Karlsruher Kommentar zur StPO, 7. Auflage 2013, Randnr. 1). Ausfluss dieser Unschuldsvermutung ist nicht nur, dass der Beschuldigte, der freigesprochen wurde, so anzusehen ist, als wäre nie ein Strafverfahren gegen ihn geführt worden, welches den Verdacht einer Straftat beinhaltete, sondern auch, dass er ebenso von allen finanziellen Nachteilen, welche mit dem gegen den freigesprochenen Beschuldigten geführten Strafverfahren im Zusammenhang stehen, freigestellt werden muss. So hat er gegebenenfalls auch Anspruch auf Entschädigung nach dem Strafverfolgungsentschädigungsgesetz."*[281]

Oder das OLG Stuttgart in 2018:

> *„§ 467 Abs. 1 StPO normiert den Grundsatz, dass bei einem Freispruch die Auslagen der Staatskasse und die notwendigen Auslagen des ehemaligen Angeklagten der Staatskasse zur Last fallen. Dies ist die kostenrechtliche Konsequenz aus der Unschuldsvermutung des Art. 6 Abs. 2 EMRK, dass der ehemalige Angeklagte ohne Rücksicht auf die verbleibende Stärke des Tatverdachts als unschuldig gilt (Gieg in KK-StPO, aaO, § 467 Rn. 3) und es nur folgerichtig erscheint, den Freigesprochenen – wenn es im gerichtlichen Verfahren nicht gelingt, die Unschuldsvermutung zu widerlegen – auch hinsichtlich der Erstattung seiner Auslagen als Unschuldigen anzusehen (Hilger in Löwe-Rosenberg, StPO, 26. Aufl. 2010, § 467, juris, dort zur Entstehungsgeschichte unter Bezugnahme auf den Bericht des Rechtsausschusses)."*[282]

---

281 *LG Traunstein*, Beschl. v. 23.08.2018 – 2 Qs 87/18, Rn. 24.

282 *OLG Stuttgart*, Beschl. v. 04.07.2018 – 4 Ws 147/18, Rn. 16.

5. Zusammenfassung der nationalen Rechtsprechung zur fortwirkenden Unschuldsvermutung

Im Ergebnis ist davon auszugehen, dass die Unschuldsvermutung in der nationalen Rechtsprechung zwar grundlegend beachtet wird. Dabei wird auch die Rechtsprechung des EGMR immer wieder zitiert. Allerdings findet sich der *Sekanina*-Grundsatz kaum in aktuellen Entscheidungen deutscher Gerichte: weder wird er explizit befolgt noch setzen sich die Gerichte kritisch damit auseinander. Es entsteht der Eindruck, dass dieser Teil der EGMR-Rechtsprechung, der die Unschuldsvermutung extensiv auslegt, ignoriert wird, weil er in Konflikt mit der nationalen Praxis geraten könnte.

Richter und Verwaltungsbehörden werden in Folgeverfahren vor die Frage gestellt, inwieweit sie durch das vorherige Strafurteil gebunden sind und wie genau sie sich im Verfahren und im abschließenden Urteil bzw. Verwaltungsakt ausdrücken dürfen.[283] Die Rechtsprechung zum erlaubten Wortlaut und zum „unglücklichen Sprachgebrauch" ist alles andere als praktikabel und für den Richter und die Parteien im Einzelfall unvorhersehbar. Für Anwälte entstehen zusätzliche Beratungsrisiken aufgrund der hinzukommenden Unsicherheiten im Verfahren; insbesondere dadurch, dass der Ausgang eines vorangehenden Strafprozesses möglicherweise zivilrechtliche Ansprüche verhindern kann.[284]

---

283 Separate Opinion of Judge de Gaetano, in: *EGMR*, Urt. v. 12.07.2013 – App. No. 25424/09, Allen v. United Kingdom; Dissenting Opinion of Judges Nicolaou and Vajic, in: Urt. v. 15.05.2008 – App. No. 31283/04, Orr v. Norway, S. 26; *Stuckenberg*, StV 2016, 5 (7).

284 *Bock*, Unschuldsvermutung und Entscheidungsbegründung, 167 f.

V. Rechtsprechungsübersicht: EGMR zur Fortwirkung der Unschuldsvermutung nach Art. 6 Abs. 2 EMRK

Jahr	Entscheidung	Fallgruppe Freispruch (F) /Einstellung (E)		Ratio Decidendi	Anmerkung
1982	*Adolf v. Germany*	Schuldfeststellung in Einstellungsbegründung	(E)	Bewertung der Verdachtsbeschreibung nach Außenwirkung; Heilung im Instanzenzug möglich	Dissenting Opinion *Cremona/Liesch/Pettiti* Concurring Opinion *Matscher*
1983	*Minelli v. Switzerland*	Auferlegung der (eigenen und gegnerischen) Verfahrenskosten, weil eine Verurteilung ohne Verjährung, „sehr wahrscheinlich“ gewesen wäre	(E)	Unterscheidung zulässige Verdachtsbeschreibung/ unzulässige Schuldfeststellung (*Minelli*-Grundsatz); Kriterium der Außenwirkung; Formulierung „sehr wahrscheinlich“ ist Schuldfeststellung; auch informelle Äußerungen des Gerichts erfasst; hier keine Heilung im Instanzenzug	Einstimmige Entscheidung

(*Fortsetzung auf nächster Seite*)

Jahr	Entscheidung	Fallgruppe Freispruch (F) /Einstellung (E)		Ratio Decidendi	Anmerkung
1987	*Englert v. Germany*	Versagung von Haft- und Verfahrenskostenentschädigung, weil eine Verurteilung ohne Verjährung, „sehr wahrscheinlich" gewesen wäre	(E)	Unterscheidung Verdachtsbeschreibung/ Schuldfeststellung nach vom Gericht Gewolltem (Innenwirkung); Formulierung der Wahrscheinlichkeitsklauseln ist unglücklich, aber lediglich Verdachtsbeschreibung; neues Hilfskriterium: ist die Versagung der Entschädigung strafgleich?	Dissenting Opinion *Cremona* *Lutz*: Dissenting Opinion *Bindschedler-Robert/ Matscher/Berndhard* (zur Anwendbarkeit von Art. 6 Abs. 2 EMRK) Wie ermittelt man die Innenwirkung?; Widerspruch zu *Minelli*; Anforderungen an Schuldfeststellung erhöht = Einschränkung der Unschuldsvermutung; Unterschied zu *Minelli*: *Englert* muss nur seine eigenen Verfahrenskosten tragen, nicht die der Gegner; *Englert*, *Lutz* und *Nölkenbockhoff* wurden auf Anordnung des Präsidenten von einer Kammer entschieden
	Lutz v. Germany	Versagung des Ersatzes notwendiger Verfahrenskosten	(E)		
	Nölkenbockhoff v. Germany	Versagung des Ersatzes notwendiger Verfahrenskosten	(E)		

1993	***Sekanina v. Austria***	Versagung von Haftentschädigung mit Verweis auf Restverdacht	(F)	Einschränkung des *Minelli*-Grundsatzes: Nach Freispruch ist auch keine Verdachtsbeschreibung mehr zulässig (*Sekanina*-Grundsatz)	Einstimmige Entscheidung Concurring Opinion *Matscher*
2003	*Ringvold v. Norway*	Nachfolgender Schadensersatzprozess	(F)	Ausnahme zum *Sekanina*-Grundsatz: folgender Schadensersatzprozess, Argument: Der Freispruch aus Mangel an Beweisen soll den Betroffenen nicht von zivilrechtlicher Verantwortlichkeit befreien	Concurring Opinion *Tulkens* Dissenting Opinion *Costa*
2003	*Y v. Norway*	Paralleler Schadensersatzprozess	(F)	Abgrenzung Verdachtsbeschreibung/ Schuldfeststellung nach Wortlaut	Einstimmige Entscheidung Concurring Opinion *Greve* Kritik Richter Greve: keine professionelle Übersetzung des Urteils aus dem Norwegischen
2004	*Del Latte v. The Netherlands*	Versagung von Haftentschädigung mit dem Hinweis der vorangegangene Freispruch sei nur technischer Natur	(F)	Der Versagungsgrund, der Freispruch sei nur technischer Natur, ist eine nicht zulässige Schuldfeststellung; Nichtbeachtung des *Sekanina*-Grundsatzes ohne Begründung	Dieses Urteil scheint eine stillschweigende Abkehr vom *Sekanina*-Grundsatz zu sein und steht im Widerspruch zu sowohl vorherigen als auch nachgehenden Entscheidungen des EGMR

(Fortsetzung auf nächster Seite)

Jahr	**Entscheidung**	**Fallgruppe Freispruch (F) /Einstellung (E)**		**Ratio Decidendi**	**Anmerkung**
2005	*A.L. v. Germany*	Versagung von Haftentschädigung mit Verweis auf „bei weitem überwiegende […] Wahrscheinlichkeit“ der Verurteilung	(E)	Beurteilung auch von informellen Äußerungen des Richters; Abstellen wieder auf Außenwirkung	Einstimmige Entscheidung
2006	*Puig Panella v. Spain*	Versagung von Haftentschädigung nach Aufhebung des Urteils durch das Verfassungsgericht wegen Verstoßes gegen die Unschuldsvermutung im Strafverfahren	---	Der *Sekanina*-Grundsatz gilt erst recht, wenn das Urteil aufgrund von einem Verstoß gegen die Unschuldsvermutung von dem Verfassungsgericht aufgehoben wurde	Einstimmige Entscheidung Widerspruch insbesondere zu *Del Latte*, wo der EGMR den *Sekanina*-Grundsatz nicht beachtete
2008	*Orr v. Norway*	Adhäsionsverfahren mit unterschiedlichen Verfahrensergebnissen (Freispruch im Strafprozess, aber Verurteilung zur Zahlung von Schadensersatz)	(F)	Ausnahme zu *Sekanina*: Art. 6 Abs. 2 EMRK soll nicht dazu führen, dass ein strafrechtlicher Freispruch aus Mangel an Beweisen die Möglichkeit des mutmaßlichen Opfers auf zivilrechtlichen Schadensersatz bzw. dessen Recht auf Zugang zum Gericht einschränkt; Verweis auf strafrechtliches Konzept der „Gewalt“ im Zivilurteil führt zu Widersprüchlichkeit der Verfahrensergebnisse und ist daher eine Verletzung von Art. 6 Abs. 2 EMRK	Concurring Opinion *Malinverni* Dissenting Opinion *Jebens* Dissenting Opinion *Nicolaou/Vajic*

2013	*Allen v. United Kingdom*	Versagung von Haftentschädigung	(F)	Differenzierung von *Sekanina*, Verdachtsbeschreibung hier trotz Freispruch zulässig, weil dieser nach dem Recht Großbritanniens nur formal erging (Klärung der Frage, ob das Urteil aufgrund neuer Erkenntnisquellen erneut durch eine Jury entschieden werden muss); Abgrenzung vorrangig nach Wortlaut	Einstimmige Entscheidung Separate Opinion *De Gaetano* detaillierte Ausführungen zum „*link*" und der bisherigen Rechtsprechung dazu; detaillierte Ausführungen zu den Auswirkungen der Unschuldsvermutung auf Folgeverfahren und der bisherigen Rechtsprechung dazu
2015	*Cleve v. Germany*	Entwertung des Freispruchs in den Urteilsgründen	(F)	Begründung eines freisprechenden Urteils darf sich nicht in Widerspruch zum Tenor setzen; Grundsätze zur Differenzierung: Schuldfeststellung ist gegeben bei strafrechtsnahem Wortlaut; Abstellen auf Innenwirkung	Einstimmige Entscheidung
2018	*Bikas v. Germany*	Strafschärfende Beachtung früherer Taten, die nur inzident geprüft, nicht einzeln verurteilt wurden	(E)	Beachtung von Taten, die nur inzident und nicht in einem eigenen Verfahren geprüft wurden verstößt nicht gegen die Unschuldsvermutung, der jeweilige Mitgliedsstaat bestimmt das notwendige Beweismaß selbst	Einstimmige Entscheidung Zustimmende Erwähnung des *Sekanina*-Grundsatzes

(*Fortsetzung auf nächster Seite*)

Jahr	Entscheidung	Fallgruppe Freispruch (F) /Einstellung (E)		Ratio Decidendi	Anmerkung
2018	*Urat v. Turkey*	Fortwirkung der Unschuldsvermutung im Disziplinarverfahren	(E)/ (F)	Ausnahme zum *Sekanina*-Grundsatz: Disziplinargerichte dürfen Handlungen, die schon das Strafgericht geprüft hat, eigenständig prüfen; sie dürfen aber keine Straftatbestände prüfen oder als gegeben annehmen	Partly Dissenting Opinion *Lemmens* (zu Art. 6 Abs. 1 EMRK)
2019	*Demjanjuk v. Germany*	Versagung des Ersatzes notwendiger Verteidigungskosten nach Einstellung wegen Tod des Angeklagten	(E)	Ablehnung einer Schuldfeststellung nach Innenwirkung	Einstimmige Entscheidung Zustimmende Erwähnung des *Sekanina*-Grundsatzes

§ 4 - Auswirkungen des extensiven Verständnisses der strafrechtlichen Unschuldsvermutung durch den EGMR in außerstrafrechtlichen Folgeverfahren

Wendet man die Rechtsprechung des EGMR seit *Sekanina* in der nationalen Praxis „eins-zu-eins" an, so entstehen große Probleme. Diese resultieren daraus, dass der EGMR dem Freispruch eine größere Bedeutung zumisst, als sie im deutschen Recht ursprünglich vorgesehen war. Diese Überbewertung des Freispruchs führt dazu, dass der Richter eines außerstrafrechtlichen Folgeverfahrens an die Feststellungen und Ergebnisse des Strafprozesses gebunden ist. Ein solches Monopol des Strafrichters passt aber an verschiedenen Stellen nicht in das System der deutschen Rechtsordnung.

Zur Verdeutlichung dieses Systembruchs soll im Folgenden zunächst das Verhältnis der Zweige der Gerichtsbarkeiten als Sollzustand dargestellt werden (I.). Anschließend werden die Konsequenzen gezeigt, die sich aus einer Bindungswirkung von Strafurteilen ergeben (II.); dies soll auch anhand entsprechender Gesetzgebungsverfahren aus dem Jahr 2003 (III.) sowie einer Besprechung der Entscheidung des österreichischen Verfassungsgerichts zur Bindungswirkung von Strafurteilen (IV.) dargestellt werden. Schließlich sollen die festgestellten Probleme an konkreten Fallgruppen anschaulich gemacht werden (V.).

I. Verhältnis der Zweige der Gerichtsbarkeiten zueinander in der deutschen Rechtsordnung

Das deutsche Rechtsschutzsystem basiert auf einer Gerichtsbarkeit in fünf Zweigen, die alle gleichwertig zueinander stehen: die ordentliche Gerichtsbarkeit, die Arbeitsgerichtsbarkeit, die Verwaltungsgerichtsbarkeit, die Finanzgerichtsbarkeit und die Sozialgerichtsbarkeit.[285] Bei der Entscheidung von Vorfragen aus einem anderen Rechtsgebiet als dem eigenen sind Richter grundsätzlich nicht an Vorgaben und Ermittlungsstände anderer Gerichte gebunden. Diese Unabhängigkeit fördert die Beschleunigung der Verfahren, indem ein Abwarten auf Entscheidungen des jeweiligen Gerichts vermieden wird.[286] Zwar

285 Art. 95 GG nennt alle Zweige der Gerichtsbarkeit.

286 Gollwitzer/*Gollwitzer*, Art. 6 EMRK, Art. 14 IPBPR, Rn. 157.

ermöglichen Normen wie z.B. § 149 ZPO dem entscheidenden Richter ein solches Abwarten. Hier besteht aber kein Zwang, sondern nur die Möglichkeit, das Verfahren zu vereinfachen.[287]

Die Richter der jeweiligen Zweige der Gerichtsbarkeit haben sich zwar auf ein Rechtsgebiet spezialisiert. Allerdings sind sie alle als Volljuristen ausgebildet und verfügen somit auch über Kenntnisse aus den anderen Rechtsgebieten. Es besteht mithin kein Grund, Vorfragen aus einem anderen Rechtsgebiet an ein weiteres Gericht zu delegieren.[288] Neben der Verzögerung der Entscheidung würde das zu einem erheblich größeren Verwaltungsaufwand führen, der zulasten der Effizienz der Gerichte gehen würde. Das Mitwirken von zu vielen Gerichten an einer Entscheidung könnte außerdem die Akzeptanz des Urteils in der Bevölkerung mindern.

Im deutschen System ist es also vorgesehen, dass auch außerstrafrechtliche Gerichte strafrechtliche Vorfragen selbst bewerten dürfen. Es besteht kein Zwang zur Delegation der Vorfrage an ein Strafgericht.[289] Über die Sanktion einer Straftat darf hingegen nur das Strafgericht entscheiden.[290]

Zusammenfassend gilt nach *Gollwitzer*:

> *„Nur die Bestrafung ist bei Kriminalstrafen dem Strafrichter vorbehalten, nicht aber die Entscheidung, welche außerstrafrechtlichen Rechtsfolgen an das Vorliegen eines Straftatbestandes anknüpfen.“*[291]

II. Die Problematik eines Strafrichtermonopols

Nach der *Sekanina*-Rechtsprechung[292] darf sich das Gericht in einem Folgeprozess nach einem Freispruch in dem vorherigen Strafverfahren nicht mehr auf den bestehenden Restverdacht stützen. Mit den Worten *Stuckenbergs* zur EGMR-Rechtsprechung:

---

287 *Eschke,* Die Geltung der Unschuldsvermutung im Zivil- und Zivilverfahrensrecht, 91; anders *Naujok*, AuR 1998, 398 (400): Dieser sieht den Ermessensspielraum des Zivilrichters bei § 149 ZPO bei Beachtung des zivilprozessualen Beschleunigungsgrundsatzes und den Vorteilen des Untersuchungsgrundsatzes des Strafverfahrens für die Wahrheitsermittlung auf Null reduziert.

288 § 17 Abs. 2 Satz 1 GVG.

289 Vgl. *BGH*, Urt. v. 30.10.1986 – 4 StR 499/86; zustimmend: *Eylert*, NZA-RR 2014, 393 (407).

290 Gollwitzer/*Gollwitzer*, Art. 6 EMRK, Art. 14 IPBPR, Rn. 158.

291 Gollwitzer/*Gollwitzer*, Art. 6 EMRK, Art. 14 IPBPR, Rn. 108.

292 Siehe § 3 II.

„Ein Freispruch, gleichgültig aus welchen Gründen, bewirkt also die vollständige Purgierung des Tatverdachts, die sämtliche staatliche Stellen bindet“[293]

Ein so weites Verständnis der Unschuldsvermutung führt dazu, dass Gerichte in Folgeentscheidungen an die strafrechtliche Sachverhaltswürdigung gebunden werden.[294] Das kann man als Strafrichtermonopol bezeichnen. Die Rechtsprechung des EGMR würde nämlich für die Festlegung des beachtlichen Sachverhalts die Wertung des Strafgerichts als allgemeingültig ansehen und damit für eine Monopolstellung des Strafgerichts gegenüber außerstrafrechtlichen Folgegerichten sorgen. Diese Bindung geht über die normale Rechtskraftbindung hinaus und überspannt die Garantien der EMRK.[295] Der EGMR geht zwar nach eigener Beteuerung davon aus, dass es außerstrafrechtliche Folgeverfahren geben soll, die grundsätzlich auch zu einem eigenständigen Ergebnis kommen dürfen. Allerdings sind diese Folgeverfahren bei Beachtung der Rechtsprechung des EGMR nur sehr beschränkt durchführbar.[296]

Die Bindung an das Strafurteil, die der EGMR den Gerichten in Folgeentscheidungen vorschreibt, passt nicht in das oben beschriebene Rechtsschutzsystem mit den unabhängigen Zweigen der Gerichtsbarkeit. Die konkreten Probleme, die sich aus der Rechtsprechung des EGMR für das deutsche System ergeben, sollen im Folgenden aufgezeigt werden:

1. Verstoß gegen den Grundsatz der freien Beweiswürdigung

Die Bindung der Gerichte in Folgeentscheidungen an die Sachverhaltsfeststellungen des Strafgerichts verstößt gegen den Grundsatz der freien Beweiswürdigung.

Die freie Beweiswürdigung ist der zentrale Grundsatz des Beweisrechts in allen Verfahrensarten, nicht nur im Zivilprozess.[297] Die Beweiswürdigung ist das Verfahren, in dem der Richter prüft, ob der Beweis gelungen ist. Ziel dieses

293 *Stuckenberg*, StV 2016, 5 (5).

294 *Bock*, Unschuldsvermutung und Entscheidungsbegründung, 166; eine Bindungswirkung von Strafurteilen erwähnt schon die EKMR im Jahr 1982: *Bleckmann*, EuGRZ 1983, 415 (421 f.).

295 Gollwitzer/*Gollwitzer*, Art. 6 EMRK, Art. 14 IPBPR, Rn. 159 f.: Dieser hält diese Wertung des EGMR aber aufgrund der ohnehin bestehenden faktischen Bindungswirkung eines vorhergegangenen Strafurteils für hinnehmbar.

296 *Stuckenberg*, StV 2016, 5 (5).

297 § 286 ZPO, § 261 StPO, § 108 Abs. 1 VwGO, §§ 46, 84 ArbGG; § 128 Abs. 1 SGG, § 96 Abs. 1 FGO, § 30 BVerfGG.

Verfahrens ist die Überzeugung des Richters. Es kommt also nicht auf die rein objektive Wahrheitsfindung, sondern auf die subjektive Überzeugung des konkreten Richters an. Diese subjektive Überzeugung muss allerdings auf objektiven Kriterien beruhen. Mit der Freiheit der Beweiswürdigung ist gemeint, dass der Richter in diesem Verfahren nicht an gesetzliche Beweisregeln in Bezug auf die Auswahl und Bewertung von Beweisen gebunden ist. Begrenzt wird diese Freiheit nur durch die zwingende Berücksichtigung von Denkgesetzen, Erfahrungssätzen und Naturgesetzen sowie die Begründungspflicht und bindende Beweisregeln als Ausnahme.[298]

Ist der Richter im Folgeverfahren nun an den Sachverhalt gebunden, wie er sich aus dem vorherigen Strafverfahren ergibt, kommt das einem Verbot gleich, weitere Beweise zu erheben und zu beachten. Eine solche Vorgabe lässt sich mit § 286 ZPO nicht vereinbaren.[299] Das gilt auch für die entsprechenden Normen aus den anderen Verfahrensordnungen. Es ist von dem Gesetzgeber nicht gewollt, dass Richter blind einer festgelegten Sachverhaltsfeststellung folgen. Vielmehr sollen Urteile aus voller Überzeugung des Richters gefällt werden.[300] Gerade wenn ein Verdacht besteht, kann es nicht Pflicht des Richters sein, diesen zu ignorieren – vor allem nicht dann, wenn das Strafgericht diesen Verdacht in dem freisprechenden Urteil noch ausgeführt hat.

2. Verstoß gegen das Recht des mutmaßlichen Opfers auf rechtliches Gehör

Die Bindung von Entscheidungsträgern in außerstrafrechtlichen Folgeverfahren an das Strafurteil führt auch dazu, dass Personen von dieser Bindungswirkung betroffen sind, die nicht am Strafverfahren beteiligt waren. Das mutmaßliche Opfer einer Straftat ist – anders als der mutmaßliche Täter – nicht am Strafverfahren beteiligt und hat daher auch keine Möglichkeit, den Verlauf des Prozesses zu gestalten. Zwar besteht bei gewissen Delikten die Möglichkeit des Opfers, sich nach § 395 StPO als Nebenkläger an dem Prozess zu beteiligen. Diese Möglichkeit ist aber nicht zwingend, nur bei bestimmten Delikten möglich und darüber hinaus hat selbst der Nebenkläger nur begrenzte Einflussmöglichkeiten auf den Prozess.[301] Der Nebenkläger ist am Ende keine Partei.

---

298 Prütting/Gehrlein/*Laumen*, § 286, Rn. 2 ff.; MüKo ZPO/*Prütting*, § 286 ZPO, Rn. 1 ff.

299 *Eschke*, Die Geltung der Unschuldsvermutung im Zivil- und Zivilverfahrensrecht, 90; vgl. *Gaul*, Die Grenzen der Bindung des Zivilgerichts an Strafurteile.

300 *Eschke*, Die Geltung der Unschuldsvermutung im Zivil- und Zivilverfahrensrecht, 92.

301 Aufgezählt werden die Verfahrensrechte des Nebenklägers in § 397 Abs. 1 StPO.

Wenn der Freispruch des mutmaßlichen Täters über eine Bindungswirkung den außerstrafrechtlichen Folgeprozess beeinflussen würde, ginge das mit einer Beschränkung des rechtlichen Gehörs des mutmaßlichen Opfers einher, Art. 103 Abs. 1 GG. Mithin würde ein Strafrichtermonopol auch verfassungsrechtlich auf Bedenken stoßen.[302]

3. Verletzung der Eigentumsfreiheit des mutmaßlichen Opfers bezogen auf zivilrechtliche Schadensersatzansprüche

Ebenfalls bestehen verfassungsrechtliche Bedenken in Hinblick auf Art. 14 Abs. 1 GG. In der konkreten Situation eines zivilrechtlichen Schadensersatzprozesses als Folgeprozess nach einem Strafverfahren kann das Strafrichtermonopol zur Beeinträchtigung von Schadensersatzansprüchen führen, die durch Art. 14 GG grundrechtlich geschützt sind.[303]

Wenn der Richter im Zivilprozess an die Feststellungen des Strafprozesses in der Weise gebunden ist, dass er bestimmte Handlungsstränge nicht mehr bewerten darf, werden Schadensersatzansprüchen, die auf ebendiesen Handlungen aufbauen, die Grundlagen entzogen. Ein an sich bestehender Anspruch wird also durch die Bindungswirkung des Strafurteils vernichtet. Diese Problematik spielt eng mit dem oben genannten Problem zusammen, dass dem ursprünglichen Anspruchsinhaber auch kein rechtliches Gehör gewährt wurde.

Im Zusammenhang mit Eingriffen in Art. 14 Abs. 1 GG ist immer auch über einen Entschädigungsanspruch des Betroffenen nachzudenken, Art. 14 Abs. 3 GG. Entschädigung ist jedoch nur im Fall einer Enteignung zu leisten, nicht bei bloßen Inhalts- und Schrankenbeschränkungen. Wichtiges Abgrenzungskriterium ist hier die Zielrichtung des Eingriffs. Der Eigentumszugriff bei einer Enteignung muss auf die Erfüllung öffentlicher Aufgaben gerichtet sein. Erfolgt der Eingriff im Wege des Ausgleichs privater Interessen, liegt eine Inhalts- und Schrankenbestimmung vor.[304] Im Fall des Strafrichtermonopols liegt kein zielgerichteter Eigentumseingriff vor – mithin liegt keine entschädigungspflichtige Enteignung vor.

---

302 Vgl. *Völzmann*, Die Bindungswirkung von Strafurteilen im Zivilprozess, 126 ff.

303 Sachs/*Wendt*, Art. 14 GG, Rn. 24; Dreier/*Wieland*, Art. 14 GG, Rn. 58; Münch/Kunig/*Bryde*, Art. 14 GG, Rn. 12; BeckOK GG/*Axer*, Art. 14 GG, Rn. 48 f.; Maunz/Dürig/*Papier/Shirvani*, Art. 14 GG, Rn. 300.

304 Münch/Kunig/*Bryde*, Art. 14 GG, Rn. 71; BeckOK GG/*Axer*, Art. 14 GG, Rn. 77 ff.; Maunz/Dürig/*Papier/Shirvani*, Art. 14 GG, Rn. 644.

Deutlich werden beide verfassungsrechtliche Bedenken gegen ein Strafrichtermonopol in dem folgenden

Fallbeispiel:

A hat B infolge einer Streitigkeit verprügelt. Aufgrund mangelnder Beweise endet das entsprechende Strafverfahren mit Freispruch. In dem darauf folgenden Zivilprozess verfolgt B Schadensersatzansprüche aus § 823 Abs. 1 und Abs. 2 BGB i.V.m. § 223 Abs. 1 StGB. Da der Zivilrichter bei Geltung eines Strafrichtermonopols nicht mehr berechtigt ist, Verdachtsmomente aus dem Handlungsstrang „Prügelvorfall" zu verwerten, muss er zu dem Ergebnis kommen, dass die Schadensersatzansprüche zu verneinen sind. Verfassungsrechtlich problematisch ist, dass ein tatsächlich bestehender zivilrechtlicher Anspruch aufgrund einer prozessualen Bindungswirkung verneint wird. Dazu kommt, dass das Opfer der tatsächlich vorgefallenen Straftat an dem Strafprozess nicht teilgenommen hat. Von den Feststellungen dieses Strafverfahrens geht aber die Bindungswirkung aus, die am Ende den Erfolg des Folgeprozesses verhindert.

Angemerkt werden muss, dass solche Fälle in der Praxis wohl selten sind. Wenn das Strafgericht nicht zu einer eindeutigen Überzeugung gelangen kann und daher *in dubio pro reo* entscheidet, wird in den allermeisten Fällen auch das Zivilgericht im Folgeverfahren nicht zu voller Überzeugung im Hinblick auf das Tatgeschehen kommen. Dennoch sind die beschriebenen verfassungsrechtlichen Bedenken zum einen im Sinne einer sauberen Dogmatik relevant. Zum anderen sind sie in solchen Fällen relevant, in denen es Beweismaßabweichungen in den verschiedenen Verfahren gibt. Dazu soll im folgenden Punkt vertieft Stellung genommen werden.

4. Bevorteilung des ehemaligen Angeklagten im Folgeprozess durch Übertragung des strafrechtlichen Beweismaßes auf den außerstrafrechtlichen Folgeprozess

Als Folge der Bindung der Gerichte in Folgeentscheidungen an die Sachverhaltsfeststellungen des Strafgerichts wird das strafrechtliche Beweismaß in den außerstrafrechtlichen Bereich exportiert. Das führt insbesondere in solchen Rechtsordnungen zu Problemen, in denen sich das Beweismaß in den unterschiedlichen Rechtsgebieten unterscheidet (z.B. im angelsächsischen Recht: *beyond reasonable doubt* im Strafverfahren und *balance of probabilities* im Zivilverfahren). Dort profitiert der ehemalige Angeklagte von dem deutlich höheren Beweismaß im Strafprozess auch noch in den Folgeprozessen. Ein solcher Vorteil bewirkt natürlich die Benachteiligung Dritter. Die Rechte mutmaßlicher Opfer einer Straftat werden so in nicht hinnehmbarer Weise zugunsten der Unschuldsvermutung eingeschränkt.[305]

Im deutschen Recht gilt als Grundsatz das uniforme Beweismaß der vollen richterlichen Überzeugung sowohl im Straf- als auch im Zivil- und Verwaltungsverfahren.[306]

Das Regelbeweismaß der vollen Überzeugung setzt keine absolute Sicherheit voraus. Das wäre schon aus praktischen Gesichtspunkten nicht möglich. Schließlich müssen bei Entscheidungen, die nicht vom Einzelrichter entschieden werden, auch Mehrheitsentscheidungen genügen. Darüber hinaus dürfen vom Prozessrecht vorgesehene Begrenzungen wie z.B. die Präklusion oder der Beibringungsgrundsatz die Überzeugungsbildung nicht verhindern.[307] Eine absolute Sicherheit ist außerdem schon deshalb nicht zu fordern, da sie nie bestehen kann. Ein Ausschluss jeglicher (fernliegender) Zweifel ist niemals zu erreichen.[308]

Wenn absolute Sicherheit nicht erforderlich ist, stellt sich die Frage, ab wann das Beweismaß der vollen Überzeugung dann erreicht ist. Diesbezüglich sind Rechtsprechung und Literatur nicht immer einheitlich. Gerade in der Literatur wird ein Grundsatzstreit zu dieser Frage geführt. Literatur und Praxis sind sich grundsätzlich einig, dass der Maßstab der richterlichen Überzeugung die Wahrheit – keine Wahrscheinlichkeit – ist.[309] Dennoch verschwimmen die Grenzen zwischen Wahrheit und Wahrscheinlichkeit, wenn es um Überzeugungsbildung geht. Bei der Frage, ob jemand von der Wahrheit überzeugt ist, wird die gefragte Person immer auf eine subjektive Wahrscheinlichkeit bauen, die sich an objektiven Kriterien orientiert. Insofern ist die Wahrheit für den Einzelnen bei der Beantwortung dieser Frage eine sehr hohe Wahrscheinlichkeit.[310] Was die Anforderungen an die Überzeugung angeht, konnte sich die Meinung, eine überwiegende Wahrscheinlichkeit reiche aus, aber zu Recht nicht durchsetzen. Das würde sowohl dem Wortlaut des § 286 ZPO als auch der Systematik des Beweisrechts widersprechen.[311]

---

305 *Bock,* Unschuldsvermutung und Entscheidungsbegründung, 166 ff.

306 § 261 StPO; § 286 ZPO; § 108 VwGO; dazu: *Schweizer,* Einheit des Beweismaßes, dieser plädiert für ein unterschiedliches Beweismaß im Zivil- und Strafverfahren.

307 MüKo ZPO/*Prütting*, § 286 ZPO, Rn. 18 f.

308 Geipel/*Geipel*, § 7, Rn. 1.

309 Überblick über den Streitstand bei MüKo ZPO/*Prütting*, § 286 ZPO, Rn. 32 ff.

310 Geipel/*Geipel*, § 7, Rn. 5; ähnlich: *Bender,* Das Beweismaß, 248.

311 Baumgärtel/Laumen/Prütting/*Laumen*, Kapitel 5, Das Beweismaß, Rn. 10 ff.; *Katzenmeier*, ZZP 2004, 187; MüKo ZPO/*Prütting*, § 286 ZPO, Rn. 32 ff.; *Prütting*, ZZP 2010, 135 (141 f.); *Schwab,* Das Beweismaß im Zivilprozeß, 455 ff.; umfassende

Schlussendlich gilt also: Entscheidend für die Verurteilung ist die Überzeugung des Richters von der Wahrheit des Vortrags der Parteien. Die Überzeugung von der Wahrheit beruht auf einer sehr hohen subjektiven Wahrscheinlichkeit, die auf objektiven Kriterien beruht, z.B. den Naturgesetzen. Dennoch bleibt der Maßstab, an dem der Richter sich zu orientieren hat, die Wahrheit und keine Wahrscheinlichkeit, denn nur auf die Wahrheit muss sich die geforderte Überzeugung beziehen.

Die volle Überzeugung des Richters wird von der richterlichen Praxis seit den Ausführungen des BGH im Urteil *Anastasia*[312] wie folgt verstanden:

> *„Eine von allen Zweifeln freie Überzeugung setzt das Gesetz dabei nicht voraus. Auf diese eigene Überzeugung des entscheidenden Richters kommt es an, auch wenn andere zweifeln oder eine andere Auffassung erlangt haben würden. Der Richter darf und muß sich aber in tatsächlich zweifelhaften Fällen mit einem für das praktische Leben brauchbaren Grad von Gewißheit begnügen, der den Zweifeln Schweigen gebietet, ohne sie völlig auszuschließen. Das wird allerdings vielfach ungenau so ausgedrückt, daß das Gericht sich mit einer an Sicherheit grenzenden Wahrscheinlichkeit begnügen dürfe; das ist falsch, falls damit von der Erlangung einer eigenen Überzeugung des Richters von der Wahrheit abgesehen werden sollte (vgl. BGH DRiZ 1967, 239 und 1969, 53).“*[313]

Dennoch ergeben sich verschiedene Problemfelder im Zusammenhang mit dem Beweismaß:

a. Gesetzliche Beweismaßsenkungen

Möglich sind im deutschen Recht trotz des Regelbeweismaßes gesetzliche Beweismaßsenkungen, insbesondere die in den §§ 287 und 294 ZPO und solche, die sich aus dem materiellen Recht ergeben. Wenn ein Freispruch im Strafverfahren nun dazu führt, dass für das außerstrafrechtliche Folgeverfahren sämtliche Verdachtsmomente zu ignorieren sind, überträgt sich das Beweismaß des Strafverfahrens automatisch auf das Folgeverfahren. Das passiert unabhängig davon, ob für dieses eine gesetzliche Beweismaßsenkung besteht. Das Strafrichtermonopol würde hier zu einer Umgehung von gesetzgeberischen Wertungen führen. Das ist freilich nicht zu begrüßen.

Entkräftung der Argumente für ein Überwiegensprinzip mit Schwerpunkt auf den Wortlaut und die Systematik des Gesetzes: *Prütting*, Gegenwartsprobleme der Beweislast, 76 ff.; für ein Überwiegensprinzip im Zivilprozess: *Schweizer*, Einheit des Beweismaßes.

312 *BGH*, Urt. v. 17.02.1970 – III ZR 139/67.

313 *BGH*, Urt. v. 17.02.1970 – III ZR 139/67, Rn. 72.

Fallbeispiel:

A hat B infolge einer Streitigkeit geschlagen. Das Strafverfahren wegen Körperverletzung endete mangels Beweisen mit Freispruch. B begehrt dennoch zivilrechtlich Schadensersatz von A. Da A droht, sich ins Ausland abzusetzen, fürchtet B, dass er sich seiner Schadensersatzpflicht entziehen könnte. Aus diesem Grund strebt er die einstweilige Sicherung seines Anspruchs durch einen Arrestbefehl (§§ 916 ff. ZPO) an. Im Rahmen der Prüfung des Arrests muss der Arrestsuchende den Anspruch, den er sichern will, und den Arrestgrund nur glaubhaft machen (überwiegende Wahrscheinlichkeit), § 920 Abs. 2 ZPO. Es handelt sich um eine gesetzliche Beweismaßsenkung (gegenüber dem Beweismaß der vollen Überzeugung). Wenn das Gericht, welches über den Arrest entscheiden muss, an das vorangegangene Strafurteil gebunden wäre, würde sich das volle Beweismaß aus dem Strafverfahren auf das Arrestverfahren übertragen und somit die Wertung des § 920 Abs. 2 ZPO außer Kraft setzen. Das Arrestgericht müsste davon ausgehen, dass A B nie verletzt hat und deshalb auch ein Schadensersatzanspruch ohne Gegenstand wäre. Dabei könnte nicht beachtet werden, dass die Frage, ob A B verletzt hat, vor dem Strafgericht unter Geltung des vollen Beweismaßes entschieden worden ist.

In Fällen wie diesem, in dem es um vorläufigen Rechtsschutz geht, muss aber Folgendes beachtet werden: Wenn bereits im Strafverfahren deutlich wurde, dass sich ein Verdacht nicht ausreichend erhärtet, wird in aller Regel auch das Zivilgericht keine volle Überzeugung von der Tatsache bilden können. Im vorläufigen Rechtsschutz wird dementsprechend wohl keine Entscheidung fallen, die sehenden Auges eine nicht aufrecht zu erhaltende Position sichert. Hier sind die Normen des vorläufigen Rechtsschutzes wohl teleologisch zu reduzieren.

b. Prognoseentscheidungen

Praktisch relevanter dürfte daher die Fallgruppe der Prognoseentscheidungen sein. Bei diesen Entscheidungen muss der Richter eine Würdigung vornehmen, die auf zukünftige Tatsachenfeststellungen gerichtet ist. Auch hier gilt grundsätzlich das Regelbeweismaß der vollen richterlichen Überzeugung. Aufgrund der Unsicherheit in Bezug auf zukünftige Ereignisse muss sich die Überzeugung aber auf die heutige Sicht beziehen, dass bestimmte Ereignisse zukünftig eintreten werden. Maßgeblich ist hier die subjektive, gegenwärtige Sicht des entscheidenden Richters. Im Fall verbleibender Unsicherheiten kommt es auf Beweislastregeln an.[314]

Bei einer Prognoseentscheidung – wie sie z.B. im Familienrecht oder im Gefahrenabwehrrecht vorkommt – muss der Richter seine Überzeugung also

314 MüKo ZPO/*Prütting*, § 286 ZPO, Rn. 47.

aus heutiger Sicht, aber mit Blick in die Zukunft bilden. Im Rahmen einer solchen Prognose muss der Sachverhalt umfassend erfasst und bewertet werden, um hohe Güter wie zum Beispiel das Kindeswohl zu schützen. Wenn das Gericht hier aufgrund eines vorhergegangenen Freispruchs eine bestehende Verdachtslage ignoriert, nimmt es die Gefährdung des Schutzgutes in Kauf. Die Verhinderung präventiver Schutzmaßnahmen kann aber nicht Ziel der Unschuldsvermutung sein.[315] Dies würde wohl auch ganz erheblich gegen das Gerechtigkeitsgefühl der Bevölkerung verstoßen und somit die öffentliche Akzeptanz solcher Prognoseentscheidungen verringern. Ein solch ausuferndes Verständnis der Wirkung des Freispruchs aus Mangel an Beweisen schützt zwar den mutmaßlichen Täter, schränkt aber die Rechte Dritter massiv ein. Hier verkennt der EGMR den Aussagegehalt des Freispruchs: Ein Freispruch besagt nur, dass die strafrechtliche Verantwortung des Beschuldigten nicht sicher festgestellt werden konnte; der Freispruch besagt nicht, dass jegliche Verdachtslage ausgelöscht wurde.[316]

c. *Unterschiedliche Anforderungen an das Beweismaß im Strafverfahren und im Zivilverfahren*

Zu überlegen ist in diesem Zusammenhang auch, wie eng der Begriff des uniformen Beweismaßes zu verstehen ist. Muss ein Richter, der über eine schwere Straftat entscheidet, tatsächlich den exakt selben Überzeugungsgrad vorweisen wie ein Richter, der über einen Schadensersatzanspruch in Höhe von 100 € entscheidet?

Diesen Überlegungen voranzustellen ist der Hinweis, dass im Zusammenhang mit der Diskussion über das Beweismaß oftmals verbale Ungenauigkeiten das Verständnis erschweren. Wann der nach der *Anastasia*-Formel erforderliche „Grad von Gewißheit“ erreicht ist, der „den Zweifeln Schweigen gebietet, ohne sie völlig auszuschließen“[317], ist Auslegungssache. Verschiedene Richter werden hierzu verschiedene Antworten geben. Leichter ist es, sich an Prozentwerten zu orientieren. Auch wenn es nicht immer einfach ist einen Überzeugungsgrad in einen mathematischen Prozentsatz umzuformen, erleichtert diese plakative Verdeutlichung die Diskussion.[318]

---

315 Vgl. *Frister*, Schuldprinzip, Verbot der Verdachtsstrafe und Unschuldsvermutung als materielle Grundprinzipien des Strafrechts, 88.

316 *Stuckenberg*, StV 2016, 5 (7 f.).

317 *BGH*, Urt. v. 17.02.1970 – III ZR 139/67, Rn. 72.

318 Geipel/*Geipel*, § 7, Rn. 36; *Effer-Uhe*, ZZP 2020 (erscheint demnächst), Gliederungspunkt II. 3.

Ebenfalls vorab zu betonen ist, dass unter dem Begriff der vollen Überzeugung keine 100 %-ige Sicherheit zu verstehen ist. Absolute Gewissheit über den Hergang von Tatsachen wird es wohl niemals geben. Volle Überzeugung ist wohl ab einem Grad von 95 % und mehr anzunehmen.[319]

aa. Faktische Beweismaßsenkungen in der richterlichen Praxis

Auch wenn das Beweismaß in der Theorie uniform ist, so gibt es doch Hinweise darauf, dass in der Praxis Beweismaßanpassungen vorgenommen werden.

Hierzu hat *Einmahl* interessante Ergebnisse zusammengetragen. In seinem Aufsatz vertritt er die These, dass das Beweismaß der vollen richterlichen Überzeugung in bestimmten Bereichen im Zivilrecht *de lege ferenda* abgesenkt werden solle.[320] Dabei hat er insbesondere das Verkehrsunfallrecht im Blick, denn hier gebe es in vielen Fällen nur unzureichende Beweismittel.[321] *Einmahl* stellt das uniforme Beweismaß der vollen richterlichen Überzeugung in Frage und verweist dabei auch auf andere Rechtsordnungen, z.B. das schwedische Recht. Das starre Festhalten an einem Beweismaß mit sehr hohen Anforderungen für alle Rechtsgebiete sei eine deutsche Besonderheit.[322] Auch wenn die derzeitige Rechtslage für das Beweismaß der vollen Überzeugung keine Wahrscheinlichkeitsurteile ausreichen lässt, könnte dies *de lege ferenda* geändert werden. Das würde dazu führen, dass die Beweisproblematik in bestimmten Rechtsgebieten in den Fokus gestellt würde anstatt die Schwierigkeiten zu ignorieren.[323] Mit Bezug auf eine Studie aus dem Jahr 1984[324] und eine eigene Befragung bei den Richterkollegen des Autors möchte dieser nachweisen, dass Richter im Zivilprozess schon jetzt unkritisch mit Beweisen umgehen. Einen reinen

319 In Übereinstimmung mit so im Grunde auch: Geipel/*Geipel*, § 7, Rn. 16 ff.: Dieser variiert den erforderlichen Prozentsatz aber, wenn es um Kapitaldelikte (99 %) oder Ordnungswidrigkeiten (90 %) geht. Für den Zivilprozess setzt er 95 % an.; *Effer-Uhe*, ZZP 2020 (erscheint demnächst), Gliederungspunkt VI.

320 Für die Absenkung des Regelbeweismaßes auch: *Schweizer*, Beweiswürdigung und Beweismaß.

321 *Einmahl*, NJW 2001, 469 (471 f.).

322 *Einmahl*, NJW 2001, 469 (473).

323 *Einmahl*, NJW 2001, 469 (473 ff.).

324 *Bürkle*, Richterliche Alltagstheorien im Bereich des Zivilrechts, 166 ff.: Diese Untersuchung von mehr als 1000 Zeugenaussagen zeigt, dass einem einzelnen Zeugen in der Regel geglaubt wird, bei einem Gegenzeugen aber ein *non liquet* angenommen wird. Diese Beobachtung spricht für eine faktische Beweismaßsenkung in dem untersuchten Bereich.

„Blechschaden" würden Richter wohl mit anderem Beweismaß als einen Mord betrachten, ohne dies in der Begründung zu offenbaren. Dies bezeichnet *Einmahl* als "faktische Beweismaßreduzierung" in der Praxis.[325]

Auch wenn es schwer zu belegen ist, klingt die These der „faktischen Beweismaßreduzierung" plausibel.[326] Der Ausblick auf eine sehr schwerwiegende Strafe macht die Entscheidung des Richters schwerer. Droht lebenslanger Freiheitsentzug, mag ein Richter geneigt sein, das Beweismaß höher anzusetzen als in einem Fall, in dem es nur um Bagatellschäden geht. Eine solche Neigung mag wohl rein menschlich sein und spielt sich im Unterbewusstsein ab.

Wenn dem so ist, würde sich das oben geschilderte Problem der Beweismaßübertragung vom Strafrecht in außerstrafrechtliche Rechtsgebiete auch im deutschen Recht ergeben. Auf einer rein faktischen Ebene würde das die Rechte des ehemaligen Angeklagten stärken und die Rechte Dritter beschränken.

Zu überlegen ist allerdings, ob es sich bei diesen faktischen Beweismaßsenkungen um legitime Abstufungen des Beweismaßes der vollen Überzeugung handelt oder ob es sich um signifikante Verstöße gegen den Wortlaut des Gesetzes handelt. Wenn letzteres der Fall wäre, so läge das Problem nicht im Bereich der Übertragung des Beweismaßes, sondern beim Ausgangspunkt der „faktischen Beweismaßreduzierung". Die Lösung des Problems müsste also in diesem Bereich erfolgen. Für das hier diskutierte Thema der fortwirkenden Unschuldsvermutung würde es hingegen keine Rolle spielen. Diese Frage soll im Folgenden durch die Auseinandersetzung mit der Ansicht von *Effer-Uhe* in dem Aufsatz „Überlegungen zum Beweismaß im Zivilprozess"[327] geklärt werden.

325 *Einmahl*, NJW 2001, 469 (474 f.); ähnlich: Musielak/Voit/*Foerste*, § 286 ZPO, Rn. 18; zustimmend: *Bender*, Das Beweismaß, 259; dagegen: Baumgärtel/Laumen/Prütting/*Laumen*, Kapitel 5, Das Beweismaß, Rn. 11, dieser Eindruck entstehe nur durch unklare Formulierungen der Gerichte.

326 Dafür spricht auch, dass Personen (auch Richter) nach psychologischer Erkenntnis dazu geneigt sind, ihr erste Informationsquelle zum Ausgangspunkt ihrer eigenen Meinung zu machen, *Effer-Uhe/Mohnert*, Psychologie für Juristen, Rn. 45; zustimmend: *Reinecke*, MDR 1986, 630: Dieser beobachtet eine ungeschriebene Regel, nach der Zeugen im Zweifel geglaubt wird.

327 *Effer-Uhe*, ZZP 2020 (erscheint demnächst).

bb. *Ansicht von Effer-Uhe: Graduelle Abstufungen des Beweismaßes der vollen Überzeugung*

Eingängig beschäftig sich *Effer-Uhe* in einem demnächst erscheinenden Aufsatz mit der Frage danach, ob das volle Beweismaß des Strafprozesses tatsächlich dasselbe ist bzw. sein soll wie das volle Beweismaß im Zivilprozess.[328]

Der Autor vertritt die These, dass historisch war zwar das volle Beweismaß als Regelbeweismaß gewollt war, das Gesetz inzwischen aber auch andere Wertungen zulässt. Mit der Abschaffung des Parteieids und die Ersetzung durch die Parteivernehmung sei die Grundlage des Regelbeweismaßes erschüttert worden.[329] Grundsätzlich sei sowohl im Zivilprozess als auch im Strafprozess das volle Beweismaß maßgeblich. Dabei handele es sich um einen subjektiven Überzeugungsgrad in Höhe von 95 % und mehr, der auf objektiven Kriterien beruhe. In solchen zivilrechtlichen Konstellationen, in denen aufgrund der Knappheit der Zeugenaussage keine inhaltsorientierte Überprüfung der Aussage auf ihre Glaubhaftigkeit möglich ist, sei jedoch eine Absenkung des Regelbeweismaßes auf 85 % sinnvoll.[330]

Aufgrund der hohen Grundrechtsrelevanz im Strafrecht könne dort das hohe Regelbeweismaß überzeugen. Im Zivilrecht gelte eine andere Interessenlage. Je höher das Beweismaß angesetzt wird, desto öfter würde nach Beweislastregeln entschieden. In manchen Fallkonstellationen im Zivilrecht könne das volle Beweismaß nie erreicht werden. Gerade vor diesem Hintergrund würde eine Absenkung des Beweismaßes in diesen Fällen Fehlentscheidungen minimieren.[331]

Effer-Uhe führt aus, dass die Entscheidung im Zivilprozess oftmals davon abhängt, ob einem bestimmten Zeugen Glauben geschenkt wird. Zeugenaussagen ließen sich nach der Methode der inhaltsorientierten Glaubhaftigkeitsanalyse auf ihre Glaubhaftigkeit überprüfen. Diese könne aber nur dann zielorientiert angewendet werden, wenn die Aussage einen gewissen Umfang hat. Die Überprüfung von Aussagen auf Ihre Glaubhaftigkeit scheitere aber insbesondere dann, wenn sie sehr knapp sind. So z.B. wenn sich die Aussage im Fall eines Verkehrsunfalls auf den Satz „Die Ampel war grün/rot" reduziere.[332]

---

328 *Effer-Uhe*, ZZP 2020 (erscheint demnächst).
329 *Effer-Uhe*, ZZP 2020 (erscheint demnächst), Gliederungspunkte IV. und V.
330 *Effer-Uhe*, ZZP 2020 (erscheint demnächst), Gliederungspunkt VI.
331 *Effer-Uhe*, ZZP 2020 (erscheint demnächst), Gliederungspunkt I.
332 *Effer-Uhe*, ZZP 2020 (erscheint demnächst), Gliederungspunkt III.

Dass in solchen Fällen eine Absenkung des Regelbeweismaßes auf eine hohe Wahrscheinlichkeit von 85 % und mehr legitim sei, begründet der Autor u.a. mit einer historischen Betrachtung. *Effer-Uhe* entkräftet das Argument, dass der historische Gesetzgeber eine Absenkung des Beweismaßes nicht vorgesehen habe. Der Autor legt dar, dass die Materialien zur CPO keinen direkten Hinweis auf den erforderlichen Überzeugungsgrad enthalten. Indirekt habe sich diese Anforderung aber aus dem Recht des Parteieids ergeben. Nach dem alten Recht der CPO von 1877 seien *non-liquet*-Situationen dadurch gelöst worden, dass die beweisbelastete Partei einen Eid schwören konnte und somit die Überzeugung des Richters erreichen konnte. Der Wert des Eides habe darin bestanden, dass ein falscher Eid strafbar war und außerdem eine Wiederaufnahme des Verfahrens rechtfertigen konnte. Im Ergebnis habe die CPO von 1877 also über den Parteieid volle Überzeugung als Beweismaß im Zivilrecht verlangt. Mit der Ersetzung des Parteieids durch die frei zu würdigende Parteivernehmung im Jahr 1933 habe sich die prozessrechtliche Situation verändert. Plötzlich sei es schwerer gewesen, die volle Überzeugung des Richters zu erlangen. Da die Materialien aus 1933 keine Hinweise auf das Beweismaß enthalten, schließt *Effer-Uhe*, dass der damalige Gesetzgeber das Problem nicht erkannt hat. In einem Gesamtblick ergebe sich also, dass seit der Neuerung 1933 das volle Beweismaß oft nicht mehr zu erreichen ist.[333]

Nach *Effer-Uhe* kann der historische Gesetzgeberwille nicht jede Neuerung des Rechts ausschließen, ansonsten finde eine “Versteinerung” des Rechts statt.[334] Angebracht sei im modernen Recht daher eine flexible Gestaltung des Rechts:

- Bei umfangreicher Aussage mit Möglichkeit zur inhaltsorientierten Glaubhaftigkeitsanalyse gelte das volle Beweismaß (95 % oder mehr)
- In den problematischen Fällen knapper Zeugenaussagen gelte das Beweismaß der hohen Wahrscheinlichkeit (85 % oder mehr)[335]

cc. Stellungnahme

Das uniforme Beweismaß der vollen Überzeugung gilt im Grundsatz in allen Verfahrensarten. Um aus dem Wortlaut konkrete Handlungsanweisungen für die Praxis entnehmen zu können, ist es notwendig Überzeugungsgrade

333 *Effer-Uhe*, ZZP 2020 (erscheint demnächst), Gliederungspunkte IV. und V.
334 *Effer-Uhe*, ZZP 2020 (erscheint demnächst), Gliederungspunkt VI.
335 *Effer-Uhe*, ZZP 2020 (erscheint demnächst), Gliederungspunkt VI. und VII.

numerisch festzulegen. *Effer-Uhe* ist darin zuzustimmen, dass es viele Auslegungsmöglichkeiten davon gibt, was die volle Überzeugung ist, wenn feststeht, dass die 100 %-Hürde immer unerreicht bleiben wird.

Wenn man den Rechtsbegriff der vollen Überzeugung so konkretisiert, erscheint es im Hinblick auf die Anforderungen der Praxis sinnvoll, geringe Abstufungen zu machen. Sicherlich darf eine solche Abstufung nicht dazu führen, dass im Zivilrecht letztlich schon eine überwiegende Wahrscheinlichkeit zur Überzeugungsbildung genügt. Das ist wohl mit dem Wortlaut der „Überzeugung" nicht mehr zu vereinbaren. Legitim erscheinen allerdings Abstufungen im Bereich von 85–95 %. Auf diese Weise kann den unterschiedlichen Anforderungen in den verschiedenen Prozessarten Rechnung getragen werden, ohne die Grenze der Glaubhaftmachung zu tangieren. Die Untersuchungen von *Einmahl* deuten darauf hin, dass eine solche graduelle Abstufung derzeit schon die gängige Praxis darstellt.

Diese These ist schlussendlich in Bezug auf die Problematik des Beweismaßtransfers zu beziehen. Wenn es tatsächlich so ist, dass es auch im deutschen Recht (sehr geringe) Abstufungen des vollen Beweismaßes in den verschiedenen Verfahrensarten gibt, kommt es auch hier zu relevanten Übertragungen bei der Bindungswirkung von Strafurteilen. Wenn auch nicht im selben Maße wie z.B. im norwegischen Recht (dort reicht im Zivilrecht die sog. *balance of probabilities*), führt ein Strafrichtermonopol auch in Deutschland zu Schwierigkeiten im Bereich des Beweismaßes.

5. Außerkraftsetzen von speziellen Regeln zur Beweislastverteilung im außerstrafrechtlichen Folgeverfahren

Ähnlich wie im Bereich des Beweismaßes stellt sich auch im Bereich der Beweislast das Problem, dass Wertungen aus dem Strafrecht in außerstrafrechtliche Verfahren transferiert werden. Im Strafrecht gilt als Folge der Unschuldsvermutung der Grundsatz *in dubio pro reo*, welcher die staatliche Beweislast festlegt. Im Zivilrecht gibt es aber ein ausdifferenziertes System der Beweislast. Ein Strafrichtermonopol würde dieses ausdifferenzierte System stören. Das gilt z.B. im Bereich der Produzentenhaftung. Während der Produzent im Zivilverfahren nachweisen muss, keine Verkehrspflicht verletzt zu haben, muss im Strafverfahren der Staat die volle Beweislast tragen. Ein Transfer der Beweislastverteilung aus dem Strafverfahren in den Zivilprozess würde die Beweislastverteilung im Zivilprozess verändern.

Fallbeispiel:

A liefert eine mit Salmonellen befallene Hochzeitstorte an B. Die Hochzeitsgesellschaft erkrankt nach dem Verzehr an den Salmonellen. In einem Strafverfahren wegen Körperverletzung läge es an der Staatsanwaltschaft, die mangelhafte Hygiene bei der Produktion durch A zu beweisen. In einem zivilrechtlichen Schadensersatzprozess läge es an A, sich zu entlasten. Die Wertungen aus dem Bereich der Beweislastverteilung können nicht aus dem Strafrecht in das Zivilrecht übertragen werden, ohne gegen Wertungen des zivilrechtlichen Systems zu verstoßen. Die Beweislastverteilung im zivilrechtlichen Bereich der Produzentenhaftung trägt schließlich gerade dem Rechtsverhältnis zwischen Produzent und Konsument Rechnung, in dem üblicherweise ein Informations- und Einsichtsgefälle existiert.

6. Zum Konzept der „realen Unschuld" und dem Zweck eines Folgeprozesses

Im Rahmen des Problemfelds „Strafrichtermonopol" sind die Ausführungen *Stuckenbergs* zum Konzept der „realen Unschuld" interessant. *Stuckenberg* vertritt die These, dass das Konzept der Unschuld, welches der EGMR vertritt, nicht mit der Annahme zusammenpasst, dass ein freisprechendes Strafurteil zivilrechtliche Schadensersatzansprüche nicht ausschließt.[336]

Aus der Rechtsprechung des EGMR ginge hervor, dass dieser die Unschuldsvermutung weit auslegt. Unschuldig sein bedeute für den EGMR demnach, die vorgeworfene Tat nicht ausgeführt zu haben. Dieses Verständnis bezeichnet *Stuckenberg* als das Konzept der „realen Unschuld".[337] Wenn der EGMR einerseits vertritt, dass außerstrafrechtliche Verantwortung unabhängig von strafrechtlicher Verantwortung besteht, gleichzeitig aber am Konzept der „realen Unschuld" festhält, so sei diese Rechtsprechung widersprüchlich, da die außerstrafrechtliche Verantwortung bei völligem Außerachtlassen des Tatgeschehens in der Regel wegfiele.[338]

Die von *Stuckenberg* beobachtete Problematik lässt sich gut an dem Urteil *Orr* nachweisen. Hier betont der EGMR seine bisherige Rechtsprechung aus den Fällen *Ringvold* und *Y*, wonach ein strafrechtlicher Freispruch aufgrund der anderen Verfahrensvoraussetzungen[339] nicht das Recht des mutmaßlichen

---

336 *Stuckenberg*, StV 2016, 5.

337 *Stuckenberg*, StV 2016, 5 (7 f.); auch: *Stuckenberg*, Unschuldsvermutung und Verdacht, 64 f.; schon *Stuckenberg*, ZStW 1999, 422 (440 f.).

338 *Stuckenberg*, StV 2016, 5 (7 f.).

339 Zu bedenken ist, dass diese Urteile des EGMR Norwegen betreffen. Im norwegischen Recht gilt kein uniformes Beweismaß, sondern ein abgestuftes. Im norwegischen Zivilprozess genügt eine überwiegende Wahrscheinlichkeit zur Verurteilung.

Opfers auf zivilrechtlichen Schadensersatz vereitele.[340] Deutlich wird, dass der EGMR die strafrechtliche von der außerstrafrechtlichen Verantwortung abkoppeln will. Im konkreten Fall *Orr* sieht der EGMR jedoch eine Verletzung der Unschuldsvermutung, weil das Gericht in der Zivilsache auf das Konzept der „Gewalt“ abstelle, welches aus dem Strafrecht stamme.[341] Hier sei angemerkt, dass die im Fall relevante zivilrechtliche Schadensersatznorm fast identische Voraussetzungen wie der Straftatbestand hatte. Das Zivilgericht betonte schon, dass es lediglich einen Verdacht beschreiben wolle und wählte nicht den Wortlaut des Straftatbestandes, sondern nur das weite Konzept der „Gewalt“. Es lässt sich also schlussfolgern, dass das Zivilgericht alles getan hat, um keine strafrechtliche Verantwortung auf den Betroffenen zu laden. Dennoch rügte der EGMR die Entscheidung. Der EGMR zeigt hier ein sehr weites Verständnis des Begriffs der Unschuld dahingehend, dass keinerlei Verwertung des Restverdachts mehr stattfinden darf. Die Ausführungen des EGMR lassen darauf schließen, dass er Unschuld so versteht, dass derjenige die Tat nicht begangen hat. Diese Unschuld darf verfahrensübergreifend nicht mehr in Frage gestellt werden. Dieses Konzept der „realen Unschuld“ ist aber mit der vorherigen Annahme, dass strafrechtliche von außerstrafrechtlicher Verantwortung zu trennen sei, nicht vereinbar.

Stuckenberg ist in seiner Kritik an der widersprüchlichen Rechtsprechung des EGMR also zuzustimmen. Aus diesem Widerspruch ergeben sich dann auch die Folgeprobleme in der Praxis. *De facto* gibt es – bei strenger Beachtung der *Sekanina*-Rechtsprechung – wohl kaum eine Möglichkeit für Gerichte in außerstrafrechtlichen Folgeverfahren, eine außerstrafrechtliche Verantwortung nach einem Freispruch im Strafverfahren anzunehmen.

7. Vom Untersuchungs- und Beibringungsgrundsatz

Eine Schwierigkeit im Zusammenhang mit der Unschuldsvermutung an der Schnittstelle der verschiedenen Verfahrensarten ist die vom Untersuchungs- und Beibringungsgrundsatz:

Schon in ihrer Zielsetzung unterscheiden sich die unterschiedlichen Verfahrensarten voneinander. Das ist auch der Grund für die unterschiedliche

340 *EGMR*, Urt. v. 15.05.2008 – App. No. 31283/04, Orr v. Norway, Rn. 49; Urt. v. 11.02.2003 – App. No. 34964/97, Ringvold v. Norway, Rn. 38; Urt. v. 11.02.2003 – App. No. 56568/00, Y v. Norway, Rn. 41.

341 *EGMR*, Urt. v. 15.05.2008 – App. No. 31283/04, Orr v. Norway, Rn. 51 ff.

Ausgestaltung.[342] Das Strafverfahren zielt auf die Feststellung und Ahndung strafrechtlicher Schuld.[343] Hier verfolgt der Staat seinen Strafanspruch gegen den Bürger. Die Strafe ist ein besonders grundrechtsintensiver Eingriff in die Rechte des Betroffenen, weshalb sie nur unter Einhaltung hoher Verfahrensvoraussetzungen eingesetzt werden kann. Auch das Verwaltungsverfahren ereignet sich im Verhältnis zwischen dem Staat und dem Bürger. Das Verwaltungsverfahren hat je nach Ausrichtung unterschiedliche Zielsetzungen; ein wichtiges Ziel des Verwaltungsverfahrens ist die Gefahrenabwehr zum Schutz der Bürger. Dabei zielt das Verwaltungsverfahren einerseits auf den Rechtsschutz zugunsten der Bürger und andererseits auf die Kontrolle der Verwaltung.[344] Im Zivilverfahren geht es hingegen um den Ausgleich der Interessen von Bürgern untereinander.[345]

Aus diesen Zielen ergibt sich, dass im Straf- und Verwaltungsverfahren der Untersuchungsgrundsatz gilt,[346] während im Zivilverfahren der Beibringungsgrundsatz angewendet wird. Nach dem Untersuchungsgrundsatz ermittelt das Gericht den Sachverhalt unabhängig vom Vorbringen der Parteien. Anders ereignet es sich unter Geltung des Beibringungsgrundsatzes: hier bestimmen die Parteien durch ihren Vortrag, welcher Sachverhalt der Entscheidung zugrunde gelegt werden soll.

Aufgrund des Untersuchungsgrundsatzes sind das Strafverfahren und das Verwaltungsverfahren zur Ermittlung der objektiven Wahrheit besser geeignet.[347] Für ein Zivilgericht kann es auf der Suche nach der Wahrheit daher von Vorteil sein, seine Entscheidung auf vorhergegangene strafrechtliche

---

342 *Geismann,* Zur unterschiedlichen Bedeutung des Beweisrechts bei der richterlichen Tatsachenermittlung nach der VwGO und der StPO, 116.

343 Gollwitzer/*Gollwitzer,* Art. 6 EMRK, Art. 14 IPBPR, Rn. 150.

344 *Geismann,* Zur unterschiedlichen Bedeutung des Beweisrechts bei der richterlichen Tatsachenermittlung nach der VwGO und der StPO, 116.

345 *Eschke,* Die Geltung der Unschuldsvermutung im Zivil- und Zivilverfahrensrecht, 45 f.; umfassend zum Prozesszweck des Zivilprozesses: *Gaul,* AcP 1968, 27.

346 Dazu: *Geismann,* Zur unterschiedlichen Bedeutung des Beweisrechts bei der richterlichen Tatsachenermittlung nach der VwGO und der StPO: Dennoch sei die praktische Ausgestaltung des Untersuchungsgrundsatzes im Straf- und Verwaltungsverfahren kaum vergleichbar.

347 Vgl. zur Idee der relativen Wahrheit im Zivilprozess: *Brand,* NJW 2017, 3558; *Link,* Die Suche nach der Wahrheit und das Ziel der Gerechtigkeit in den unterschiedlichen Prozessordnungen.

Ermittlungsergebnisse zu stützen.[348] *Naujok* sieht darin den Grund eines „Strafrichtermonopols".[349] Zwar könne der Zivilrichter grundsätzlich auch Entscheidungen über eine tatbestandsmäßig vorausgesetzte Straftat treffen. Als Beispiel nennt *Naujok* Feststellungen des Richters im Kündigungsschutzprozess nach einer Tatkündigung.[350] Zu beachten sei aber § 149 ZPO, der dem Zivilrichter die Möglichkeit der Verfahrensaussetzung bis zur Erledigung des Strafprozesses gibt. Bei Beachtung sowohl des Beschleunigungsgrundsatzes im Zivilprozess als auch des Untersuchungsgrundsatzes im Strafprozess liege eine Ermessensreduzierung auf Null hinsichtlich der Aussetzung vor. Nur der Untersuchungsgrundsatz könne der Unschuldsvermutung Rechnung tragen, nicht der Beibringungsgrundsatz. Daraus resultiere zwingend ein faktisches Strafrichtermonopol.[351]

Naujok hat die Fallkonstellation der Parallelverfahren im Kopf. Bei Vorliegen eines rechtskräftigen Freispruchs ergibt sich jedoch eine andere Situation, da das Strafverfahren abgeschlossen ist und ein Aussetzen des anderen Verfahrens somit gar nicht zur Debatte steht. Interessant bleibt aber die Überlegung, dass der Beibringungsgrundsatz der Unschuldsvermutung nie vollends genügen kann. Ein Strafrichtermonopol könnte sich aus dieser Überlegung zwingend ergeben.

Diese Idee ist im Ergebnis allerdings abzulehnen. Der Beibringungsgrundsatz ist nicht einfach über eine weite Auslegung der Unschuldsvermutung außer Kraft zu setzen. Es liegt zwar in der Natur des Beibringungsgrundsatzes, dass er nicht immer dazu führt, dass die objektive Wahrheit der Ausgangspunkt des Zivilprozesses ist.[352] Das ist aber auch nicht schädlich, da das Zivilgericht kein Urteil über die Schuld bzw. Unschuld der Parteien trifft. Im Zivilprozess liegt es an den Parteien selbst, den für sie vorteilhaften Sachverhalt vorzutragen. Davon kann auch die Partei Gebrauch machen, die schon vor dem Strafgericht freigesprochen wurde. Es besteht die Möglichkeit, auf die Strafakte zu verweisen. Der Beibringungsgrundsatz ist als verlängerter Arm der Privatautonomie zu

---

348 Dazu: *Böhme,* Das Fehlurteil im Strafprozess, 42 ff.: Auch im Strafprozess stehen der objektiven Wahrheitsfindung Hindernisse entgegen, z.B. bestimmte Beweisverwertungsverbote.; kritisch: *Groß*, GA 1996, 151: Der die Ausnutzung der staatsanwaltlichen Ermittlungspflicht problematisiert.; so auch: *Hamm*, NJW 1996, 2981.

349 *Naujok*, AuR 1998, 398.

350 *Naujok*, AuR 1998, 398 (400).

351 *Naujok*, AuR 1998, 398 (400 f.).

352 Kritisch: *Gaul*, AcP 1968, 27 (50 f.).

verstehen.[353] Problematisch ist dann in der Praxis wohl nur der Fall, in dem eine Partei nicht anwaltlich vertreten ist und deshalb versäumt, zu ihrem Vorteil vorzutragen.

Die Tatsache, dass im Zivilverfahren nicht der Untersuchungsgrundsatz gilt, führt aber im Ergebnis nicht zu der zwingenden Annahme eines Strafrichtermonopols.

8. Zur Idee der Einheitlichkeit der Verfahrensergebnisse

In den Gründen eines Strafurteils darf und muss die Verdachtslage beschrieben werden. Der Grundsatz *in dubio pro reo* greift schließlich nur dann ein, wenn eine solche Verdachtslage besteht. Wenn sogar in freisprechenden Strafurteilen Verdachtsäußerungen erlaubt sind, kann in außerstrafrechtlichen Folgeentscheidungen nichts anderes gelten; ansonsten läge ein Wertungswiderspruch vor.[354] Darüber hinaus ist die Feststellung und Bewertung der Verdachtslage Teil des rechtsstaatlichen Verfahrens und keine Verletzung der Unschuldsvermutung.[355]

Dem EGMR ist zuzustimmen, dass sich außerstrafrechtliche Folgeentscheidungen nicht in Widerspruch zu dem Ausgang des Strafprozesses stellen dürfen.[356] An dieser Stelle muss aber beachtet werden, dass nicht jedes scheinbar widersprüchliche Verfahrensergebnis auch ein solcher Widerspruch ist. Zivilrechtliche, verwaltungsrechtliche und strafrechtliche Verantwortung unterliegen unterschiedlichen Systemen und können unabhängig voneinander bestehen.[357] Während das Strafrecht Unrecht sanktioniert, geht es im Zivilrecht vorrangig um den Interessenausgleich zwischen den Parteien.[358] Ziel des Verwaltungsverfahrens ist unter anderem die Gefahrenabwehr. Ein außerstrafrechtliches Gericht oder eine Verwaltungsbehörde kann außerdem niemals einen strafrechtlichen Schuldvorwurf erheben.[359] Daher kann das Gericht bzw. die Behörde in einem außerstrafrechtlichen Verfahren Tatsachen feststellen

---

353 *Fervers,* Dispositions- und Verhandlungsgrundsatz im Spannungsverhältnis zum (europäisierten) materiellen Recht, 86; *Gaul,* AcP 1968, 27 (51).

354 *Bock,* Unschuldsvermutung und Entscheidungsbegründung, 168.

355 Vgl. *Isfen,* StV 2009, 611 (612 f.).

356 So z.B. *EGMR,* Urt. v. 11.02.2003 – App. No. 34964/97, Ringvold v. Norway, Rn. 38.

357 *Barrot,* ZjS 2010, 701 (706); *Bock,* Unschuldsvermutung und Entscheidungsbegründung, 171; *Braeuer,* FPR 2006, 380 (382 f.); *Meyer,* Grenzen der Unschuldsvermutung, 63.

358 *Eschke,* Die Geltung der Unschuldsvermutung im Zivil- und Zivilverfahrensrecht, 45.

359 *Bock,* Unschuldsvermutung und Entscheidungsbegründung, 170.

oder berücksichtigen, die den Tatbestand einer Straftat enthalten, ohne die Unschuldsvermutung zu verletzen.[360] Widersprüche treten daher seltener auf, als es zunächst scheint.

Dennoch bleibt die Schwierigkeit, dass juristische Laien schnell einen solchen Widerspruch annehmen. Der Betroffene, dem trotz Freispruch Kosten auferlegt werden, unterscheidet nicht zwischen den Kategorien „Geldstrafe" und „Verfahrenskosten". Die Auferlegung von Kosten kommt ihm wie eine Strafe vor, die den Wert des Freispruchs mindert.[361] Der Freigesprochene wird außerdem auf das Problem stoßen, dass die Öffentlichkeit den Wert seines Freispruchs aus ebendiesen Gründen anzweifelt. Ein Strafrichtermonopol würde wohl dazu beitragen, dass diese scheinbaren Widersprüche seltener vorkämen.

III. Ablehnung der Gesetzesentwürfe zur allgemeinen Bindungswirkung des Strafurteils

Die Idee des Strafrichtermonopols bzw. der Bindungswirkung von Strafurteilen ist neben den genannten Gründen im deutschen Recht nicht anzuwenden, weil der Bundestag entsprechende Gesetzesentwürfe aus dem Jahr 2003 im Jahr 2004 abgelehnt hat. Diese Gesetzesentwürfe betreffen zwar nicht konkret die Bindungswirkung von Freisprüchen, sind aber hier dennoch zu beleuchten, da sie die allgemeinen Bedenken gegen die Bindungswirkung von Strafurteilen anschaulich machen.

Ein Gesetzesentwurf war der des Bundesrates zum Justizbeschleunigungsgesetz vom 18.08.2003.[362] Darin sollte folgender § 286 Abs. 3 ZPO hinzugefügt werden:

> *„(3) An tatsächliche Feststellungen eines rechtskräftigen Strafurteils, auf denen dieses beruht, ist das Gericht gebunden, wenn der Grund des Anspruchs aus demselben Sachverhalt hergeleitet wird. Eine Bindungswirkung nach Satz 1 besteht nicht, soweit das Gericht Zweifel an der Richtigkeit oder Vollständigkeit der Feststellungen hat oder soweit Rechtsgründe eine abweichende Beweiswürdigung oder eine erneute Beweiserhebung gebieten."*[363]

Die Einführung einer begrenzten Bindungswirkung von Strafurteilen für den auf den Strafprozess folgenden Zivilprozess wurde vor allem mit dem Argument

---

360 *Meyer,* Grenzen der Unschuldsvermutung, 63; *Naujok,* AuR 1998, 398 (400).

361 *Schubarth,* Zur Tragweite des Grundsatzes der Unschuldsvermutung, 24 ff.

362 BT Drs. 15/1491; dem geht ein nahezu identischer Entwurf einiger Abgeordneter sowie der Fraktion CDU/CSU voraus: BT Drs. 15/999.

363 BT Drs. 15/1491, 5.

der Effektivität gestützt: Beweisfragen sollten nicht mehrfach geklärt werden. Dies diene zum einen dem Opferschutz und zum anderen der Entlastung der Zivilgerichte. Begrenzt werde die Bindungswirkung insbesondere durch die Möglichkeit der Zivilgerichte zur freien Würdigung der Beweise und die Rechte der am Zivilprozess Beteiligten, so z.B. das rechtliche Gehör.[364]

Nach dem Wortlaut dieser Norm, wäre es auch möglich, dass ein Freispruch, der auf dem Zweifelssatz beruht, Bindungswirkung entfaltet. In der Begründung des Entwurfs wird allerdings klar gestellt, dass dies nicht gewollt ist. Eine Übertragung der Regel *in dubio pro reo* in das Zivilrecht sei nicht denkbar. In solchen Fällen greife die Möglichkeit des Zivilgerichts zur freien Beweiswürdigung.[365]

Im Entwurf der Bundesregierung zum sogenannten Justizmodernisierungsgesetz vom 02.09.2003[366] wurde folgender § 415a ZPO vorgeschlagen:

> *„§ 415a Beweiskraft rechtskräftiger Strafurteile*
>
> *(1) Rechtskräftige Urteile über Straftaten und Ordnungswidrigkeiten begründen vollen Beweis der darin für erwiesen erachteten Tatsachen.*
>
> *(2) Auf begründeten Antrag einer Partei ist über diese Tatsachen erneut Beweis zu erheben.“*[367]

Anders als der Wortlaut des vorangegangenen Entwurfs sieht dieser nur eine Bindungswirkung von solchen Tatsachen vor, die „für erwiesen erachtet“ sind. Eine Bindung an solche Feststellungen, die auf dem Zweifelssatz basieren, wäre hier also auch nicht erfasst.

Das Justizmodernisierungsgesetz sollte durch den Abbau von Formalien die Effizienz der Justiz verbessern. Konkret bezogen auf die Einführung der Norm § 415a ZPO sollten durch inhaltliche Bindung des Zivilrichters an Urteile in Straf- und Bußgeldsachen Zeugenvernehmungen und Gutachten gespart werden.[368] Die Norm sollte dem Opfer einer Straftat bzw. dem Geschädigten einer Ordnungswidrigkeit bei der Beweisführung im Zivilprozess helfen, hätte dann aber ebenso gut dem aufgrund erwiesener Unschuld Freigesprochenen zugutekommen können. Bei konkreten Anhaltspunkten hätte eine Partei die erneute Beweisaufnahme verlangen können.[369]

364 BT Drs. 15/1491, 16.
365 BT Drs. 15/1491, 16.
366 BT-Drs. 15/1508.
367 BT-Drs. 15/1508, 6.
368 BT-Drs. 15/1508, 12.
369 BT-Drs. 15/1508, 20 f.

Beide Entwürfe stießen auf massive Kritik aus Praxis und Literatur.[370] Im Ergebnis wurden die Entwürfe schließlich auf Empfehlung des Rechtsausschusses wegen rechtsstaatlicher Bedenken verworfen.[371] Dieser ermahnte, dass Straf- und Zivilverfahren unterschiedlichen Prozessgrundsätzen unterlägen, die nicht zu vermischen seien. Das gelte insbesondere im Hinblick auf den Beibringungs- und Untersuchungsgrundsatz. Insgesamt führe der Normvorschlag einer begrenzten Bindungswirkung zu einer Verschlechterung der Position der betroffenen Parteien. Insbesondere sinke die Bereitschaft für einvernehmliche Regelungen im Strafverfahren, da der Angeklagte die Folgen für den Zivilprozess nicht absehen könne.[372]

Die Tatsache, dass eine Bindungswirkung des Strafurteils allgemein mit umfangreicher Argumentation abgelehnt wurde, spricht dagegen, eine solche Bindungswirkung nun über die Rechtsprechung des EGMR einzuführen. Das gilt vor allem deshalb, weil die Bindungswirkung – wie der EGMR sie angedacht hat – gerade auch für Freisprüche gilt, die nur unter Anwendung des Zweifelssatzes gefallen sind. Eine Bindung solcher Feststellungen ist noch kritischer zu betrachten. Die Gegenargumente behalten ihre Wirksamkeit.

IV. Exkurs: Bindungswirkung im österreichischen Recht

Im Zusammenhang mit den rechtspolitischen Bestrebungen aus den Jahren 2003 und 2004 in Deutschland ist eine besondere Entscheidung des österreichischen Verfassungsgerichts hervorzuheben.[373] Auch diese Entscheidung betrifft – wie die deutschen Entwürfe – nicht die Bindungswirkung von *in dubio*-Freisprüchen. Dennoch soll sie an dieser Stelle aufgeführt werden, um die allgemeinen Bedenken gegen die Bindungswirkung von Strafurteilen zu verdeutlichen.

Bis zu dieser Entscheidung gab es im österreichischen Recht folgenden § 268 öZPO a.F.:

---

370 So z.B. *Huber*, ZRP 2003, 268; zu den Diskussionen bei dem zweiten Hannoveraner ZPO-Symposion im September 2003: *Lange/Müller*, ZRP 2003, 410.

371 BT-Drs. 15/3482; vgl. auch: *Knauer/Wolf*, NJW 2004, 2857 (2857).

372 BT-Drs. 15/3482, 17.

373 *Österreichischer Verfassungsgerichtshof*, Urt. v. 12.10.1990 – G 73/89 (erhältlich über: RIS – Rechtsinformationssystem des Bundes, Österreich).

„Wenn die Entscheidung von dem Beweise und der Zurechnung einer strafbaren Handlung abhängt, ist der Richter an den Inhalt eines hierüber ergangenen rechtskräftigen verurteilenden Erkenntnisses des Strafgerichtes gebunden.“[374]

Im konkreten Verfahren ging es um einen Verkehrsunfall, bei dem zwei Fahrzeuge zusammengeprallt waren. Im Anschluss an ein Strafverfahren kam es zu einem versicherungsrechtlichen Streit vor den Zivilgerichten. Die Anwendung von § 268 öZPO a.F. hätte dazu geführt, dass in Bezug auf das konkrete Unfallgeschehen die Feststellungen des Strafgerichts als bindend anzusehen wären. Das Landgericht zweifelte im Hinblick auf Art. 6 Abs. 1 EMRK, der in Österreich Verfassungsrang hat, an der Verfassungsmäßigkeit der zivilprozessualen Norm und wendete sich diesbezüglich an den österreichischen Verfassungsgerichtshof.

Der Verfassungsgerichtshof erklärte diese Norm für verfassungswidrig und stützte seine Entscheidung vor allem auf die Schwierigkeit, eine Bindungswirkung von Strafurteilen mit dem rechtlichen Gehör aller am folgenden Zivilprozess beteiligten Parteien zu vereinbaren:

„Daß eine solche Regelung in offenkundigem Widerspruch zu dem in Art. 6 Abs. 1 MRK jedermann gewährleisteten Recht steht, von einem unabhängigen und unparteiischen Gericht gehört zu werden, das über zivilrechtliche Ansprüche und Verpflichtungen zu entscheiden hat, bedarf keiner näheren Begründung. Wer den Beweis und die Zurechnung einer für die Entscheidung über seine Ansprüche und Verpflichtungen wesentlichen Handlung im zivilgerichtlichen Verfahren nicht in Frage stellen kann, weil das Gericht an die Entscheidung in einem andern (strafgerichtlichen) Verfahren gebunden ist, zu welchem er aus rechtlichen oder tatsächlichen Gründen keinen Zugang hatte, dessen Anspruch auf Gehör durch das seine Sache entscheidende unabhängige und unparteiische Gericht ist nicht erfüllt. […]

Zu prüfen ist daher nur, ob die angegriffene Vorschrift im Wege verfassungskonformer Auslegung gemäß der Anregung der Bundesregierung derart eingeschränkt verstanden werden kann, daß den Bedenken aus dem Blickwinkel des Art. 6 Abs. 1 MRK der Boden entzogen wird. Dabei müßte die Bindung im Hinblick auf den beschränkten Zweck einer Privatbeteiligung wohl auf den Verurteilten selbst eingeschränkt werden. Der Verfassungsgerichtshof hält eine solche einschränkende Auslegung aber für ausgeschlossen:

Zunächst könnte man den Umfang der Bindung weder aus dem Text noch aus dem Zweck des Gesetzes oder der Absicht des Gesetzgebers ableiten, weil sich aus all dem nur die uneingeschränkte Geltung ergibt. Die Grenze müßte allein aus Art. 6 MRK abgeleitet werden. Vor allem bestehen aber erhebliche Zweifel, ob die mit einer unvollständigen

---

374 Vgl. *Österreichischer Verfassungsgerichtshof*, Urt. v. 12.10.1990 – G 73/89 (erhältlich über: RIS – Rechtsinformationssystem des Bundes, Österreich), 1.

Verwirklichung des Gesetzeszweckes verbundenen Auswirkungen vom – hypothetischen – Willen des Gesetzgebers überhaupt noch getragen würden. Tritt nämlich die Bindung in einer beachtlichen Zahl von Fällen nicht ein, so wird nicht nur das ursprüngliche Ziel der Bestimmung, eine „Überprüfung des Strafprozesses durch den Civilrichter" zu vermeiden, nicht mehr erreicht; vielmehr wirft das Nebeneinander gebundener und nicht gebundener Beteiligter – etwa in Fällen des Rückgriffs oder der Haftung Dritter – eine Reihe von rechtspolitischen Fragen auf, die der Lösung durch den Gesetzgeber bedürfen. Eine allfällige Bindung des Zivilrichters an ein Strafurteil – zu welchem Zweck immer – im Einklang mit Art. 6 MRK zu regeln und abzugrenzen, ist nicht Aufgabe des Verfassungsgerichtshofs oder der Strafgerichte, sondern des Gesetzgebers."[375]

Im österreichischen Recht stellten sich offenbar dieselben Probleme wie im deutschen Recht. Eine Bindungswirkung von Strafurteilen führt zwangsweise zu Schwierigkeiten im Folgeverfahren. Ob es rechtspolitisch in Deutschland gewollt ist, die Bindungswirkung von Strafurteilen zur Verbesserung der Effektivität der Justiz zu erschaffen, ist folglich gut zu überdenken.

V. Auswirkungen des Strafrichtermonopols auf die Praxis in verschiedenen Fallgruppen

Vor dem Hintergrund der oben geschilderten abstrakten Problematik, die sich aus einem Strafrichtermonopol ergibt, sollen nun einzelne Fallgruppen dargestellt werden. Diese stellen nicht abschließend alle denkbaren Konstellationen dar, in denen die Rechtsprechung des EGMR Anwendung finden könnte. Vielmehr soll nur eine Auswahl an betroffenen Verfahren vorgestellt werden.

1. Fallgruppe 1: Zivilrechtliche Schadensersatzprozesse

Häufig von der EGMR-Rechtsprechung zur Fortwirkung der Unschuldsvermutung nach einem Freispruch im Strafverfahren betroffen sind zivilrechtliche Schadensersatzprozesse.

Bezüglich dieser Verfahren hat der EGMR eine Ausnahme vom *Sekanina*-Grundsatz gemacht.[376] Es besteht nach der Rechtsprechung des EGMR also kein striktes Verbot der Bezugnahme auf den Restverdacht aus dem Strafverfahren. Die oben aufgezeigten Probleme dürften sich hier also eigentlich nicht stellen. Schwierig bleibt aber, dass das Zivilurteil den Freispruch nicht entwerten darf.

---

375 *Österreichischer Verfassungsgerichtshof*, Urt. v. 12.10.1990 – G 73/89 (erhältlich über: RIS – Rechtsinformationssystem des Bundes, Österreich), 5 f.

376 Erstmals in *EGMR*, Urt. v. 11.02.2003 – App. No. 34964/97, Ringvold v. Norway, Rn. 38.

Bei Bezugnahme auf den Restverdacht einer Straftat kann dieser Eindruck schnell entstehen. Aus diesem Grund besteht rein faktisch in vielen Fällen trotzdem eine Bindung des Richters in der Folgesache an die Entscheidung des Strafgerichts. Mithin stellen sich genau die oben dargestellten Probleme des Strafrichtermonopols.

Wie die Rechtsprechungsanalyse in § 3 ergeben hat, wurde die Ausnahmeregelung für Schadensersatzfälle durch den EGMR nur in Verfahren gegen Norwegen entwickelt. Wenn der EGMR also in Ausnahme zum *Sekanina*-Grundsatz davon ausgeht, dass in auf einen Freispruch folgenden Schadensersatzprozessen Verdachtsnennungen doch zulässig sind, verfolgt er damit das Ziel, die zivilrechtliche Entscheidung von der strafrechtlichen abzukoppeln. Unabhängig von der Entscheidung des Strafgerichts soll die zivilrechtliche Anspruchsverfolgung möglich sein. Diese Argumentation macht allerdings nur in einem Rechtssystem wie dem norwegischen Sinn, in dem zur Verurteilung zum Schadensersatz eine überwiegende Wahrscheinlichkeit ausreicht. Das ist in Deutschland jedenfalls im Grunde nicht ausreichend. Unter Geltung des Beweismaßes der vollen richterlichen Überzeugung – auch im Zivilrecht – wird bei unklarer Sachlage regelmäßig auch der zivilrechtliche Anspruch abgelehnt. Folglich kann die Ausnahmerechtsprechung des EGMR das Problem der Determination des Zivilgerichts durch die strafgerichtliche Entscheidung nicht lösen.

2. Fallgruppe 2: Sorgerechts- und Umgangsentscheidungen der Familiengerichte

Im Zusammenhang mit Fällen des Kindesmissbrauchs kann sich in einem Folgeverfahren die Frage stellen, ob dem aus Mangel an Beweisen freigesprochenen Angeklagten das Sorge- bzw. Umgangsrecht mit einem Kind gewährt werden soll. In diesen Verfahren hat das Gericht eine Prognoseentscheidung zu fällen.

Der EGMR hat solche Fälle bisher nicht explizit aus der *Sekanina*-Rechtsprechung ausgenommen. Grundsätzlich gilt also, dass die Beachtung des Restverdachts für die Prognoseentscheidung nach dem EGMR nicht erlaubt ist. Das würde zu höchst bedenklichen Entscheidungen führen. Wohl aus diesem Grund behandelt die Praxis diese Fälle auch so, dass der Restverdacht ohne weiteres in die Gefahrenprognose einfließt.[377] Auf diesem Weg kann dem

377 Müller/Schlothauer/Schütrumpf/*Hiebl/Becker*, § 32, Zivil-, arbeits- und familienrechtliche Konsequenzen und Folgen des Strafverfahrens, Rn. 205; vgl. MüKo BGB/*Lugani*, § 1666, Rn. 64.

Kindeswohl genüge getan werden, ohne dass der Freigesprochene *per se* vom Sorge- bzw. Umgangsrecht ausgeschlossen wird. Allerdings geschieht diese Praxis entgegen der Rechtsprechung des EGMR. Fraglich ist also, ob entsprechende Urteile nicht angreifbar sind.

3. Fallgruppe 3: Verwaltungsverfahren zur Gewerbeuntersagung

Die Gewerbeuntersagung basiert – ähnlich wie die oben geschilderten familienrechtlichen Verfahren – auf einer Prognoseentscheidung über die Zuverlässigkeit des Gewerbetreibenden.[378] Grundsätzlich stellen sich daher dieselben Probleme. Allerdings ist zu beachten, dass die Verwaltungsbehörden im Verfahren der Gewerbeuntersagung wegen Unzuverlässigkeit ohnehin an das vorhergegangene Strafurteil gebunden sind, § 35 Abs. 3 GewO. Die Bindung an das Strafurteil würde in Bezug auf die Sachverhaltsfindung allerdings nur dazu führen, dass die Behörde keinen neuen Sachverhalt ermitteln darf. Die Rechtsprechung des EGMR geht aber noch weiter, wenn sie verbietet, den Restverdacht in der Folgesache zu beurteilen. Der Restverdacht ist schließlich im freisprechenden Urteil noch Teil der Urteilsbegründung. Die Bindung, die der EGMR vorschreibt, geht sogar über die ohnehin im deutschen Recht bestehende Bindung hinaus.

4. Fallgruppe 4: Disziplinarverfahren

Für den Bereich der Disziplinarverfahren hat der EGMR einen Ausnahmetatbestand von der *Sekanina*-Rechtsprechung geschaffen. Die Disziplinargerichtsbarkeit sei eigenständig und aus diesem Grund nicht an den Freispruch in Strafsachen gebunden. Ein noch bestehender Restverdacht nach einem Freispruch aus Mangel an Beweisen kann folglich im Disziplinarverfahren Beachtung finden. Nicht klar wird, weshalb gerade die Disziplinargerichte von der Bindungswirkung des Freispruchs verschont bleiben sollen. Eine Erklärung dafür liefert der EGMR nicht.[379]

Im deutschen Disziplinarrecht gilt ohnehin die Sperrwirkung des strafrechtlichen Freispruchs: wenn das Strafgericht den Angeklagten freigesprochen hat, darf im Disziplinarverfahren nicht wegen derselben Tat bestraft werden, es sei denn, es besteht ein disziplinarrechtlicher Überhang.[380] Ein solcher besteht

---

378 Müller/Schlothauer/Schütrumpf/*Bracher*, § 33, Disziplinar- und verwaltungsrechtliche Konsequenzen und Folgen des Strafverfahrens, Rn. 32 f.

379 So auch *Stuckenberg*, StV 2016, 5 (8).

380 §§ 14 Abs. 2 BDG, 63 Abs. 1 DRiG und entsprechende landesrechtliche Regelungen, § 16 Abs. 3 Satz 1 WDO.

dann, wenn ein gesonderter disziplinarrechtlicher Vorwurf besteht, der über den strafrechtlichen Vorwurf aufgrund der besonderen Verpflichtungen im Disziplinarrecht hinausgeht.[381] Problematisch könnte die Bindungswirkung nach den obigen Punkten also nur sein, wenn es um diesen Überhang geht. Dieser Anwendungsbereich ist vergleichsweise überschaubar.

Zu beachten ist, dass die Disziplinarbehörden ohne Lösungsmöglichkeit an die tatsächlichen Feststellungen eines vorangegangenen Strafurteils gebunden sind. Disziplinargerichte verfügen dagegen über besagte Lösungsmöglichkeit.[382] Hier stellt sich aber wiederum das Problem, dass die Bindungswirkung des EGMR noch strenger sein soll.

5. Fallgruppe 5: Prognoseentscheidungen im Polizeirecht

Die polizeirechtliche Gefahrenprognose wurde vom EGMR nicht aus der *Sekanina*-Rechtsprechung entlassen. Folglich stellen sich dieselben Probleme wie im Familienrecht.

6. Exkurs: Die Unschuldsvermutung im materiellen Zivilrecht – Verdachtskündigung

Die Unschuldsvermutung ist ein strafprozessuales Instrument. Dennoch wird gerade im materiell-rechtlichen Bereich der Verdachtskündigung oft über die mögliche Geltung der Unschuldsvermutung nachgedacht. Für den Rechtsanwender stellt sich die Frage, wie damit umzugehen ist.

Zunächst einmal ist zu bemerken, dass die Erweiterung der Unschuldsvermutung in den Bereich des materiellen Rechts durchaus ihren Reiz hat. Gerade im Bereich der Kündigung fühlt sich der Arbeitnehmer mit dem Entzug seiner Erwerbsquelle bestraft. Sollte der Arbeitsgeber hier nicht auch im Zweifel für den „Angeklagten" entscheiden?

Auch wenn diese Idee nachvollziehbar ist, lässt sie sich überzeugend entkräften. Der Grund für die Verdachtskündigung liegt im zerstörten Vertrauen des Arbeitgebers in den Arbeitnehmer.[383] Dabei basiert die Kündigung auf dem Prognoseprinzip, ist also zukunftsgerichtet. Sie unterscheidet sich daher ganz

---

381 Müller/Schlothauer/Schütrumpf/*Bracher*, § 33, Disziplinar- und verwaltungsrechtliche Konsequenzen und Folgen des Strafverfahrens, Rn. 18 f.

382 Müller/Schlothauer/Schütrumpf/*Bracher*, § 33, Disziplinar- und verwaltungsrechtliche Konsequenzen und Folgen des Strafverfahrens, Rn. 16 f.

383 *Eylert*, NZA-RR 2014, 393 (393 f.)

wesentlich von der Strafe, die auf eine bereits vergangene Tat zielt.[384] Schon alleine mangels strafähnlicher Qualität lässt sich die Unschuldsvermutung hier nicht übertragen.

Weitergehend gilt aber auch, dass die Unschuldsvermutung nur staatliche Stellen bindet, so z.B. Gerichte und Verwaltungsbehörden. Private müssen sich aber nicht an die Unschuldsvermutung halten. Ein privater Arbeitgeber ist also nicht daran gebunden.[385]

Eine solche Ausdehnung des Anwendungsbereiches der Unschuldsvermutung ist außerdem auch gar nicht notwendig. Der Schutz des Arbeitnehmers vor vorschneller Kündigung wird schon durch die vorgeschriebene umfassende Interessenabwägung gewahrt.[386] Darüber hinaus bietet das Zivilrecht andere Abwehrmechanismen, z.B. in Verbindung mit dem allgemeinen Persönlichkeitsrecht.[387]

Eine andere Frage ist schließlich die, ob ein Arbeitsgericht bei seiner Entscheidung über die Wirksamkeit einer Kündigung an ein vorhergegangenes strafrechtliches Urteil gebunden ist. Wenn das Arbeitsgericht die Wirksamkeit der Verdachtskündigung überprüft, handelt es sich schließlich wieder um eine staatliche Stelle. Hier dürften die allgemeinen Grundsätze gelten.[388] Im Rahmen der Verdachtskündigung ist allerdings zu bemerken, dass sie sich eben ihrer Natur her nur auf einen Verdacht stützt. Die Prognoseentscheidung des Arbeitgebers wird nicht nachträglich falsch, wenn sich herausstellt, dass der Betroffene unschuldig ist.[389]

VI. Zusammenfassung

Aus dem weiten Verständnis des Anwendungsbereichs der Unschuldsvermutung nach dem EGMR ergibt sich das Problem eines Strafrichtermonopols. Dieses zeichnet sich insbesondere bei dem Verstoß gegen die jeweiligen Verfahrensgrundsätze ab. Außerdem ergibt sich das große Problem, dass die

---

384 *Eylert*, NZA-RR 2014, 393 (396); *Hoefs*, Die Verdachtskündigung, 92.

385 *BAG*, Urt. v. 31.01.2019 – 2 AZR 426/18, Rn. 25; Urt. v. 14.09.1994 – 2 AZR 164/94 = NJW 1995, 1110, Rn. 24; *Eylert*, NZA-RR 2014, 393 (396); *Hoefs*, Die Verdachtskündigung, 91.

386 *Eylert*, NZA-RR 2014, 393 (404).

387 *Hoefs*, Die Verdachtskündigung, 91.

388 So auch: Löwe-Rosenberg/*Esser*, Art. 6 EMRK, Art. 14 IPbpR, Rn. 523 f.

389 Vgl. Löwe-Rosenberg/*Esser*, Art. 6 EMRK, Art. 14 IPbpR, Rn. 524.

Ausweitung der Unschuldsvermutung zugunsten von Freigesprochenen zulasten Dritter geht.

Im Konkreten ergeben sich bei konsequenter Anwendung der *Sekanina*-Rechtsprechung folgende Probleme:

- Verstoß gegen den Grundsatz der freien Beweiswürdigung aus § 286 ZPO und den anderen Verfahrensordnungen
- Verstoß gegen das Recht auf rechtliches Gehör von am Strafverfahren nicht beteiligten Personen, Art. 103 Abs. 1 GG
- Verletzung der Eigentumsgarantie aus Art. 14 Abs. 1 GG in Fällen von zivilrechtlichen Schadensersatzprozessen nach einem Freispruch
- Bevorteilung des Freigesprochenen im außerstrafrechtlichen Folgeverfahren durch Übertragung des Beweismaßes in bestimmten Fällen und durch unvollständige Ausgangsinformationen bei Prognoseentscheidungen
- Geringe Akzeptanz der Öffentlichkeit bei Gefahrenprognosen auf unvollständiger Tatsachenbasis
- Außerkraftsetzen von speziellen Regelungen zur Beweislastverteilung in außerstrafrechtlichen Rechtsgebieten durch die Übertragung der einseitigen Beweislastverteilung zulasten des Staates aus dem Strafverfahren
- Behinderung von außerstrafrechtlichen Folgeprozessen durch das Konzept der „realen Unschuld"
- Einschränkung der Aussage- und Verhandlungswilligkeit von Angeklagten und Zeugen im Strafverfahren

Deutlich wird, dass die Rechtsprechung des EGMR Fragen der Beweislast, des Beweismaßes und der Bindungswirkung von Strafurteilen nicht sorgfältig trennt und deshalb so unklar und kritikwürdig ist. Der EGMR verkennt insbesondere, dass es eine Bindungswirkung von Strafurteilen so im deutschen Recht nicht geben kann. Beachtet werden muss zwar auch, dass der EGMR in Anbetracht dieser Probleme Ausnahmetatbestände entwickelt hat. Jedoch lösen diese nur oberflächlich die Problematik. Was bleibt, ist eine enorme Unsicherheit der Rechtsanwender in den jeweiligen Mitgliedstaaten.

Teil 2: Weiterentwicklung

§ 5 - Lösung des Problems durch restriktive Auslegung der Unschuldsvermutung

Ausgangspunkt für die weiteren Untersuchungen ist ein Dilemma: Derjenige, der im Strafrecht von der Unschuldsvermutung profitiert, muss im Sinne eines umfassenden Schutzes auch außerhalb des Strafrechts geschützt werden. Dazu wird die Unschuldsvermutung nach dem EGMR auch auf außerstrafrechtliche Verfahren angewendet. Diese Ausweitung des Anwendungsbereichs der Unschuldsvermutung führt zu einer Bindung der Entscheidungsträger des Folgeverfahrens an den strafrechtlichen Freispruch und geht mit der Einschränkung der Rechte Dritter einher. Bei der Frage, wie sich die Unschuldsvermutung im außerstrafrechtlichen Folgeverfahren nach einem Freispruch konkret auswirkt, sind sowohl die Interessen des Freigesprochenen als auch die Interessen des (mutmaßlichen) Opfers der Straftat zu beachten. Beide Interessenpositionen können aber nicht vollends erfüllt werden, ohne die jeweils andere bedeutend zu beschränken.[390] Es muss also ein Ausgleich gefunden werden.

Dieses Kapitel soll zuerst die Lösungsansätze darstellen und bewerten, die sich in der Literatur finden lassen (I.) und danach die vom Verfasser befürwortete Lösung herleiten und begründen (II.). Anschließend soll der favorisierte Lösungsvorschlag auf die in § 4 dargestellten Fallgruppen angewendet werden (III.).

I. Diskutierte Lösungsansätze

Wie eingangs bereits angeklungen ist, lassen sich nur wenige Auseinandersetzungen mit dem Thema der fortwirkenden Unschuldsvermutung finden. Insbesondere scheint es an außerstrafrechtlichen Arbeiten zu mangeln. Diese wenigen Arbeiten sollen hier besprochen werden.

Dazu gilt es vorab, Kategorien zu bilden. Der Freispruch im Strafverfahren kann, je nachdem wie weit die Unschuldsvermutung ausgelegt wird, unterschiedlich weite Auswirkungen auf das außerstrafrechtliche Folgeverfahren haben. Konkret betrachtet werden soll, inwieweit ein bestehender Restverdacht im Folgeverfahren beachtet werden darf. In Bezug auf dieses Kriterium lassen sich zwei Ausgangspositionen feststellen:

---

390 Vgl. *Herrmann*, ZIS 2010, 236 (237).

- Extensives Verständnis der Unschuldsvermutung im außerstrafrechtlichen Folgeverfahren: Der Freispruch im Strafverfahren sperrt grundsätzlich die Äußerung des Restverdachts im außerstrafrechtlichen Folgeverfahren
- Restriktives Verständnis der Unschuldsvermutung im außerstrafrechtlichen Folgeverfahren: Auch nach einem Freispruch im Strafverfahren darf im außerstrafrechtlichen Folgeverfahren grundsätzlich Bezug auf den Restverdacht genommen werden

An dieser Kategorienbildung soll die Literaturauswertung orientiert werden.

1. Extensives Verständnis der Unschuldsvermutung im außerstrafrechtlichen Folgeverfahren (Sperrung von Verdachtsäußerungen)

a. Konzept

Die fortwirkende Unschuldsvermutung kann im Folgeverfahren unterschiedlich weit ausgelegt werden. Je weiter sie ausgelegt wird, desto größer sind die Auswirkungen, die die Unschuldsvermutung auf das außerstrafrechtliche Folgeverfahren hat. Die weite Auslegung der Unschuldsvermutung führt zu einer Bindung des Richters in der Folgesache an den Freispruch aus dem Strafverfahren. Bei sehr weitem Verständnis geht dieser Ansatz so weit, dass ein strafrechtlicher Freispruch jegliche Verdachtsäußerung im außerstrafrechtlichen Folgeverfahren sperrt. Abgeschwächt werden kann diese Folge durch die Bildung von Ausnahmetatbeständen.

Der EGMR hat in einer Reihe von Entscheidungen gezeigt, dass er die Unschuldsvermutung im außerstrafrechtlichen Folgeverfahren im Grunde extensiv verstehen will. Insbesondere das Urteil *Sekanina* ist Ausdruck dieses Verständnisses. Allerdings relativiert der EGMR den Grundsatz, dass ein strafrechtlicher Freispruch jegliche weitere Verdachtsäußerung von Seiten staatlicher Stellen in außerstrafrechtlichen Folgeverfahren sperrt (*Sekanina*-Grundsatz), in weiteren Entscheidungen durch die Bildung von Ausnahmetatbeständen.[391]

Die Konsequenz aus einer extensiven Auslegung ist, dass als Gegenstück zur Erweiterung der Rechtsposition des Freigesprochenen die Rechtsposition des (mutmaßlichen) Opfers beschränkt wird. Ein Lösungskonzept, das von einer weiten Auslegung der Unschuldsvermutung ausgeht, muss also gleichzeitig auch die Interessen des Opferschutzes vor Augen haben. Denn gerade bei einem

391 Zur Rechtsprechung des EGMR siehe § 3.

Freispruch aus Mangel an Beweisen kann es sein, dass ein Schuldiger nicht verurteilt wird. Gerade hier ist das Opfer der Straftat besonders schützenswert.

b. Literaturansichten

aa. Grund für den zurückhaltenden Umgang mit der EGMR-Lösung in der deutschen Literatur

Der Ansatz des EGMR, die Unschuldsvermutung im außerstrafrechtlichen Folgeverfahren weit auszulegen und zum Interessenausgleich gewisse Ausnahmetatbestände zu schaffen, wird in der deutschen Literatur wenig besprochen. Der Grund für das scheinbar mangelnde Interesse an diesem Lösungsweg liegt darin, dass der Streit im deutschen Recht an anderer Stelle geführt wird bzw. schon lange geführt wurde. Gemeint ist der Streit um die Frage, ob das deutsche Recht eine Bindungswirkung von Strafurteilen enthält bzw. enthalten sollte.

Die Frage nach der Bindung des Zivilrichters an die Feststellungen aus dem Strafurteil stellt sich im deutschen Raum seit langer Zeit. In einigen deutschen Partikularrechten gab es eine derartige Bindung, in anderen nicht.[392] Bei Schaffung der ZPO musste der Gesetzgeber sich also mit der Frage beschäftigen, welches Konzept vorzugswürdig sei. Es wurden intensive Abwägungen vorgenommen – am Ende entschied der Gesetzgeber sich gegen die Bindungswirkung des Strafurteils.[393]

Wörtlich hieß es in der Begründung des Reichstages zum Entwurf der ZPO und deren Einführungsgesetz im Jahr 1874:

> *„Kontrovers ist die Frage nach der Bedeutung eines strafgerichtlichen Urtheils für das Civilprozeßverfahren.*
>
> *[...]*

392 Eine Bindungswirkung gab es z.B. in Oldenburg, Württemberg und Bayern, keine Bindungswirkung gab es z.B. in Preußen und Hannover, vgl. *Hahn/Mugdan,* Die gesamten Materialien zur Zivilprozeßordnung, 280.

393 *Hahn/Mugdan,* Die gesamten Materialien zur Zivilprozeßordnung, 280 f.; zur Debatte: *Liszt,* Gutachten über die Frage „Soll einem prozeßordnungsgemäß erlassenen strafrichterlichen Urtheile, wodurch eine Frage entschieden ist, welche der Entscheidung einer Zivilsache präjudizirt, für diese letztere die Kraft eines vollen Beweises eingeräumt werden?“; *Planck,* Gutachten über die Frage „Soll einem prozeßordnungsgemäß erlassenen strafrichterlichen Urtheile, wodurch eine Frage entschieden ist, welche der Entscheidung einer Zivilsache präjudizirt, für diese letztere die Kraft eines vollen Beweises eingeräumt werden?“; überblicksartig: *Völzmann,* Die Bindungswirkung von Strafurteilen im Zivilprozess, 7 ff.

Dem Entwurf erschien es als die zutreffende Lösung, dem Civilrichter zu überlassen, nach freier Überzeugung zu entscheiden, ob die vom Strafrichter festgestellten Thatsachen – Thatbestand und Thäterschaft – für wahr zu erachten seien. Eines Ausspruches im Gesetze bedurfte es nicht, da der § 249 Abs. 1 [entspricht § 286 Abs. 1 ZPO in der heutigen Fassung – freie Beweiswürdigung] *zur Anwendung gelangt, insoweit nicht die Prozeßordnung oder das Einführungsgesetz eine Ausnahme aufstellen. Der Grundsatz, daß das strafgerichtliche verurtheilende Erkenntniß den Civilrichter binde, ist bald als Beweisregel, bald als praesumptio juris et de jure aufgefaßt. Da dieser Grundsatz nach der Absicht des Entwurfs für das Gebiet des deutschen Reichs beseitigt sein soll, so versteht es sich von selbst, daß es unzulässig sein würde, denselben aufgrund des Einführungsgesetzes § 13 Nr. 1 in denjenigen Reichsgebieten, in denen er die Form einer praesumptio juris et de jure angenommen hat, aufrechterhalten zu wollen.*

Die Gründe, welche den Entwurf veranlasst haben, von der Aufstellung einer Beweisregel abzusehen, sind in so überzeugender Weise von Planck, in seinem, dem siebenten deutschen Juristentage erstatteten Gutachten (vgl. Verhandl. I S. 3–44) entwickelt, daß es genügen wird, das Folgende hervorzuheben.

Der Civilrichter, welcher auf Grund der vor ihm stattgefundenen Verhandlung frei zu würdigen hat, ob eine thatsächliche Behauptung für wahr oder nicht wahr zu erachten sei, wird, wenn die behauptete Thatsache bestritten, aber in einem früheren Strafverfahren als festgestellt angenommen ist, auf Grund dieses Verfahrens und ohne daß es einer weiteren Beweiserhebung bedarf, die Überzeugung von der Wahrheit jener Thatsache erlangen können. Und diese Überzeugung wird er regelmäßig auf Grund des Strafurtheils gewinnen, wenn nicht für die Unrichtigkeit des letzteren sehr gewichtige Gründe von den Parteien beigebracht werden. Nur ausnahmsweise wird im Civilverfahren eine nochmalige Beweisaufnahme über die vom Strafrichter bereits als erwiesen angenommene Thatsache erforderlich sein, und es darf die sichere Erwartung gehegt werden, daß widersprechende Entscheidungen der Civil- und Strafgerichte über dieselbe Thatfrage zu den äußersten Seltenheiten gehören werden. Sollten aber widersprechende Urtheile vorkommen, so werden sie durch das höhere Gebot, das Wahrheit und Recht zur Geltung gelangen muß, gerechtfertigt werden. Bei richtiger Handhabung der Rechtspflege wird die Erfahrung lehren, daß die freie und selbstständige Stellung, welche den Civilgerichten und Strafgerichten gleichmäßig und gegeneinander eingeräumt wird, nicht die Besorgnis begründet, daß durch widersprechende Urtheile über die Thatfrage das Ansehen der Justiz und die öffentlichen Interessen gefährdet werden.“[394]

Anfang des Jahrtausends wurde im Rahmen des JuMoG dann wieder über eine Bindung nachgedacht. Wieder entschloss man sich mit guten Argumenten gegen eine solche.[395]

---

394 *Hahn/Mugdan*, Die gesamten Materialien zur Zivilprozeßordnung, 280 f., Anmerkungen durch den Bearbeiter.

395 Siehe § 4 III.

Nicht nur die Gesetzgebung, sondern vor allem auch die Literatur setzte sich immer wieder mit der Frage auseinander, ob aus dem geltenden Recht eine Bindungswirkung des Strafurteils herauszulesen sei oder ob dies jedenfalls *de lege ferenda* wünschenswert wäre.[396]

Für eine Bindungswirkung des Strafurteils wurde immer wieder das Argument der Einheit der Rechtsordnung genannt. Mit der Bindung des Zivilrichters an die strafgerichtlichen Feststellungen wird zugleich verhindert, dass die Entscheidungen im Straf- und Zivilverfahren zu unterschiedlichen Ergebnissen in Bezug auf die jeweilige Verantwortung des Täters kommen. Vielfach wurde auch angenommen, dass das Strafverfahren aufgrund des Untersuchungsgrundsatzes und der zeitlichen Nähe zur Tat besser zur Wahrheitsermittlung geeignet sei. Außerdem würden prozessökonomische Gründe für eine Bindung sprechen.[397] Diese Aufzählung ließe sich weit fortführen. Im Rahmen einer umfangreichen Auseinandersetzung der Literatur mit dem Problem wurde eine Vielzahl von Argumenten entwickelt und geprüft.

Letztendlich lässt sich eine Bindungswirkung im deutschen Recht aber in erster Hinsicht aufgrund verfassungsrechtlicher Bedenken nicht umsetzen.[398] Die umfangreiche Bindung an das Strafurteil würde gegen den Grundsatz auf rechtliches Gehör aus Art. 103 Abs. 1 GG verstoßen. Das ergibt sich aus der unterschiedlichen Verfahrenskonstellation im Straf- und Zivilverfahren. Während sich im Strafprozess die Staatsanwaltschaft und der Angeklagte gegenüberstehen, streiten im Zivilprozess Kläger und Beklagter gegeneinander. Wenn der Angeklagte zum Beklagten im Zivilprozess wird, würde die Bindung an das Strafurteil insbesondere dazu führen, dass der Kläger als mutmaßlicher Geschädigter die Feststellungen des Strafgerichts für und gegen sich gelten lassen müsste. In diesem Strafverfahren hatte der Kläger aber keine Beteiligtenposition und konnte somit nichts zur Entscheidung beitragen. Würde sich dieses Strafurteil nun gegen ihn richten – etwa im Falle eines Freispruchs – so wäre

396 Z.B. *Herrmann,* Zur Bindung des Zivilrichters an Strafurteile in Deutschland, Österreich und der Schweiz; *Stegmair,* Die Auswirkungen des Strafprozesses auf den Zivilprozess in Deutschland und Frankreich; *Trousil,* Die Bindung des Zivilrichters an strafgerichtliche Erkenntnisse; *Vollkommer,* ZIP 2003, 2061; *Völzmann,* Die Bindungswirkung von Strafurteilen im Zivilprozess.

397 Darstellung und Bewertung der gängigen Argumente für eine Bindungswirkung: *Herrmann,* Zur Bindung des Zivilrichters an Strafurteile in Deutschland, Österreich und der Schweiz, 106 ff.

398 Umfangreich zu den Gründen, die im deutschen Recht gegen eine Bindungswirkung von Strafurteilen sprechen: § 4.

ihm kein rechtliches Gehör gewährt worden.[399] Außerdem spricht die unterschiedliche Ausgestaltung von materiellem und prozessualem Recht im Bereich des Strafrechts und des Zivilrechts gegen eine solche Bindungswirkung des Strafrechts. Es würde hier zu ungewollten Übertragungen kommen.[400]

Einige Autoren unterscheiden zwischen symmetrischer und asymmetrischer Bindungswirkung. Während die symmetrische Bindung umfassend für und gegen beide Parteien des Zivilprozesses wirkt, muss sich im Fall der asymmetrischen Bindung nur der verurteilte Beklagte an dem Strafurteil festhalten lassen. So soll das Problem des rechtlichen Gehörs *de lege ferenda* umgangen werden.[401] *Stegmair* befasst sich mit verschiedenen Vorschlägen[402] zu einer asymmetrischen Bindungswirkung und prüft, ob eine solche Regelung der derzeitigen Rechtslage *de lege lata* vorzugswürdig ist. Sie kommt im Rahmen ihrer Untersuchung zu dem Schluss, dass die derzeitige Lösung im deutschen Recht das Ziel der materiellen Wahrheit über das der Rechtssicherheit (durch Einheitlichkeit der Entscheidungen) stelle. So würden durch freie Entscheidungen der Zivilgerichte mögliche strafrechtliche Fehlurteile nicht perpetuiert. Dafür seien die Entscheidungen der Zivilgerichte weniger vorhersehbar. Vorschläge zur asymmetrischen Bindungswirkung würden diese Entscheidung umkehren und die Rechtssicherheit höher bewerten. Preis dafür sei, dass mögliche Fehleinschätzungen sich auch durch weitere Verfahren ziehen. Sowohl die Bindungsfreiheit als auch die asymmetrische Bindung an Strafurteile hätten daher Vor- und Nachteile, die sich aus dem Dilemma zwischen Rechtssicherheit und materieller Wahrheit ergeben würden. Mangels eindeutiger Vorteile der asymmetrischen Bindung als Alternativrecht bestünde kein Reformbedarf. *Stegmair* betont außerdem, dass die Vorschläge zu einer asymmetrischen Bindung alle Ausnahmetatbestände vorsähen, die verhinderten, dass die Zielsetzung der verbesserten Rechtssicherheit erreicht würde.[403]

---

399 So z.B. *Völzmann,* Die Bindungswirkung von Strafurteilen im Zivilprozess, 126 ff.

400 So z.B. *Herrmann,* Zur Bindung des Zivilrichters an Strafurteile in Deutschland, Österreich und der Schweiz, 121 ff.

401 *Foerster,* Transfer der Ergebnisse von Strafverfahren in nachfolgende Zivilverfahren; *Vollkommer,* ZIP 2003, 2061; *Völzmann,* Die Bindungswirkung von Strafurteilen im Zivilprozess; zustimmend: *Emmert,* ZRP 2018, 82.

402 Im Einzelnen: *Foerster,* Transfer der Ergebnisse von Strafverfahren in nachfolgende Zivilverfahren; *Vollkommer,* ZIP 2003, 2061; *Völzmann,* Die Bindungswirkung von Strafurteilen im Zivilprozess.

403 *Stegmair,* Die Auswirkungen des Strafprozesses auf den Zivilprozess in Deutschland und Frankreich, 240 ff.

Selbst bei Befürwortung einer asymmetrischen Bindungswirkung von Strafurteilen würden jedenfalls Freisprüche keine Bindungswirkung zuungunsten des mutmaßlichen Opfers entfalten. Das ergibt sich aus den obigen Überlegungen zum rechtlichen Gehör.

Der dargestellte Streitstand der Literatur befasst sich vordergründig mit den möglichen Auswirkungen des Strafverfahrens auf das Zivilverfahren. Viele Argumente lassen sich aber auch auf andere Folgeverfahrensarten übertragen. Das gilt insbesondere für das Argument zum rechtlichen Gehör.

Zusammenzufassen ist also, dass die Frage nach der Bindungswirkung des Strafurteils in Deutschland umfassend besprochen wurde. Mit der Ablehnung einer solchen Bindung im JuMoG gelangte der Streit vorerst wieder in den Hintergrund. Wenn nun der EGMR mit seiner seit *Sekanina* fortlaufenden Rechtsprechung diesen Stein wieder ins Rollen bringt, holt er ein in Deutschland mittlerweile umfassend besprochenen Rechtsproblem wieder hervor. Natürlich sei angemerkt, dass das Urteil *Sekanina* gut ein Jahrzehnt vor den Überlegungen zum JuMoG gefallen ist. Das ändert aber nichts an den immer wieder gleichen Argumenten zur Idee der Bindungswirkung von Strafurteilen. Eine solche lässt sich in das deutsche Rechtsschutzsystem nicht ohne Kollateralschäden integrieren. Aus diesem Grund finden sich auch kaum Literaturmeinungen, die den Vorschlag des EGMR befürworten, ein Freispruch solle umfassende Bindungswirkungen auf Folgeverfahren haben.

bb. Ideen zum verstärkten Opferschutz trotz extensiver Auslegung der Unschuldsvermutung

Trotz der beschriebenen Zurückhaltung gegenüber der extensiven Auslegung der Unschuldsvermutung gibt es Autoren, die sich mit der Folgefrage des Opferschutzes auseinandersetzen.

Interessant ist die folgende Idee zum Schutz (mutmaßlicher) Opfer bei weitgehendem Schutz des Freigesprochenen: Der EGMR-Richter *Jean-Paul Costa* schlägt in seiner abweichenden Meinung zum Urteil *Ringvold* vor, man könne als Gegenstück zu einer extensiv verstandenen Unschuldsvermutung öffentliche Fonds schaffen, aus denen Opfer entschädigt würden, auch wenn der entsprechende Täter aus Mangel an Beweisen freigesprochen wurde.[404] Eine ähnliche Idee verfolgt *von Galen* in ihrem Aufsatz zur Idee eines selbstständigen Opferschutzverfahrens im deutschen Recht.[405] In diesem Aufsatz vertritt

404 Dissenting Opinion of Judge Costa, in: *EGMR*, Urt. v. 11.02.2003 – App. No. 34964/97, Ringvold v. Norway, S. 17 f.

405 *Galen*, StV 2013, 171.

von Galen die These, das Strafverfahren mit der Unschuldsvermutung widerspreche grundlegend den Interessen der Opfer der verhandelten Straftat. Das gelte schon deshalb, weil ein ehrlicher Opferschutz es erfordere, ein Opfer auch von Beginn der Verhandlung an als solches zu erkennen. Im Lichte der Unschuldsvermutung sei das aber nicht möglich, da diese eben verhindere, dass die Rechtspositionen „Täter“ und „Opfer“ vor dem Schuldspruch eingenommen werden.[406] Aus diesem Grund bedürfe es eines parallel zum Strafverfahren angelegten Verwaltungsverfahrens, in dem Opfern schnell und unbürokratisch Entschädigung aus öffentlichen Geldern gewährleistet würde. In diesem Verfahren würde dann die „Opfervermutung“ gelten. Sollte das Strafverfahren zu dem Schluss kommen, der Täter sei tatsächlich schuldig, so könne der Staat bei dem Täter regressieren. Dieser parallele Verfahrenslauf würde das Opfer schnell befriedigen und ihm die nötige Anerkennung gewähren, ohne die Rechte des Angeklagten vor dem Strafgericht zu verkürzen.[407]

Sowohl *Costa* als auch *von Galen* plädieren dafür, Angeklagten- und Opferschutz voneinander zu entkoppeln und die Opfer jedenfalls vorerst aus öffentlichen Geldern zu entschädigen. Jedenfalls *Costa* befürwortet die Ansicht des EGMR, der Freispruch führe zu gewissen Bindungswirkungen in Folgeverfahren. *Von Galen* bezieht sich zwar nicht explizit auf die EGMR-Rechtsprechung, ihr Rechtsetzungsvorschlag ließe sich aber mit einer solchen Lösung gut verbinden.

c. Bewertung

Eine weite Auslegung der Unschuldsvermutung im außerstrafrechtlichen Folgeverfahren führt grundsätzlich zum erhöhten Schutz desjenigen, der mit einem Verdacht belegt ist, aber (noch) nicht von einem Strafgericht für schuldig erkannt wurde. Gerade nach einem Freispruch aus Mangel an Beweisen im Strafverfahren hat der Freigesprochene nicht mehr die Möglichkeit, sich im Rahmen des Strafverfahrens von den verbliebenen Verdachtsmomenten zu befreien. Aus diesem Grunde gebührt ihm ein erhöhter Schutz auch außerhalb dieses Verfahrens.[408] Um den Schutz der Unschuldsvermutung im

---

406 *Galen*, StV 2013, 171 (174); ähnlich: *Heger*, GA 2018, 684 (685 f.); zum Dilemma zwischen Unschuldsvermutung und Opferschutz im Rahmen der #MeToo-Debatte: *Rodenbeck*, NJW 2018, 1227; dazu auch: *Schwenn*, Verdacht in Sexualstrafverfahren.

407 *Galen*, StV 2013, 171 (174 ff.).

408 *Rodenbeck*, NJW 2018, 1227 (1232): Gerade wenn kein Strafverfahren mehr möglich ist, drohen schwere Beeinträchtigungen des Betroffenen. Bezüglich schwerer

Strafverfahren abzurunden, muss es also auch außerhalb des Strafverfahrens Schutzmechanismen geben, die den Betroffenen vor Schuldvorwürfen schützen.

Will man aber den Schutz des Freigesprochenen in außerstrafrechtlichen Folgeverfahren auch über das strafprozessuale Instrument der Unschuldsvermutung herleiten, führt dies zu der Bindungswirkung von Freisprüchen. Diese Bindungswirkung ist aus zahlreichen rechtlichen Gründen nicht durchführbar. Besonders schwer wiegen die verfassungsrechtlichen Bedenken im Zusammenhang mit dem Recht mutmaßlicher Opfer auf rechtliches Gehör. Die Bindungswirkung des Freispruchs führt in Folgeverfahren dazu, dass Personen, die am Strafverfahren nicht teilgenommen haben bzw. keine Möglichkeit hatten, das Prozessergebnis zu beeinflussen, an das Ergebnis ebendieses Prozesses gebunden sind. Verfassungsrechtlich bedenklich ist im Übrigen die Beeinträchtigung von Art. 14 Abs. 1 GG in Fällen von Schadensersatzprozessen, in denen zivilrechtliche Ansprüche durch die Bindung des Zivilrichters an strafrechtliche Feststellungen vereitelt werden. Daneben gelten die weiteren Ergebnisse der Untersuchungen aus § 4: die Bindungswirkung des Freispruchs für außerstrafrechtliche Folgeverfahren würde gegen den Grundsatz der freien Beweiswürdigung verstoßen und zum Transfer strafprozessualer Besonderheiten und Grundsätze in außerstrafrechtliche Prozesse führen. Darüber hinaus würde sie Gefahrenprognosen erschweren und sowohl den Ablauf von Strafprozessen als auch den der Folgeverfahren nachteilig beeinflussen. Das Strafverfahren würde aufgrund seiner großen Ausstrahlungswirkung zu bedeutend. Richtern würde die Entscheidung mit Hinblick auf die noch weiteren Konsequenzen ihres Urteils schwerer fallen und Verfahrensbeteiligte würden aufgrund nicht absehbarer Folgen ihrer Einlassungen weniger aussage- und verhandlungsbereit sein. Folgeverfahren würden durch eine Bindung an den Freispruch insbesondere im Hinblick auf die Wahrheitsfindung beeinflusst. Richter müssten Entscheidungen aufgrund unvollständiger oder sogar falscher Tatsachenbasis treffen.

Durch Ausnahmetatbestände, wie der EGMR sie im Nachgang von *Sekanina* geschaffen hat, können die Wogen zwar geglättet und praktische Probleme teilweise gelöst werden. Diese Regel-Ausnahme-Konstruktion schafft aber keine dogmatisch klare Lösung und damit auch keine Rechtssicherheit. Vielmehr erscheint es willkürlich, in welchen Fällen der Freispruch den Entscheidungsträger binden soll und in welchen Fällen nicht. Willkürlich ist auch

---

Straftaten kann ein Verdacht schon wie eine Verurteilung wirken.; so auch: *Schwenn*, Verdacht in Sexualstrafverfahren, 231 f.

das Abstellen auf die konkret verwendete Wortwahl anstatt auf eine abstrakt anwendbare klare Regel. Daraus resultieren prozessuale Unsicherheiten.[409]

Die von *Costa* und *von Galen* angeregte Lösung, Opfer aus öffentlichen Mitteln zu entschädigen und somit trotz Unschuldsvermutung einen möglichst effektiven Opferschutz zu ermöglichen, ist interessant, löst aber nicht die Probleme, die sich aus einer Bindungswirkung des Freispruchs ergeben würden. Eine gesetzgeberische Lösung in diese Richtung wurde mit dem Opferentschädigungsgesetz bereits geschaffen.

Seiner Zielrichtung nach ist dieser Vorschlag schon nur dazu geeignet, Probleme aus dem Bereich des Opferschutzes zu lösen, nicht aus dem Bereich weiterer Folgen eines Strafrichtermonopols. Doch auch hier ergeben sich Schwierigkeiten. Zunächst ist unklar, nach welchen Kriterien zu entschädigen wäre. Nicht jedes mutmaßliche Opfer einer Straftat kann *per se* entschädigt werden. Es müssten Kriterien geschaffen werden, um die Personen herauszufiltern, die wirklich schützenwert sind. Durch Anwendung solcher Kriterien im Rahmen einer Plausibilitätsprüfung würde man jeder dieser Personen aber wieder kritisch gegenüberstehen und deren „Opferqualität" somit grundsätzlich hinterfragen. Anders ist es nach Ansicht des Verfassers auch nicht möglich, ohne den massiven Missbrauch eines solchen Entschädigungsverfahrens zu riskieren. Hinzu kommt, dass Entschädigungssummen gerade in schweren Fällen extrem hoch sein können. Weder *Costa* noch *von Galen* werfen aber die Frage auf, woraus die Entschädigungsfonds finanziert werden sollen. Voraussichtlich müssten die Entschädigungszahlungen gedeckelt werden, um allen Antragstellern gerecht zu werden. Eine solche Deckelung würde dann aber wieder dem Opferschutz entgegenlaufen, sodass die betroffene Person dann doch wieder dazu gezwungen wäre, gegen den mutmaßlichen Täter vorzugehen. Ein Vorgehen gegen den Täter ist für manche Opfer wohl außerdem aus Gründen der Genugtuung vorzugswürdig.

Abschließend kann geschlussfolgert werden, dass die Idee einer gesonderten Opferentschädigung mit Regressmöglichkeit für bestimmte Fälle sinnvoll sein könnte. Allerdings ist die Idee noch nicht ausgereift. Das gilt zum einen dahingehend, dass keine Schutzmechanismen gegen Ausnutzung des freigiebigen Systems angedacht wurden, und zum anderen dahingehend, dass eine Finanzierung sich in der Praxis schwierig gestalten würde. Insgesamt wäre das System aber selbst bei Beseitigung dieser Einwendungen nicht dazu geeignet,

---

409 Vgl. Separate Opinion of Judge De Gaetano, in: *EGMR*, Urt. v. 12.07.2013 – App. No. 25424/09, Allen v. United Kingdom, S. 37 f.

eine Bindungswirkung von Freisprüchen für außerstrafrechtliche Folgeverfahren zu rechtfertigen.

Die *Sekanina*-Rechtsprechung des EGMR zu der Bindungswirkung von Freisprüchen für außerstrafrechtliche Folgeverfahren ist im deutschen Rechtssystem so nicht umsetzbar.

2. Restriktives Verständnis der Unschuldsvermutung im außerstrafrechtlichen Folgeverfahren (Zulassen von Verdachtsäußerungen)

a. Konzept

Neben dem extensiven Verständnis ist konträr auch ein restriktives Verständnis möglich. Wer die Unschuldsvermutung im außerstrafrechtlichen Folgeverfahren restriktiv auslegt, minimiert zugleich die Auswirkungen der Unschuldsvermutung auf dieses Verfahren. Bei restriktivem Verständnis der Unschuldsvermutung bleibt es grundsätzlich auch nach einem Freispruch im Strafverfahren noch möglich, sich auf den Restverdacht zu beziehen. Möchte man den Betroffenen weitergehend schützen, müssen hierzu außerstrafrechtliche Instrumente herangezogen werden.

b. Vertreter aus der Literatur

In der Literatur finden sich einige Quellen zu einer restriktiven Auslegung der Unschuldsvermutung. Selten finden sich solche Ausführungen aber in konkretem Bezug zu dem Schutz des Freigesprochenen im Folgeverfahren. Noch seltener finden sich Literaturansichten, die sich auch noch auf die Rechtsprechung des EGMR seit *Sekanina* beziehen.

Im Folgenden sollen einige dieser Literaturmeinungen dargestellt werden. Nicht alle beziehen sich konkret auf die Problematisierung der *Sekanina*-Rechtsprechung. Die Auswahl wurde jedoch so getroffen, dass eine möglichst breite Darstellung vorhandener Literaturmeinungen erfolgen kann. Aus den Überlegungen und Ansätzen der dargestellten Quellen soll die Basis für einen eigenen Lösungsansatz des Verfassers geschaffen werden.

aa. Ansicht von Kühne: Freie Verwertung von strafrechtlichen Verfahrensergebnissen

Zunächst anzuführen ist die Ansicht von *Kühne*. Dieser äußert sich zwar nur recht allgemein zu einem restriktiven Verständnis der Unschuldsvermutung.

Aus seinen Ausführungen lassen sich aber interessante Rückschlüsse auch für den Fall der fortwirkenden Unschuldsvermutung ziehen.

(1) Darstellung

Kühne plädiert für ein restriktives Verständnis der Unschuldsvermutung und zweifelt schon deren Wirkung außerhalb des Strafverfahrens an.[410] Komme es nach einem Freispruch zum zivilrechtlichen Folgeverfahren, könne das Zivilgericht zwar auf die Ermittlungsergebnisse des Strafverfahrens zurückgreifen, sei aber in seiner Beweisaufnahme und Entscheidungsfindung frei. Lediglich mit Hinblick auf die strafrechtliche Schuld bestehe eine Bindung des Zivilrichters. Ansonsten sei eine „Überprüfung" des Strafurteils durch den Zivilrichter erlaubt.[411] Auch nach einem Freispruch im Strafverfahren könne der Zivilrichter den Freigesprochenen zur Zahlung von Schadensersatz verurteilen.[412]

Zur Verwertbarkeit des Restverdachts nach einem Freispruch im Strafverfahren äußert *Kühne* sich nicht explizit. Aus seinen ablehnenden Ausführungen zur Bindungswirkung des Freispruchs im Allgemeinen lässt sich aber schließen, dass *Kühne* davon ausgeht, dass der Restverdacht im außerstrafrechtlichen Folgeverfahren problemlos verwertet werden kann.

(2) Stellungnahme

Kühne betont die Freiheit des Zivilrichters in seinen Entscheidungen und bewertet diese höher als das Interesse an einheitlichen Entscheidungen aller Gerichtszweige. Mit der Möglichkeit des Zivilrichters, auf die Verfahrensergebnisse des Strafverfahrens zurückzugreifen, besteht die Möglichkeit, das Zivilverfahren angemessen zu verkürzen. Indem diese Entscheidung aber bewusst durch den Zivilrichter getroffen werden muss, wird eine starre Bindung verhindert, die den Zivilrichter im schlimmsten Fall dazu zwingt, das Unrecht eines Fehlurteils zu intensivieren. Diese Lösung vereint die positiven Aspekte aus der Bindungswirkung mit den positiven Aspekten aus der freien Beweiswürdigung und ist daher zu begrüßen.

Wenn es in der Konsequenz auch nach einem Freispruch aus Mangel an Beweisen noch erlaubt ist, dass Entscheidungsträger in Folgeverfahren sich auf den Restverdacht beziehen, so liegt darin zunächst keine Rechtsverletzung zulasten des Freigesprochenen. Wie *Kühne* ausführt, ist die strafrichterliche

---

410 IntKomm EMRK/*Kühne*, Art. 6 EMRK, Rn. 417.
411 IntKomm EMRK/*Kühne*, Art. 6 EMRK, Rn. 426.
412 IntKomm EMRK/*Kühne*, Art. 6 EMRK, Rn. 417.

Entscheidung nur in Bezug auf die strafrechtliche Schuld bindend. Die strafrechtliche Schuld ist schließlich auch das einzige Untersuchungskriterium des Strafgerichts. Solange der Entscheidungsträger im Folgeverfahren nicht anzweifelt, dass der Freigesprochene im strafrechtlichen Sinne unschuldig ist, ist die Unschuldsvermutung nicht verletzt. Der Freigesprochene hat aufgrund des Freispruchs aus Mangel an Beweisen keinen Anspruch darauf, dass ganze Handlungsstränge nicht mehr als Bewertungsgrundlage für außerstrafrechtliche Entscheidungen dienen dürfen. Das würde die Unschuldsvermutung in nicht mehr hinnehmbarer Weise ausdehnen.

bb. Ansicht von Stuckenberg: Kritische Einlassung zu Sekanina

Stuckenberg äußert sich kritisch zu der Rechtsprechung des EGMR im Zusammenhang mit der fortwirkenden Unschuldsvermutung – insbesondere auch zu der Rechtsprechung aus *Sekanina*. An anderer Stelle wird deutlich, dass *Stuckenberg* den Bedeutungsgehalt der Unschuldsvermutung neben allgemeinen verfassungsrechtlichen Schutzinstrumenten gering ansieht.

(1) Darstellung

Die *Sekanina*-Rechtsprechung, die nach einem Freispruch jegliche Verdachtsäußerung durch sämtliche staatliche Stellen verbietet, geht nach *Stuckenberg* zu weit und führt zu Problemen in Folgeverfahren.[413] Auch wenn sich *Stuckenberg* nicht explizit zu einem Lösungsvorschlag äußert, scheint durch, dass er eine restriktive Auslegung der Unschuldsvermutung in Folgeverfahren befürwortet. *Stuckenberg* bemängelt einen Systemfehler in der Rechtsprechung des EGMR, der die Unschuldsvermutung in Folgeverfahren sehr weit versteht: Wenn es (mutmaßlichen) Opfern einer Straftat im deutschen Rechtsschutzsystem möglich sein soll, nach einem Strafverfahren ein zivilrechtliches Folgeverfahren um Schadensersatz anzustrengen, dann dürfe die Unschuldsvermutung in diesem Folgeverfahren nicht so weit ausgelegt werden, dass Folgeprozesse massiv behindert werden.[414] Nach *Stuckenberg* bedeutet ein strafrechtlicher Freispruch nur, dass dem Freigesprochenen nicht nachgewiesen werden konnte, strafrechtliche Schuld auf sich geladen zu haben. Der Freispruch bedeutet nicht, dass allgemein feststeht, dass der Freigesprochene die vorgeworfenen Handlungen nicht begangen hat.[415]

---

413 *Stuckenberg*, StV 2016, 5 (5); *Stuckenberg*, Unschuldsvermutung und Verdacht, 72 f.
414 *Stuckenberg*, StV 2016, 5 (7).
415 *Stuckenberg*, StV 2016, 5 (8).

In einem früheren Aufsatz beschäftigte sich *Stuckenberg* eingehend mit dem näheren Geltungsgrund und Bedeutungsgehalt der Unschuldsvermutung als spezieller Ausgestaltung des Rechtsstaatsprinzips.[416] Ergebnis seiner Untersuchung ist, dass der originäre Geltungsgrund der Unschuldsvermutung die Erhaltung der Ungewissheit über den Verfahrensausgang bis zum Ende des Verfahrens ist (Desavouierung des Verfahrens).[417] Eine Bindungswirkung des Strafurteils ließe sich aus der Unschuldsvermutung nicht zwingend herleiten.[418] Darüber hinaus werden Bürger, die mit einem Straftatverdacht belegt sind, umfassend durch die Geltung der Menschenwürde und des (allgemeinen) Rechtsstaatsprinzips sowie eines umfassenden Grundrechtesystems geschützt.[419] Wenn mit dem Freispruch das eigentliche Verfahren zur Feststellung der Schuld beendet ist, gilt in *Stuckenbergs* System folglich nur noch dieser allgemeine Schutz.

Stuckenberg steht also für eine restriktive Auslegung der Unschuldsvermutung im Folgeverfahren. Die Lücke, die im Rechtsschutz des Freigesprochenen durch eine restriktive Auslegung der Unschuldsvermutung entsteht, kann nach *Stuckenberg* durch die Anwendung allgemeiner Schutzmechanismen gefüllt werden, die nicht auf das Strafverfahren begrenzt sind. Namentlich nennt *Stuckenberg* die Menschenwürde, das Rechtsstaatsprinzip sowie die Grundrechte mit ihrem ausdifferenzierten Rechtfertigungssystem.

(2) Stellungnahme

Stuckenberg trifft mit seiner Aussage zur Bedeutung des Freispruchs den wunden Punkt der *Sekanina*-Rechtsprechung. Der Freispruch aus Mangel an Beweisen beendet das Strafverfahren, in welchem dem Angeklagten keine Schuld nachgewiesen werden konnte. Seine Bedeutung begrenzt sich daher auf die Feststellung, dass eine strafrechtliche Schuld nicht nachgewiesen werden konnte. Der EGMR geht aber davon aus, dass der Freispruch darüber hinaus auch bedeutet, dass der Angeklagte die vorgeworfene Handlung nicht begangen hat. Dieses Verständnis ist nicht nachvollziehbar und müsste eingehend begründet werden. Erst durch dieses weite Verständnis des Freispruchs kommt

---

416 *Stuckenberg*, ZStW 1999, 422.

417 *Stuckenberg*, ZStW 1999, 422 (452 ff.); anders: *Haberstroh*, NStZ 1984, 289 (289): Dieser sieht das Aufrechterhalten der Ungewissheit des Verfahrensausgangs als selbstverständlich an. Die Unschuldsvermutung müsse eine weitere Bedeutung als diese haben, um nicht überflüssig zu sein.

418 *Stuckenberg*, ZStW 1999, 422 (457).

419 *Stuckenberg*, ZStW 1999, 422 (439).

es zu den Problemen in Folgeverfahren. Wenn man den Freispruch als strafrechtsbezogen betrachtet, bindet er in Folgeverfahren nur bezüglich dem Vorliegen strafrechtlicher Schuld. Mit diesem Konzept des Freispruchs können eine Reihe an schwerwiegenden Folgeproblemen vermieden werden. Insbesondere würde sich der Widerspruch auflösen, der sich daraus ergibt, dass der EGMR zivilrechtliche Schadensersatzprozesse im Nachgang an ein Strafverfahren ausdrücklich zulässt, dann aber die Durchführung durch seine *Sekanina*-Rechtsprechung behindert.

Die Analyse *Stuckenbergs*, dass die Unschuldsvermutung dem Grunde nach nur eine spezielle Ausformung des Rechtsstaatsprinzips ist und deren Schutzbereich im Übrigen durch allgemeine Rechtsschutzinstrumente aus der Verfassung ergänzt wird, ist interessant. Ein solches Verständnis würde es leicht machen, den Freigesprochenen auch im Nachgang des Strafverfahrens vor Schuldvorwürfen zu schützen, ohne die Unschuldsvermutung extrem auszuweiten. Fraglich ist, ob dieser allgemeine Schutz ausreicht, um den Betroffenen zu schützen. Während die Unschuldsvermutung schließlich originär den Angeklagten im Strafverfahren schützen soll, sind die allgemeinen Rechtsschutzinstrumente nicht auf diese konkrete Problemlage zugeschnitten. Die Menschenwürdegarantie schützt beispielsweise auch den Freigesprochenen, hat aber sehr hohe Hürden. Ein Fall, in dem eine Verdachtsäußerung nach einem Freispruch gegen die Menschenwürde verstößt, ist schwer denkbar, jedenfalls aber nicht der Regelfall. In der Praxis würden wohl eher das Rechtsstaatsprinzip und die Grundrechte eingreifen, wenn jemand noch nach dem Strafverfahren mit Schuldvorwürfen aus dem mit Freispruch beendeten Verfahren belastet würde. Der Vorteil einer solchen Lösung ist sicherlich, dass sowohl das Rechtsstaatsprinzip als auch die Grundrechte in der Regel einer Abwägung zugänglich sind. Der Schutz des Freigesprochenen würde demnach über eine solche Abwägung in Ausgleich mit den Interessen Dritter gebracht werden können. Ein solcher Lösungsweg ist gegenüber der *Sekanina*-Regel, die den Freigesprochenen abwägungslos schützt, vorzuziehen.

Zusammenfassend lässt sich festhalten, dass die Ideen *Stuckenbergs* wertvolle Anhaltspunkte auf dem Weg zu einem Lösungsvorschlag liefern. Allerdings sind seine Ausführungen zum Schutz des Freigesprochenen über die allgemeinen Rechtsschutzinstrumente nur sehr vage. Im Rahmen einer eigenen Lösungsentwicklung muss an dieser Stelle näher festgestellt werden, welche Rechtschutzinstrumente konkret für den Freigesprochenen streiten und wie sie angewendet werden.

cc. *Ansicht von Bock: Interessenausgleich über das allgemeine Persönlichkeitsrecht*

Bock geht in ihren Ausführungen noch weiter auf das Thema einer alternativen Lösung ein als *Stuckenberg.* Ihr Ansatz zu einer Lösung über das allgemeine Persönlichkeitsrecht ist bemerkenswert.

(1) Darstellung

Bock sieht in der Rechtsprechung des EGMR eine Überbewertung des Freispruchs. Indem der EGMR den Freispruch mit tatsächlicher Unschuld gleichstelle, beschränke er die außerstrafrechtlichen Handlungsmöglichkeiten (mutmaßlicher) Opfer.[420] Aus der Tatsache, dass im freisprechenden Urteil Verdachtsbeschreibungen erlaubt seien, schließt *Bock*, dass für Folgeentscheidungen nichts anderes gelten dürfe. Es gebe keinen Grund, in Folgeentscheidungen einen strengeren Maßstab anzusetzen.[421] Zwar erkennt *Bock* die erhöhte Schutzbedürftigkeit eines aus Mangel an Beweisen Freigesprochenen, der nicht mehr die Möglichkeit hat, das Strafverfahren zu seiner Entlastung zu nutzen. Der außerstrafrechtliche Schutz solcher Personen falle aber nicht mehr in den Schutzbereich der Unschuldsvermutung, sondern in den Schutzbereich des allgemeinen Persönlichkeitsrechts, bzw. des Rechts auf Achtung des Privatlebens (Art. 8 EMRK).[422] Daraus schließt *Bock*, dass die Zulässigkeit von Verdachtsbeschreibungen nach einem Freispruch im Strafverfahren nicht *per se* ausgeschlossen ist, sondern von einer Verhältnismäßigkeitsprüfung abhängig ist.[423] Es gelte folgende Regel:

> *„Allgemein formuliert: Der Betroffene hat grundsätzlich ein Recht darauf, dass alle öffentlichen Stellen einen ihn entlastenden Freispruch respektieren und sich nicht mehr zu den verbleibenden Verdachtsmomenten äußern. Etwas anderes gilt aber dann, wenn sie einen legitimen Anlass haben, sich erneut mit dem Sachverhalt (bzw. dem Sachvortrag) auseinanderzusetzen, der bereits dem Strafverfahren zugrunde lag. Dies ist insbesondere dann der Fall, wenn Dritte hieraus Ansprüche herleiten oder Schutzmaßnahmen für sich oder andere begehren.“*[424]

420 *Bock,* Unschuldsvermutung und Entscheidungsbegründung, 168; so auch: *Stuckenberg*, StV 2016, 5 (7).

421 *Bock,* Unschuldsvermutung und Entscheidungsbegründung, 168.

422 So auch: *Meyer,* Grenzen der Unschuldsvermutung, 62 ff.

423 *Bock,* Unschuldsvermutung und Entscheidungsbegründung, 168 f.

424 *Bock,* Unschuldsvermutung und Entscheidungsbegründung, 169.

(2) Stellungnahme

Bock, die in ihren Ausführungen zur Überbewertung des Freispruchs auch auf *Stuckenberg* verweist, führt dessen Ansatz zur Lösung des Problems der fortwirkenden Unschuldsvermutung fort.[425] Auch *Bock* steht der Rechtsprechung des EGMR aus *Sekanina* sehr kritisch gegenüber und hat insbesondere Opferinteressen im Blickfeld. Ihr Ansatz ist die restriktive Auslegung der Unschuldsvermutung in Folgeverfahren. Der Schutz des Freigesprochenen erfolge in Folgeverfahren über das allgemeine Persönlichkeitsrecht. Damit konkretisiert *Bock* den Denkansatz, der sich schon bei *Stuckenberg* in den Grundzügen finden lässt. Die Lösung über das allgemeine Persönlichkeitsrecht ist schlüssig und lässt die Abwägung der entgegenstehenden Interessen (Unschuldsvermutung und Opferschutz) zu. *Bocks* Lösungsweg überzeugt außerdem durch dogmatische Klarheit: im Strafverfahren gilt die Unschuldsvermutung, die auch originär auf dieses Verfahren zugeschnitten ist, und in Folgeverfahren gilt das allgemeine Persönlichkeitsrecht, ein bekanntes Schutzinstrument aus dem GG, welches die Abwägung der entgegenstehenden Interessen zulässt. Dieses Konzept basiert auf bekannten Grundsätzen ohne die Unschuldsvermutung zu weit auszulegen und soll daher im Rahmen eines eigenen Lösungsansatzes des Verfassers berücksichtigt werden.

dd. Ansicht von Gollwitzer, Esser und Eschke: Lösung über zwei unterschiedlich weit reichende Unschuldsvermutungen mit unterschiedlicher Schutzintensität

Gollwitzer, *Esser* und *Eschke* beschreiten den Lösungsweg wie *Bock* über das allgemeine Persönlichkeitsrecht – begründen ihren Ansatz aber auf etwas andere Weise.

(1) Darstellung Gollwitzers Begründung

Gollwitzer unterscheidet zwischen einer Unschuldsvermutung im engen und im weiten Sinn. Die Unschuldsvermutung aus Art. 6 Abs. 2 EMRK sei spezifisch auf den Strafprozess zugeschnitten und daher eng zu verstehen. Daneben gebe es aber noch die Verfassungsgewährleistung aus dem Rechtsstaatsprinzip, die vorschreibe, dass grundsätzlich von der Rechtstreue der Bürger auszugehen sei. Diese Verfassungsgewährleistung gehe weiter und schütze die Bürger auch außerhalb des Strafverfahrens vor der Zuweisung nicht bewiesener Schuld.

---

425 Vgl. *Stuckenberg*, StV 2016, 5.

Diese weite Unschuldsvermutung gehöre zum verfassungsrechtlichen Persönlichkeitsschutz.[426]

Nach *Gollwitzer* handelt es sich bei der Unschuldsvermutung im engen Sinn um ein nicht relativierbares Verbot, das nur im Strafverfahren gilt und dort der speziellen Lage des Angeklagten Rechnung trägt. Die Unschuldsvermutung im weiten Sinn schütze dagegen auch Personen außerhalb des Strafverfahrens. Da aber außerhalb des Strafverfahrens eine andere Interessenlage herrsche, sei dort ein weniger intensives Schutzniveau nötig. Die Unschuldsvermutung im weiten Sinne sei daher auch einer Abwägung zugänglich. Im Wege der praktischen Konkordanz sei sie mit anderen Verfassungsrechten in Einklang zu bringen.[427]

Daraus ergebe sich für die Verwendbarkeit von Restverdachtsmomenten nach einem Freispruch im Strafverfahren folgendes: Der Schutz der engen Unschuldsvermutung sei mit dem Strafverfahren beendet. Die weite Unschuldsvermutung stehe der Verwendung zwar grundsätzlich entgegen,[428] sei aber relativierbar. Es komme also im Ergebnis darauf an, dass es einen konkreten Anlass zur Verwendung des Restverdachts gibt. Ob dieser dann genüge, hänge von einer Verhältnismäßigkeitsprüfung ab.[429] Eine feste Bindung anderer Gerichte an einen strafrechtlichen Freispruch überspanne die Garantien der EMRK.[430]

Gollwitzer merkt an, dass eine weite Auslegung des Art. 6 Abs. 2 EMRK auch denkbar sei. Wer jedoch die Norm auch außerhalb des Strafverfahrens anwende, der müsse bedenken, dass es dann zu Schutzbereichsüberschneidungen mit den Art. 8, 10 Abs. 2 EMRK und Art. 17, 19 Abs. 3 IPbpR komme. Der Umfang der Unschuldsvermutung außerhalb des Strafverfahrens müsse daher eher restriktiv angelegt werden. Im Ergebnis würde eine weite Auslegung der Unschuldsvermutung der EMRK aber nicht zu wesentlich anderen Ergebnissen führen. Der Schutz des Betroffenen werde sowohl bei einer weiten als auch bei

---

426 Gollwitzer/*Gollwitzer*, Art. 6 EMRK, Art. 14 IPBPR, Rn. 105 ff.; ähnlich: Löwe-Rosenberg/*Esser*, Art. 6 EMRK, Art. 14 IPbpR, Rn. 450.

427 Gollwitzer/*Gollwitzer*, Art. 6 EMRK, Art. 14 IPBPR, Rn. 109 f.; ähnlich: Löwe-Rosenberg/*Esser*, Art. 6 EMRK, Art. 14 IPbpR, Rn. 453.

428 So gelte grundsätzlich, dass Zivilgerichte bei Folgeentscheidungen nach einem Freispruch darauf zu achten hätten, den Freispruch nicht nachträglich zu entwerten. Sie dürften zwar auch nach einem Freispruch ein verurteilendes Zivilurteil fällen, dieses aber nicht auf den Restverdacht stützen, Gollwitzer/*Gollwitzer*, Art. 6 EMRK, Art. 14 IPBPR, Rn. 150.

429 Vgl. Gollwitzer/*Gollwitzer*, Art. 6 EMRK, Art. 14 IPBPR, Rn. 106.

430 Gollwitzer/*Gollwitzer*, Art. 6 EMRK, Art. 14 IPBPR, Rn. 159.

einer engen Auslegung beachtet – streitig sei daher nur die dogmatische Herleitung.[431]

Wenn der EGMR in seinem weiten Verständnis der Unschuldsvermutung allerdings davon ausgeht, dass diese einen allgemeinen und über das Strafverfahren hinausgehenden Schutz vor Schuldzuweisungen gewährt, ergebe sich daraus ein Bindungsproblem. Außerstrafrechtliche Verfahren wären umfassend von strafgerichtlichen Feststellungen abhängig (Strafrichtermonopol). Das würde dem deutschen Rechtsschutzsystem mit dem Grundsatz der freien Beweiswürdigung zuwiderlaufen und würde von der EMRK nach ihrem Wortlaut so auch nicht verlangt.[432]

Auch bei einem engen Verständnis der Unschuldsvermutung – wie es *Gollwitzer* vertritt – könne die Unschuldsvermutung aber in Nebenentscheidungen hineinwirken, wenn das Strafverfahren durch Freispruch oder Einstellung endete. Dem Angeklagten dürften keine nachteiligen und sozial stigmatisierenden Rechtsfolgen mit der Begründung auferlegt werden, eine Verurteilung sei wahrscheinlich gewesen oder es bestehe noch ein Restverdacht. *Gollwitzer* kritisiert an dieser Stelle die wenig trennscharfe Rechtsprechung des EGMR. So sei z.B. unklar, welche Nebenentscheidungen erfasst wären.[433]

(2) Darstellung Essers Begründung

Auch Esser geht davon aus, dass es eine eng zu verstehende Unschuldsvermutung aus der EMRK und eine weiter reichende Unschuldsvermutung aus allgemeinen Verfassungsprinzipien gibt. So ergebe sich schon aus dem Rechtsstaatsprinzip und dem Grundsatz, dass alles staatliche Handeln die Menschenwürde und die Grundrechte – einschließlich des Persönlichkeitsrechts – zu achten habe, eine verfassungsrechtliche Unschuldsvermutung, die unabhängig von der der EMRK ihre Wirkung entfalte.[434] Diese verfassungsrechtliche Unschuldsvermutung dürfe nicht in einseitiger Sicht extensiv verstanden werden und so die Rechte Dritter unzulässig stark beschränken. Vielmehr sei diese ungeschriebene Unschuldsvermutung im Wege der praktischen Konkordanz mit anderen Interessen in Ausgleich zu bringen.[435]

---

431 Gollwitzer/*Gollwitzer*, Art. 6 EMRK, Art. 14 IPBPR, Rn. 120.
432 Gollwitzer/*Gollwitzer*, Art. 6 EMRK, Art. 14 IPBPR, Rn. 150 ff.
433 Gollwitzer/*Gollwitzer*, Art. 6 EMRK, Art. 14 IPBPR, Rn. 129.
434 Löwe-Rosenberg/*Esser*, Art. 6 EMRK, Art. 14 IPbpR, Rn. 448.
435 Löwe-Rosenberg/*Esser*, Art. 6 EMRK, Art. 14 IPbpR, Rn. 453.

(3) Darstellung Eschkes Begründung

Eschke basiert ihre Untersuchungen zur Geltung der Unschuldsvermutung im Zivil- und Zivilverfahrensrecht auch auf der These von zwei verschiedenen Unschuldsvermutungen.[436] Die Unschuldsvermutung der EMRK sei nur formelle Garantie für das Strafverfahren. Die verfassungsrechtliche Unschuldsvermutung sei eine spezielle Ausformung des allgemeinen Persönlichkeitsrechts im Strafverfahren („besonderes Persönlichkeitsrecht") und des Rechtsstaatsprinzips[437] und könne daher auch in den außerstrafrechtlichen Bereich ausstrahlen.[438] Wie *Gollwitzer* und *Esser* gelangt *Eschke* zu dem Ergebnis, dass der Angeklagte im Strafverfahren schrankenlos durch die Unschuldsvermutung geschützt wird; er außerhalb des Strafverfahrens aber nur eingeschränkt durch das allgemeine Persönlichkeitsrecht geschützt wird.[439]

(4) Stellungnahme

Gollwitzers, *Essers* und *Eschkes* Lösungsweg führt am Ende zu dem gleichen Ergebnis wie der von *Bock*: Im Strafverfahren gilt die Unschuldsvermutung ohne Abwägungsmöglichkeit und schützt den Angeklagten; im Folgeverfahren nach dem Freispruch schützt das allgemeine Persönlichkeitsrecht den Freigesprochenen mit Abwägungsmöglichkeit vor weiteren Verdachtsäußerungen und Schuldzuweisungen. Das führt dazu, dass der Freigesprochene grundsätzlich ein Recht hat, nicht weiter mit Verdachtsäußerungen und Schuldzuweisungen konfrontiert zu werden. Wenn aber eine Person – z.B. das mutmaßliche Opfer der betreffenden Straftat – ein Interesse daran hat, den Verdacht wieder zu nennen, werden die Positionen gegeneinander abgewogen. Möglicherweise sind Verdachtsäußerungen dann – entgegen der EGMR-Rechtsprechung – auch nach einem Freispruch noch möglich.

Anders als *Bock* gehen *Gollwitzer*, *Esser* und *Eschke* davon aus, dass aus dem allgemeinen Persönlichkeitsrecht eine zweite, weit zu verstehende Unschuldsvermutung resultiert. Diese gehe weiter als die der EMRK, die nur auf das Strafverfahren bezogen ist. Betrachtet man aber die Gesamtlösung, wird deutlich, dass es sich nur um eine andere Bezeichnung für dasselbe Konstrukt handelt. Auch *Gollwitzer*, *Esser* und *Eschke* vervollständigen den Schutz des Freigesprochenen über das allgemeine Persönlichkeitsrecht und lassen damit

---

436 *Eschke*, Die Geltung der Unschuldsvermutung im Zivil- und Zivilverfahrensrecht, 24.
437 *Eschke*, Die Geltung der Unschuldsvermutung im Zivil- und Zivilverfahrensrecht, 39 ff.
438 *Eschke*, Die Geltung der Unschuldsvermutung im Zivil- und Zivilverfahrensrecht, 61 ff.
439 *Eschke*, Die Geltung der Unschuldsvermutung im Zivil- und Zivilverfahrensrecht, 80 ff.

eine Abwägung der Interessen zu. Ob man dies nun als erweiterte Unschuldsvermutung bezeichnet oder nicht, betrifft die dogmatische Herleitung jedoch nicht. *Gollwitzers*, *Essers* und *Eschkes* Lösung ist daher aus denselben Gründen zu befürworten wie die von *Bock*.

c. Bewertung der unterschiedlichen Konzepte im Vergleich

Der Vorzug an einem Konzept, in dem die Unschuldsvermutung außerhalb des Strafrechts allenfalls restriktiv zur Anwendung kommt, ist, dass die Unschuldsvermutung nicht als systemfremdes Instrument in außerstrafrechtliche Verfahren hineinwirkt. Die Unschuldsvermutung stammt originär aus dem Strafrecht und ist auf das strafprozessuale System ausgerichtet. Außerhalb des Strafrechts kollidiert sie mit anderen Prozessinteressen, wie z.B. bestimmten Beweislastregeln oder Zeugnisverweigerungsrechten.

Begrenzt man allerdings die Wirkung der Unschuldsvermutung außerhalb des Strafrechts, beschneidet man das Interesse des Freigesprochenen daran, dass sein Freispruch auch im Nachgang des Strafverfahrens gewahrt wird. Schafft man durch die Einschränkung der Wirkungen der Unschuldsvermutung diese Rechtsposition, müssen andere Schutzinstrumente gefunden werden. *Stuckenberg* schlägt einen alternativen Schutz über Menschenwürde, Rechtsstaatsprinzip und Grundrechte vor. *Bock* konkretisiert diesen Ansatz auf die Anwendung des allgemeinen Persönlichkeitsrechts. Auch *Gollwitzer*, *Esser* und *Eschke* sehen den Betroffenen über das allgemeine Persönlichkeitsrecht geschützt, gehen sogar davon aus, dass das allgemeine Persönlichkeitsrecht eine zweite, weit auszulegende Unschuldsvermutung neben der der EMRK begründet, die jedoch weniger schutzintensiv ist.

Diese alternativen Schutzinstrumentarien sollen im Rahmen der Entwicklung eines eigenen Lösungsvorschlags des Verfassers vertieft untersucht werden.

3. Zusammenfassung der diskutierten Lösungswege

Die Untersuchung der diskutierten Lösungsansätze zu der Frage, inwieweit sich die Unschuldsvermutung nach einem Freispruch im Strafverfahren auf außerstrafrechtliche Folgeverfahren auswirkt, ist zu folgendem Ergebnis gekommen:

Eine extensive Auslegung der Unschuldsvermutung in außerstrafrechtlichen Folgeverfahren wird vorrangig durch den EGMR vertreten. Mit dem in dem Urteil *Sekanina* begründeten Grundsatz, dass ein Freispruch im Strafverfahren die Eliminierung jedes Restverdachts für alle staatlichen Stellen nach sich zieht, schuf der EGMR eine Bindungswirkung des Freispruchs für außerstrafrechtliche Entscheidungsträger. Grundsätzlich wird der Angeklagte bzw. Freigesprochene demnach sowohl im Strafverfahren als auch außerhalb davon durch die Unschuldsvermutung geschützt. Von der Fortwirkung der Unschuldsvermutung wurden im Nachhinein allerdings Ausnahmen geschaffen, um Rechte Dritter nicht übermäßig einzuschränken. Grundsätzlich sperrt ein Freispruch nach der EGMR-Rechtsprechung nachgehende Verdachtsäußerungen. Bei Eingreifen eines Ausnahmetatbestandes kann der Restverdacht allerdings dennoch verwendet werden.

In der Literatur finden sich hingegen hauptsächlich Autoren, die ein restriktives Verständnis der Unschuldsvermutung befürworten. Nach diesen Ansichten ist die Unschuldsvermutung (im engeren Sinne) auf das Strafverfahren begrenzt. Außerhalb des Strafverfahrens – also auch im außerstrafrechtlichen Folgeverfahren nach einem Freispruch – wird der Betroffene durch allgemeine Rechtsschutzinstrumente wie das allgemeine Persönlichkeitsrecht geschützt. Nach einem Freispruch sind Verdachtsäußerungen demnach nur dann erlaubt, wenn ausreichend gewichtige Interessen anderer Personen diese rechtfertigen.

II. Lösungsvorschlag des Verfassers

Aufgrund der dogmatischen Klarheit und der möglichen Ausdifferenzierung sind die restriktiven Lösungsansätze aus der Literatur dem extensiven Verständnis des EGMR vorzuziehen. Die dargestellten Lösungsansätze der Literatur richten ihren Fokus auf die Grundkonzeption von Unschuldsvermutung und außerstrafrechtlichen Schutzinstrumenten. Nicht eingehend untersucht werden aber die Schutzbereiche und Voraussetzungen der außerstrafrechtlichen Schutzinstrumente selbst. Im Folgenden soll auf Basis der restriktiven Literaturansichten ein eigener Lösungsansatz des Verfassers entwickelt werden. Schwerpunkt dieses Abschnitts soll die Untersuchung von außerstrafrechtlichen Schutzinstrumenten sein.

1. Leitideen

Im Rahmen der Untersuchungen haben sich folgende Leitideen herauskristallisiert, die bei der Entwicklung eines Lösungsvorschlages beachtet werden sollen:

a. Die Unschuldsvermutung stammt originär aus dem Strafrecht

An erster Stelle steht die systematische Leitidee, dass die Unschuldsvermutung ein spezifisch strafprozessuales Instrument ist. Seit ihrer Geburtsstunde in der Epoche der Aufklärung wurde die Unschuldsvermutung immer im Bereich des Strafprozessrechts eingeordnet.[440] In diesem Rechtsgebiet ist sie sinnvoll, weil der Staat empfindlich in die Rechte der Bürger eingreift. Im Zivilrecht, wo es vorrangig um den Interessenausgleich gleichgestellter Bürger geht, gibt es grundsätzlich kein Interesse daran, eine Partei durch eine Vermutung für die Unschuld zu schützen. Das ginge immer zulasten der anderen Partei. Auch im Verwaltungsrecht, das dem Strafrecht zwar durchaus ähnlicher ist als das Zivilrecht, ergibt sich kein Anwendungsbereich für die Unschuldsvermutung, da es schon keinen strafenden Charakter hat. Das Verwaltungsrecht bezweckt u.a. eine effektive Gefahrenabwehr. Dabei spielt das Kriterium der Schuld keine Rolle. Eine Vermutung für die Unschuld ist folglich an dieser Stelle nicht sinnvoll.

Für die Entwicklung eines Lösungsansatzes gilt es, die Verortung der Unschuldsvermutung im Strafprozess zu achten. Außerhalb des Strafrechts hat sie grundsätzlich keine Bedeutung, denn hier gibt es zahlreiche andere Schutzmechanismen.

b. Eine Interessenabwägung muss den Schutzbereich der Unschuldsvermutung begrenzen können

Im Rahmen der vorstehenden Untersuchungen wurde außerdem immer wieder der Konflikt zwischen der Unschuldsvermutung und dem Opferschutz beleuchtet. Beide Verfahrensziele sind wichtig, können aber nicht gleichzeitig vollends verwirklicht werden. Je stärker der (mutmaßliche) Täter durch die Unschuldsvermutung geschützt wird, desto weniger Schutz kommt dem (mutmaßlichen) Opfer zu und umgekehrt.[441] Wer diesen Zusammenhang erkannt hat, wird bestrebt sein, einen Interessenausgleich zu schaffen. Bis auf den unantastbaren Kern der Unschuldsvermutung im Strafverfahren muss die schützenswerte Rechtsposition des Angeklagten bzw. Freigesprochenen also einer Abwägung gegen die Interessen des (mutmaßlichen) Opfers zugänglich sein.

c. Die Feststellung und Bewertung der Verdachtslage ist Teil eines rechtsstaatlichen Verfahrens

Schließlich ist eine wichtige Erkenntnis die, dass die Bewertung einer bestehenden Verdachtslage Teil des rechtsstaatlichen Verfahrens ist. Um zu einem richtigen Verfahrensergebnis zu kommen, muss der Sachverhalt umfassend

---

440 Siehe § 2 I.

441 Vgl. *Herrmann*, ZIS 2010, 236 (237).

festgestellt werden. Werden ganze Handlungsstränge nicht in den Sachverhalt aufgenommen, kann es nicht zu einer umfassenden Entscheidung kommen. Ist z.B. der Familienrichter gezwungen, einen bestehenden Missbrauchsverdacht zu ignorieren, so kann er keine sinnvolle Entscheidung für das Kindeswohl treffen. Für den Täter muss die Bewertung des Restverdachts im außerstrafrechtlichen Folgeverfahren außerdem auch nicht unbedingt negativ sein. Schließlich kann der Entscheidungsträger im Folgeverfahren den Verdacht auch entkräften. Viel schädlicher wäre es für den Betroffenen, wenn der Verdacht im Prozess „totgeschwiegen" würde, die Öffentlichkeit aber später ihre eigenen Schlüsse zieht. Denn die gründliche Auseinandersetzung mit allen Aspekten eines Sachverhalts verhilft einer Entscheidung erst zu allgemeiner Akzeptanz, die dann durchaus auch zugunsten von Verdächtigen wirken kann.

d. Die Idee von der Bindung des Zivilrichters an strafgerichtliche Feststellungen passt nicht in das deutsche Rechtsschutzsystem

Schließlich ist bei der Entwicklung eines Lösungsweges zu bedenken, dass die Bindung des Zivilrichters an strafgerichtliche Feststellungen dem deutschen System nicht entspricht. Der Grundsatz der freien Beweiswürdigung ist ein lange erkämpftes Gut, welches nicht ohne weiteres einzuschränken ist. Auch wenn es eine faktische Bindung an vorherige Urteile geben mag, ist eine starre Bindung ohne Korrekturmöglichkeit im deutschen Recht abzulehnen.[442] Das gilt ganz besonders für die Bindungswirkung des strafrechtlichen Freispruchs, die sich in außerstrafrechtlichen Folgeverfahren gegen (mutmaßliche) Opfer richten kann, ohne dass diesen Personen rechtliches Gehör gewährt wurde.

2. Konzept

a. Schutzbereich der Unschuldsvermutung

In Übereinstimmung mit den dargestellten Literaturmeinungen ist der Schutzbereich der Unschuldsvermutung auf den Bereich des Strafprozesses zu begrenzen. Im Strafverfahren schützt sie den Angeklagten subjektiv vor frühzeitigen Schuldfeststellungen und dient als objektive Verfahrensleitlinie. Ab Beendigung des Strafverfahrens verliert sie jedoch ihren Anknüpfungspunkt. Dieses restriktive Verständnis stimmt mit der Leitidee überein, dass die Unschuldsvermutung strafrechtsspezifisch ist und nicht ohne weiteres außerhalb des Strafprozesses ihre Wirkung entfalten kann.

---

442 Siehe § 4 und § 5 I 1.

b. *Ergänzender Schutz nach Abschluss des Strafverfahrens durch außerstrafrechtliche Instrumente*

Die Lücke, die durch die restriktive Auslegung der Unschuldsvermutung gegenüber der EGMR-Rechtsprechung in außerstrafrechtlichen Folgeverfahren entsteht, ist durch außerstrafrechtliche Instrumente auszufüllen. Mögliche Schutzinstrumente sind die Menschenwürdegarantie, das allgemeine Persönlichkeitsrecht, sonstige Grundrechte, das Rechtsstaatsprinzip und der Grundsatz der Verhältnismäßigkeit. Im Folgenden soll geprüft werden, wie die genannten Schutzinstrumente genau wirken und welche davon die Unschuldsvermutung außerhalb des Strafprozesses am besten ergänzen können.

aa. *Menschenwürdegarantie*

(1) *Schutzbereich*

Art. 1 Abs. 1 GG erklärt die Würde des Menschen für unantastbar. Die Menschenwürde als „Höchstwert der Verfassung“[443] betont den Eigenwert eines jeden Menschen gegenüber dem Staat und der Gesellschaft.[444] Dieser Bedeutungsgehalt ist ein tragendes Konstitutionsprinzip und damit die Basis für das grundrechtliche Wertesystem und strahlt auch in die einzelnen Freiheitsrechte aus.[445] Der „Menschenwürdekern“, den alle Grundrechte mehr oder weniger in sich tragen, ist bei dem allgemeinen Persönlichkeitsrecht besonders ausgeprägt.[446]

Die Verletzung der Menschenwürde betrifft aufgrund dieser Konzeption in der Regel auch speziellere Grundrechte. So wird z.B. bei der Verletzung des allgemeinen Persönlichkeitsrechts teilweise auch die Menschenwürde tangiert.[447] In Bezug auf Verdachtsäußerungen durch staatliche Stellen ist also zu bedenken, dass neben dem allgemeinen Persönlichkeitsrecht immer auch die Menschenwürdegarantie betroffen sein kann. Allerdings kommt es auf die

---

443 Münch/Kunig/*Kunig*, Art. 1 GG, Rn. 4; Maunz/Dürig/*Herdegen*, Art. 1 Abs. 1 GG, Rn. 4.

444 Maunz/Dürig/*Herdegen*, Art. 1 Abs. 1 GG, Rn. 1.

445 Ständige Rechtsprechung: *BVerfG*, Beschl. v. 20.06.2012 – 2 BvR 1048/11, Rn. 70; Urt. v. 03.03.2004 – 1 BvR 2378/98, 1 BvR 1084/99, Rn. 119; Urt. v. 19.12.2000 – 2 BvR 1500/97, Rn. 80; Urt. v. 16.01.1957 – 1 BvR 253/56, Rn. 15.

446 Münch/Kunig/*Kunig*, Art. 1 GG, Rn. 10; Maunz/Dürig/*Herdegen*, Art. 1 Abs. 1 GG, Rn. 26; vgl. *Zacharias*, NJW 2001, 2950.

447 Maunz/Dürig/*Herdegen*, Art. 1 Abs. 1 GG, Rn. 29; vgl. BeckOK GG/*Hillgruber*, Art. 1 GG, Rn. 9.

spezifische Verletzung von Art. 1 Abs. 1 GG nur dann an, wenn der betroffenen Person die Anerkennung als gleichberechtigtes Mitglied in der sozialen Gemeinschaft oder die Achtung als Mensch jedenfalls teilweise abgesprochen wird.[448] Mit den Worten des BVerfG im Urteil zum „großen Lauschangriff“:

> *„Das Bundesverfassungsgericht hat wiederholt betont, dass es mit der Würde des Menschen nicht vereinbar ist, ihn zum bloßen Objekt der Staatsgewalt zu machen (vgl. BVerfGE 30, 1 <25 f. und 39 ff.>; 96, 375 <399>). So darf ein Straftäter nicht unter Verletzung seines verfassungsrechtlich geschützten sozialen Wert- und Achtungsanspruchs behandelt und dadurch zum bloßen Objekt der Verbrechensbekämpfung und Strafvollstreckung gemacht werden (vgl. BVerfGE 45, 187 <228>; 72, 105 <116>).*
>
> *Allerdings sind der Leistungskraft der Objektformel auch Grenzen gesetzt (vgl. BVerfGE 30, 1 <25>). Der Mensch ist nicht selten bloßes Objekt nicht nur der Verhältnisse und der gesellschaftlichen Entwicklung, sondern auch des Rechts, dem er sich zu fügen hat. Die Menschenwürde wird nicht schon dadurch verletzt, dass jemand zum Adressaten von Maßnahmen der Strafverfolgung wird, wohl aber dann, wenn durch die Art der ergriffenen Maßnahme die Subjektqualität des Betroffenen grundsätzlich in Frage gestellt wird. Das ist der Fall, wenn die Behandlung durch die öffentliche Gewalt die Achtung des Wertes vermissen lässt, der jedem Menschen um seiner selbst willen zukommt. Solche Maßnahmen dürfen auch nicht im Interesse der Effektivität der Strafrechtspflege und der Wahrheitserforschung vorgenommen werden.“*[449]

Die Hürde für eine Menschenwürdeverletzung ist also sehr hoch, was vor dem Hintergrund der Unantastbarkeit – sprich Abwägungsfreiheit – nur konsequent erscheint.

(2) Bewertung

Als alternatives Schutzinstrument für den Freigesprochenen im außerstrafrechtlichen Folgeverfahren vor Verdachtsäußerungen des Entscheidungsträgers ist die Menschenwürdegarantie aus Art. 1 Abs. 1 GG nur bedingt geeignet. Gegen die Menschenwürde verstößt eine Verdachtsäußerung nur dann, wenn sie die Subjektqualität des Betroffenen in Frage stellt, bzw. durchscheinen lässt, dass der Entscheidungsträger dem Betroffenen nicht die Achtung entgegenbringt, die einem jeden Menschen zusteht. Denkbar ist ein solcher Fall möglicherweise, wenn eine Verdachtsäußerung zum einen nur sehr vage begründet und zum anderen extrem beeinträchtigend für den Betroffenen ist. Außerdem

448 Münch/Kunig/*Kunig*, Art. 2 GG, Rn. 37; vgl. *BVerfG*, Beschl. v. 04.02.2010 – 1 BvR 369/04, 1 BvR 370/04, 1 BvR 371/04, Rn. 31; vgl. *OLG Köln*, Urt. v. 06.11.2012 – I-15 U 97/12, 15 U 97/12 (Kachelmann), Rn. 99 f.

449 *BVerfG*, Urt. v. 03.03.2004 – 1 BvR 2378/98, 1 BvR 1084/99, Rn. 120 f.

dann, wenn die Verdachtswiederholung zur reinen Schikane des Betroffenen stattfindet. Jedenfalls kann davon ausgegangen werden, dass es in der Praxis nur äußerst selten Fälle geben wird, in denen die Menschenwürdegarantie den Schutz der fortwirkenden Unschuldsvermutung ersetzen kann.

Die Menschenwürde ist darüber hinaus keiner Abwägung gegen Interessen Dritter zugänglich – sie ist unantastbar. Aufgrund dieser Eigenschaft scheidet die Menschenwürdegarantie als alternatives Schutzinstrument nach den oben formulierten Leitlinien für einen Lösungsvorschlag aus.

Zusammenfassend kann gefolgert werden, dass die Menschenwürde eine äußerste Grenze für Verdachtsäußerungen in außerstrafrechtlichen Folgeverfahren nach einem Freispruch bildet. Neben der Unschuldsvermutung bildet sie einen „Schutzwall zugunsten des Achtungsanspruchs des Beschuldigten [bzw. Freigesprochenen]".[450] Darüber hinaus wirkt die Menschenwürde in andere Grundrechte hinein und entfaltet so eine schützende Wirkung für den Freigesprochenen im Folgeverfahren. Das gilt ganz besonders im Zusammenhang mit dem allgemeinen Persönlichkeitsrecht, welches im Folgenden noch genauer dargestellt wird. Als alleinige Alternative für eine fortwirkende Unschuldsvermutung kann sie aber nicht fungieren.

bb. Allgemeines Persönlichkeitsrecht

(1) Schutzbereich

Das allgemeine Persönlichkeitsrecht wird aus Art. 2 Abs. 1 i.V.m. Art. 1 Abs. 1 GG hergeleitet und steht als ungeschriebenes Freiheitsrecht gleichrangig neben den anderen Freiheitsrechten.[451] Die richterrechtliche Entwicklung des allgemeinen Persönlichkeitsrechts diente dazu zu verhindern, dass alle Fallgruppen von Persönlichkeitsbeeinträchtigungen in den Schutzbereich der allgemeinen Handlungsfreiheit aus Art. 2 Abs. 1 GG fallen. Dann würden Persönlichkeitsbeeinträchtigungen gleich welcher Intensität einheitlich behandelt und es gäbe eine „nivellierende Einebnung" des Grundrechteschutzes in diesem Bereich. Durch die Verbindung mit der Menschenwürdegarantie schützt das allgemeine Persönlichkeitsrecht spezifisch die Freiheit, seine private Sphäre selbstständig zu gestalten. Anders als Art. 1 Abs. 1 GG ist das allgemeine Persönlichkeitsrecht beschränkbar; anders als Art. 2 Abs. 1 GG stellt es erhöhte Anforderungen an die Beschränkbarkeit.[452]

---

450 So: *Haberstroh*, NStZ 1984, 289 (290).
451 Sachs/*Murswiek/Rixen*, Art. 2 GG, Rn. 64.
452 Münch/Kunig/*Kunig*, Art. 2 GG, Rn. 30 ff.

Der Schutzbereich dieses Grundrechts ist schwer zu greifen. Das BVerfG hat in langjähriger Rechtsprechung Fallgruppen entwickelt, in denen das allgemeine Persönlichkeitsrecht seine Wirkung entfaltet.[453]

Eine dieser Fallgruppen ist der Schutz des sozialen Geltungsanspruchs, worunter insbesondere der Ehrschutz fällt.[454] Die Konfrontation des Freigesprochenen mit dem bestehenden Restverdacht in einer öffentlichen Verhandlung betrifft dessen Bild in der Öffentlichkeit. Eine solche Verdachtsäußerung kann den Ehrschutz betreffen. Der Schutz des sozialen Geltungsanspruchs umfasst außerdem den Schutz vor unwahren Behauptungen. In Bezug auf Verdachtsmomente kann dies relevant sein, da ein Verdacht sich im Nachhinein möglicherweise als unwahre Behauptung herausstellt.

Eine weitere Fallgruppe des allgemeinen Persönlichkeitsrechts ist der Schutz der personalen Identität und der freien Entfaltung der Persönlichkeit, woraus sich unter anderem ein Recht auf Resozialisierung ergibt.[455] Ehemalige Strafgefangene sollen nicht aufgrund ihrer sozialen Stigmatisierung durch die Verurteilung dauerhaft aus der Gesellschaft ausgeschlossen werden.[456] Ein solches Recht muss vor allem dann bestehen, wenn eine Person sogar freigesprochen wurde.

Das allgemeine Persönlichkeitsrecht ist grundsätzlich nach der Schrankentrias des Art. 2 Abs. 1 GG einschränkbar. Aufgrund des Inhalts des allgemeinen Persönlichkeitsrechts kommen Verstöße gegen das Sittengesetz und gegen Rechte Dritter aber nicht in Betracht, sodass es i.E. bei einem einfachen Gesetzesvorbehalt bleibt.[457] Im Rahmen der verfassungsrechtlichen Rechtfertigung ist zu beachten, dass der Kernbereich des allgemeinen Persönlichkeitsrechts nicht einschränkbar, also keiner Abwägung zugänglich ist. Das resultiert aus der Überschneidung des Schutzbereichs mit dem der

---

453 Sachs/*Murswiek/Rixen*, Art. 2 GG, Rn. 65; vgl. Münch/Kunig/*Kunig*, Art. 2 GG, Rn. 34 ff.; *Zacharias*, NJW 2001, 2950 (2950 f.).

454 Sachs/*Murswiek/Rixen*, Art. 2 GG, Rn. 74; Münch/Kunig/*Kunig*, Art. 2 GG, Rn. 35; kritisch: *Zacharias*, NJW 2001, 2950 (2951): Diese sieht den Ehrschutz als statischen Teil der Persönlichkeit bei Art. 1 Abs. 1 GG verortet; Das allgemeine Persönlichkeitsrecht schütze den dynamischen Teil der Persönlichkeit.

455 Münch/Kunig/*Kunig*, Art. 2 GG, Rn. 36; zum Interessenkonflikt zwischen Rundfunkfreiheit und dem Recht auf Resozialisierung: *BVerfG*, Urt. v. 05.06.1973 – 1 BvR 536/72.

456 *Haberstroh*, NStZ 1984, 289 (290 f.): keine "Etikettierung" als Krimineller; Maunz/Dürig/*Herdegen*, Art. 1 Abs. 1 GG, Rn. 118.

457 Sachs/*Murswiek/Rixen*, Art. 2 GG, Rn. 103.

unantastbaren Menschenwürde.[458] Im Übrigen gilt der Grundsatz der Verhältnismäßigkeit.[459]

(2) Bewertung

Aus den konkreten Ausformungen des allgemeinen Persönlichkeitsrechts ergibt sich, dass der Freigesprochene ein Recht hat, in außerstrafrechtlichen Folgeverfahren nicht mehr mit dem Restverdacht aus dem freisprechenden Urteil konfrontiert zu werden.

Eine solche Wiederholung der überbliebenen Verdachtsmomente außerhalb des Strafverfahrens führt zu einer starken sozialen Belastung des Betroffenen. Zum einen sieht er sich selbst in einem neuen Prozess mit alten Vorwürfen konfrontiert. Diese erneute Konfrontation ist als starke psychische Belastung zu bewerten, insbesondere dann, wenn der Freigesprochene tatsächlich unschuldig ist. Zum anderen prägen die Verdachtsäußerungen das Bild des Betroffenen in der Öffentlichkeit. Die breite Öffentlichkeit kennt die Unterscheidung von strafrechtlicher und zivil- bzw. verwaltungsrechtlicher Verantwortung nicht. Wenn in einem außerstrafrechtlichen Folgeverfahren Verdachtsmomente wiederaufgegriffen werden, sind diese automatisch wieder im Zentrum der Aufmerksamkeit und führen zu einer sozialen Isolation des Betroffenen. Dieses Phänomen wird verstärkt durch das Interesse der Presse an einer möglichst aufsehenerregenden Berichterstattung. Verdachtsäußerungen sind daher geeignet, den sozialen Geltungsanspruch des Betroffenen zu mindern und diesen aus der Gesellschaft auszuschließen. Sehr einprägsam verdeutlicht wurde dieses gesellschaftliche Phänomen in den jüngsten Ereignissen der „#MeToo-Bewegung". Diese Wirkung läuft dem Recht des Betroffenen entgegen, selbst bestimmen zu dürfen, welches Bild die Öffentlichkeit von ihm haben soll. Die Tatsache, dass Verdachtsmomente sich ihrer Natur nach möglicherweise im Nachhinein als unwahr herausstellen können, verstärkt die Schutzbedürftigkeit des Betroffenen. Dieser hat das Recht, nicht mit unwahren Behauptungen konfrontiert zu werden.

Das allgemeine Persönlichkeitsrecht umfasst außerdem auch das Recht ehemaliger Strafgefangener auf Resozialisierung, welches dem Freigesprochenen erst recht zustehen muss. Der Angeklagte eines Strafverfahrens befindet sich während des Strafverfahrens in einer sozial exponierten Ausnahmelage. Oft hat sich die Öffentlichkeit schon vor Urteilsfindung ein Bild über den Angeklagten

458 Sachs/*Murswiek/Rixen*, Art. 2 GG, Rn. 103; Münch/Kunig/*Kunig*, Art. 2 GG, Rn. 43.
459 Münch/Kunig/*Kunig*, Art. 2 GG, Rn. 43.

gemacht. Kommt es zu einem Freispruch, gewährt das allgemeine Persönlichkeitsrecht dem Betroffenen das Recht, wieder Teil der Gesellschaft zu werden. Verdachtsäußerungen im Nachhinein des Strafverfahrens verhindern diese Integration.

Zusammenfassend lässt sich also feststellen, dass das allgemeine Persönlichkeitsrecht den Freigesprochenen davor schützt, dass in außerstrafrechtlichen Folgeverfahren Bezugnahmen auf den Restverdacht erfolgen.

Bis auf den absoluten Kern des Persönlichkeitsrechts ist dieses allerdings aufgrund Gesetzes einschränkbar. Wenn berechtigte Interessen daran bestehen, dass der Verdacht auch im außerstrafrechtlichen Folgeverfahren noch verwendet wird und diese Interessen eine gesetzliche Grundlage haben, kann das allgemeine Persönlichkeitsrecht des Freigesprochenen diesen Interessen gegenüber zurücktreten. Kernpunkt der durchzuführenden Abwägung ist die Prüfung der Verhältnismäßigkeit zwischen dem Rechtsgewinn aufseiten der beteiligten dritten Person und dem Verlust des Persönlichkeitsschutzes aufseiten des Freigesprochenen.

Das allgemeine Persönlichkeitsrecht bildet eine starke Schutzposition zugunsten des Freigesprochenen, welche allerdings die Abwägung gegen Interessen Dritter an der Verdachtsverwertung zulässt.

cc. Weitere Grundrechte

(1) Schutzbereich

Je nach den Umständen des Einzelfalles können auch weitere Grundrechte des Freigesprochenen dagegen sprechen, dass der Restverdacht aus dem Strafverfahren im außerstrafrechtlichen Folgeverfahren wiederholt wird. In einem Disziplinarverfahren kann z.B. die Berufsfreiheit gegen die Verdachtsäußerung sprechen, in einem Sorgerechtsstreit das Elternrecht des Betroffenen. Die Zulässigkeit der Verdachtsäußerung muss sich dann auch an den Schranken des jeweiligen Grundrechts messen. Welches konkrete Grundrecht neben dem allgemeinen Persönlichkeitsrecht für den Freigesprochenen streitet, richtet sich sehr stark nach der konkreten Gestaltung des einzelnen Sachverhalts. Im Rahmen der Anwendung des Lösungsvorschlags auf die einzelnen Fallgruppen werden die wichtigsten Grundrechte erläutert.[460]

Zu beachten sind hier auch die sich aus der EMRK und dem IPbpR ergebenden Grundrechte, die als einfaches Recht auch für den Freigesprochenen sprechen können. In der konkreten Prüfung werden diese ihre Wirkung in aller

460 Siehe § 5 III.

Regel aber nicht entfalten, da die Grundrechte der Verfassung den jeweiligen Schutzbereich bereits abdecken.

(2) Bewertung

Die Rechte des Freigesprochenen im außerstrafrechtlichen Folgeverfahren werden neben dem allgemeinen Persönlichkeitsrecht auch durch sonstige Grundrechte geschützt. Im spezifischen Einzelfall kann dieser Schutz noch zielgerichteter sein als der Schutz durch das allgemeine Persönlichkeitsrecht. Aus diesem Grund ist die Prüfung sonstiger Grundrechte nicht zu unterschätzen.

dd. Rechtsstaatsprinzip

(1) Schutzbereich

Das Rechtsstaatsprinzip[461] als tragendes Prinzip der Verfassung zielt auf einen Staat, der seine Herrschaft nur aufgrund und im Rahmen des Rechts ausübt.[462] Dieser Aussagegehalt unterstützt die Idee davon, den Freigesprochenen im Rahmen seiner Grundrechte zu schützen. Fraglich ist aber, ob sich aus dem Rechtsstaatsprinzip selbst ein konkreter Schutz für den Freigesprochenen vor Verdachtsäußerungen durch staatliche Stellen ergibt.

Ausdrücklich wird das Rechtsstaatsprinzip nur in Art. 28 Abs. 1 GG genannt, einzelne Teilbereiche sind in Art. 20 Abs. 2 Satz 2 und Abs. 3 geregelt. Darüber hinaus konkretisieren weitere Normen des GG das Rechtsstaatsprinzip, insbesondere die Grundrechte. Die Gewährung von Abwehrrechten des Bürgers gegen den Staat ist ein zentraler Regelungsbereich des Rechtsstaatsprinzips.[463] Wichtige Einzelgewährleistungen des Rechtsstaatsprinzips sind im Übrigen der Grundsatz der Gewaltenteilung, die Rechtsbindung der öffentlichen Gewalt, der Grundsatz der Rechtssicherheit und des Vertrauensschutzes, der Grundsatz der Verhältnismäßigkeit und die Gewährung von Rechtsschutz für die Bürger.[464] Aufgrund der Nennung der drei Gewalten und deren Bindung

---

461 Lesenswert zum Spannungsverhältnis zwischen Rechtsstaat und Demokratie vor dem Hintergrund aktueller politischer und sozialer Schwierigkeiten: *Voßkuhle*, NJW 2018, 3154; kompakte Übersicht zum Rechtsstaatsprinzip: *Voßkuhle/Kaufhold*, JuS 2010, 116.

462 BeckOK GG/*Huster/Rux*, Art. 20 GG, Rn. 138.

463 Vgl. BeckOK GG/*Huster/Rux*, Art. 20 GG, Rn. 140.

464 Vgl. BeckOK GG/*Huster/Rux*, Art. 20 GG, Rn. 138 ff.

an das Recht wird Art. 20 Abs. 3 GG als die zentrale Norm des Rechtsstaatsprinzips verstanden.[465]

In Bezug auf den Schutz des Freigesprochenen in außerstrafrechtlichen Folgeverfahren vor Verdachtsäußerungen kommen verschiedene Einzelgewährleistungen des Rechtsstaatsprinzips in Betracht:

Die Bindung der Rechtsprechung und der Verwaltung an Gesetz und Recht beinhaltet insbesondere die Pflicht, die Grundrechte des Freigesprochenen zu achten. Relevant sind hier vor allem das allgemeine Persönlichkeitsrecht, teilweise weitere konkret betroffene Grundrechte und in Grenzfällen auch die Garantie der Menschenwürde. Primär wird der Freigesprochene durch die konkreten Grundrechte vor Verdachtsäußerungen geschützt. Man kann den Schutz, den das Rechtsstaatsprinzip durch die Bestärkung dieser Rechte entfaltet, sekundär nennen.

Denkbar wäre es außerdem, dass der Freigesprochene sich im Fall von Verdachtsäußerungen nach seinem Freispruch auf die rechtsstaatlichen Gewährleistungen von Rechtssicherheit und Vertrauensschutz berufen kann. Dazu müsste der Freispruch durch den Strafrichter einen Vertrauenstatbestand dergestalt geschaffen haben, dass der Freigesprochene nicht mehr damit rechnen musste, mit der betreffenden Tat in Verbindung gebracht zu werden. Ein solcher Vertrauenstatbestand würde aber eine weitgehende Bindung von staatlichen Entscheidungsträgern an den Freispruch bedeuten, der aus ausführlich dargestellten Gründen im deutschen Recht nicht denkbar ist.[466]

Schließlich ist auch der Grundsatz der Verhältnismäßigkeit ein Auswuchs des Rechtsstaatsprinzips. Zu diesem Grundsatz soll allerdings im Folgenden noch separat Stellung genommen werden. Aus diesem Grund wird er an dieser Stelle nicht näher erörtert.

(2) Bewertung

Das Rechtsstaatsprinzip entfaltet eine Schutzwirkung zugunsten des Freigesprochenen vor weiterer Konfrontation mit dem Restverdacht dahingehend, dass es Rechtsprechung und Verwaltung an die Grundrechte des Freigesprochenen bindet. In dieser Funktion entfaltet es allerdings nur sekundär über die einzelnen Grundrechte seine schützende Wirkung. Konkrete Gewährleistungen aus dem Rechtsstaatsprinzip selbst, die den Freigesprochenen vor weiteren Verdachtsäußerungen schützen, sind nicht ersichtlich. Insbesondere kann kein

465 BeckOK GG/*Huster/Rux*, Art. 20 GG, Rn. 164.

466 Siehe § 4 und § 5 I 1.

Vertrauensschutz angenommen werden, der dazu führt, dass außerstrafrechtliche Entscheidungsträger an den Freispruch gebunden werden.

ee. Grundsatz der Verhältnismäßigkeit

(1) Schutzbereich

Zentraler Aussagegehalt des Grundsatzes der Verhältnismäßigkeit im Zusammenhang mit dem Grundrechteschutz ist der, dass Grundrechte zum einen einschränkbar sein müssen, diese Einschränkungen zum anderen aber so begrenzbar sein müssen, dass der grundrechtliche Schutz nicht vereitelt wird. Der Verhältnismäßigkeitsgrundsatz ist daher ein Übermaßverbot.[467] Der Grundsatz der Verhältnismäßigkeit ergibt sich einerseits schon aus den Grundrechten selbst und andererseits aus dem vorgehend besprochenen Rechtsstaatsprinzip.[468]

Im Rahmen der Grundrechteprüfung durch den gerichtlichen oder verwaltungsrechtlichen Entscheidungsträger im Folgeverfahren streitet der Verhältnismäßigkeitsgrundsatz also für den Freigesprochenen. Seine Grundrechte, insbesondere das allgemeine Persönlichkeitsrecht, sind nur insoweit aufgrund der Interessen Dritter einschränkbar, wie es noch verhältnismäßig ist. Die Verhältnismäßigkeit bezieht sich hierbei auf die Relation von Grundrechtseinbuße aufseiten des Freigesprochenen und Grundrechtsgewinn aufseiten des betroffenen Dritten.

Zu beachten ist aber, dass der Grundsatz der Verhältnismäßigkeit auch gegen den Freigesprochenen sprechen kann, da es sich um einen allgemeinen Grundsatz handelt, der auch bei der Einschränkung der Grundrechte eines betreffenden Dritten zu beachten ist.[469] Wenn es keinen solchen Drittbetroffenen gibt, was z.B. im Verwaltungsverfahren möglich ist, ist der Grundsatz der Verhältnismäßigkeit jedoch nur in die eine Richtung zugunsten des Freigesprochenen zu werten.

---

467 Vgl. BeckOK GG/*Huster/Rux*, Art. 20 GG, Rn. 189; lesenswert zum Grundsatz der Verhältnismäßigkeit im Privatrecht: *Medicus*, AcP 1992, 35; lesenswert zum Grundsatz der Verhältnismäßigkeit in der europäischen Rechtsprechung: *Nußberger*, NVwZ-Beilage 2013, 36.

468 BeckOK GG/*Huster/Rux*, Art. 20 GG, Rn. 190 m.w.N. aus der Rechtsprechung des BVerfG.

469 Vgl. *Haberstroh*, NStZ 1984, 289 (290).

(2) Bewertung

Der Grundsatz der Verhältnismäßigkeit ist ein allgemeines Schutzinstrument, das den Betroffenen einer Grundrechtseinschränkung vor einer übermäßigen Beeinträchtigung schützt. Grundrechtseingriffe sind nur insoweit rechtfertigungsfähig, wie sie zur Erreichung des legitimen Zwecks geeignet, erforderlich und angemessen sind. Im Falle der Verdachtsäußerung in einem Folgeverfahren nach einem Freispruch stehen sich oft die grundrechtlichen Interessen von dem Freigesprochenen und einer dritten Person, z.B. des mutmaßlichen Opfers der Straftat, gegenüber. Zwischen den Grundrechten des Freigesprochenen und des Dritten muss hier ein Ausgleich gefunden werden. Der Grundsatz der Verhältnismäßigkeit schützt bei diesem Ausgleich die Person, die grundrechtliche Einbußen machen muss – das kann auf beiden Seiten der Fall sein.

Schlussendlich ist der Grundsatz der Verhältnismäßigkeit ein Schutzinstrument des Freigesprochenen, das allerdings nicht ausschließlich zu seinen Gunsten wirken kann. Es wirkt darüber hinaus nicht aus sich selbst heraus, sondern im Rahmen der Grundrechteprüfung und kann daher wie das Rechtsstaatsprinzip als sekundäres Schutzinstrument bezeichnet werden.

ff. Ergebnis

Die nähere Untersuchung der einzelnen außerstrafrechtlichen Schutzinstrumente für den Freigesprochenen vor Verdachtsäußerungen hat offenbart, dass es sich nicht um einzeln zu betrachtende Instrumente sondern ein ausdifferenziertes verfassungsrechtliches Schutzsystem handelt, bei dem sich die Bestandteile jeweils ergänzen. Nachdem der Schutz durch die Unschuldsvermutung mit Verfahrensbeendigung durch den Freispruch beendet wurde, greift das verfassungsrechtliche Schutzsystem:

In erster Linie wird der Freigesprochene durch das allgemeine Persönlichkeitsrecht vor weiteren Verdachtsäußerungen geschützt. Je nach den Umständen des Einzelfalles stellen Verdachtsäußerungen aber auch einen Eingriff in sonstige Grundrechte des Freigesprochenen dar. Betroffen sein kann z.B. das Grundrecht der Berufsfreiheit. Sind solche Grundrechte betroffen, entwickeln auch diese eine spezifische Schutzwirkung für den Freigesprochenen vor der betreffenden Verdachtsäußerung. Der Schutz durch das allgemeine Persönlichkeitsrecht und die sonstigen Grundrechte ist von dem Grundsatz der Verhältnismäßigkeit geprägt und lässt in aller Regel eine Abwägung der Interessen zu.

Ergänzend bildet die Menschenwürde eine äußerste Grenze für entwürdigende Verdachtsäußerungen. Ist dieser Kernbereich des Persönlichkeitsschutzes betroffen, ist keinerlei Abwägung mehr zulässig.

Sekundär – d.h. mittelbar über den allgemeinen Grundrechtsschutz – streitet auch das Rechtsstaatsprinzip für den Freigesprochenen.

3. Bewertung des Ergebnisses mit Blick auf die Umsetzung der Leitideen

Die Zusammenwirkung von Grundrechten und verfassungsrechtlichen Prinzipien in einem ausdifferenzierten Schutzsystem macht die Ausweitung der Unschuldsvermutung über das Strafverfahren hinaus im deutschen Recht entbehrlich. Ergebnis dieser Untersuchung ist, dass die Unschuldsvermutung ihre Wirkung nur im Strafverfahren entfaltet. Ab Beendigung des Strafverfahrens durch den Freispruch wirkt das besagte verfassungsrechtliche Schutzsystem für den Freigesprochenen. Ein solcher Lösungsweg überzeugt im Hinblick auf die vorab aufgestellten Leitideen:

(1) Die Unschuldsvermutung stammt originär aus dem Strafrecht
Der Lösungsweg beachtet die spezifische Verbindung der Unschuldsvermutung zum Strafverfahren, indem ihr Schutz auf eben dieses Verfahren beschränkt wird. Fehleranfällige Auseinandersetzungen mit dem „*link*-Erfordernis" oder den Ausnahmetatbeständen der *Sekanina*-Rechtsprechung sind entbehrlich.

(2) <u>Eine Interessenabwägung muss den Schutzbereich der Unschuldsvermutung begrenzen können</u>
Im Rahmen des Schutzsystems ist eine Abwägung der Interessen des Freigesprochenen mit denen dritter Personen unter Beachtung des Grundsatzes der Verhältnismäßigkeit möglich. Absolute Grenze bildet dabei nur die Menschenwürdegarantie für den Kern des Persönlichkeitsrechts; hier ist keine Abwägung möglich.

(3) <u>Die Feststellung und Bewertung der Verdachtslage ist Teil eines rechtsstaatlichen Verfahrens</u>
Die Bewertung der Verdachtslage als Teil des rechtsstaatlichen Verfahrens ist möglich, wenn die Interessen einer betroffenen Person es gegenüber den Interessen des Freigesprochenen rechtfertigen.

(4) <u>Die Idee von der Bindung des Zivilrichters an strafgerichtliche Feststellungen passt nicht in das deutsche Rechtsschutzsystem</u>
Der Lösungsweg funktioniert ohne eine verpflichtende Bindung des Entscheidungsträgers in dem Folgeverfahren an die strafgerichtlichen Feststellungen. Die freiwillige Befolgung der Feststellungen bleibt möglich.

Die praktische Anwendung dieses Lösungsvorschlags soll anschließend unter dem Gliederungspunkt § 5 III vorgeführt werden. In § 6 folgt schließlich die Auseinandersetzung mit der Frage, ob der vorgeschlagene Lösungsweg den Anforderungen des EGMR genügt und welche konkreten Anforderungen daraus für die Praxis resultieren.

4. Übersicht Schutzsystem

Welche rechtlichen Schutzinstrumente schützen den aus Mangel an Beweisen im Strafverfahren Freigesprochenen in außerstrafrechtlichen Folgeverfahren vor der Konfrontation mit dem Restverdacht?

Schutzinstrument	**Anwendbarkeit**	**Schutzwirkung**
Unschuldsvermutung	(-) Der Schutz durch die Unschuldsvermutung endet grundsätzlich mit dem Strafverfahren; nach der Beendigung des Strafverfahrens durch den Freispruch müssen außerstrafrechtliche Schutzinstrumente eingreifen	
Garantie der Menschenwürde	(+)	Der Entscheidungsträger im Folgeverfahren darf den Freigesprochenen durch die Konfrontation mit dem Restverdacht nicht seiner Subjektqualität berauben; ist diese Grenze erreicht, ist die Verdachtsäußerung unzulässig (absoluter Schutz, keine Abwägung gegen Interessen Dritter); diese Schutzwirkung wird nur in Extremfällen relevant

Schutzinstrument	**Anwendbarkeit**	**Schutzwirkung**
Allgemeines Persönlichkeitsrecht (i.V.m. Verhältnismäßigkeitsgrundsatz)	(+)	Verdachtsäußerungen in außerstrafrechtlichen Folgeverfahren nach dem Freispruch verstoßen regelmäßig gegen Aspekte des allgemeinen Persönlichkeitsrechts → Wenn die Verdachtsäußerung den Kernbereich des Persönlichkeitsrechts berührt, ist sie immer unzulässig, hier überschneiden sich die Schutzbereiche von Menschenwürde und allgemeinem Persönlichkeitsrecht mit der Folge, dass keine Abwägung gegen Interessen Dritter stattfinden kann → Wenn die Verdachtsäußerung nur den allgemeinen Bereich tangiert, kommt es auf die Abwägung der Interessen des Freigesprochenen gegen die Interessen Dritter unter Beachtung des Grundsatzes der Verhältnismäßigkeit an
Spezielle Grundrechte (i.V.m. Verhältnismäßigkeitsgrundsatz)	(+) je nach Einzelfall	Spezielle Grundrechte können der Verdachtsäußerung gegen den Freigesprochenen im außerstrafrechtlichen Folgeverfahren entgegenstehen; in der Regel kommt es zur Abwägung der entgegenstehenden Interessen unter Berücksichtigung des Verhältnismäßigkeitsgrundsatzes
Rechtsstaatsprinzip	(+)	Das Rechtsstaatsprinzip verpflichtet Rechtsprechung und Verwaltung zur Achtung von Gesetz und Recht und konkretisiert sich insbesondere in den Grundrechten des Freigesprochenen sowie in der Geltung des Grundsatzes der Verhältnismäßigkeit → Sekundäre Schutzwirkung

(*Fortsetzung auf nächster Seite*)

Schutzinstrument	Anwendbarkeit	Schutzwirkung
Grundsatz der Verhältnismäßigkeit	(+)	Der Grundsatz der Verhältnismäßigkeit schützt den Freigesprochenen vor einer übermäßigen Grundrechtseinbuße aufgrund der Interessen und Rechte Dritter; der Schutz des Verhältnismäßigkeitsgrundsatzes entfaltet sich in der Grundrechteprüfung → Sekundäre Schutzwirkung

III. Anwendung des Lösungsvorschlags auf die oben gebildeten Fallgruppen

Der hier von dem Verfasser befürwortete Lösungsweg soll im Folgenden auf die in § 4 gebildeten Fallgruppen angewendet werden. Anhand dieser Anwendung soll geprüft werden, ob sich der Lösungsweg sinnvoll umsetzen lässt und zu überzeugenden Ergebnissen gelangt. Bei den Fallgruppen handelt es sich nicht um den abschließenden Regelungsbereich des Lösungsvorschlags. Vielmehr sollen nur die gängigsten und praktisch interessantesten Fallgruppen übersichtlich dargestellt werden.

1. Fallgruppe 1: Zivilrechtliche Schadensersatzprozesse

Kommt es nach einem freisprechenden Strafurteil zu einem zivilrechtlichen Schadensersatzprozess, wird der Freigesprochene zum Beklagten und das mutmaßliche Opfer der Straftat zum Kläger.[470] Mit Hinblick auf die Frage, ob der Restverdacht aus dem Strafverfahren im Folgeprozess verwertet werden darf, gibt es zwei grundrechtlich geschützte Positionen:

- Der Kläger hat ein Interesse an der Verwertung der Verdachtsmomente, um seinen zivilrechtlichen Anspruch zu stützen. Dieser ist verfassungsrechtlich durch Art. 14 Abs. 1 GG geschützt. Darüber hinaus steht dem Kläger rechtliches Gehör zu, Art. 103 Abs. 1 GG.
- Der Beklagte hat ein Interesse an der Außerachtlassung des Verdachts. Diese Rechtsposition ist verfassungsrechtlich durch das allgemeine Persönlichkeitsrecht aus Art. 1 Abs. 1 GG i.V.m. Art. 2 Abs. 1 GG geschützt.

---

470 Denkbar sind auch Fälle, in denen der Freigesprochene zum Kläger wird – z.B. im Streit mit dem Versicherer. Diese Fallkonstellation soll hier außer Acht bleiben.

Verdachtsäußerungen im außerstrafrechtlichen Folgeverfahren greifen in das allgemeine Persönlichkeitsrecht des Beklagten ein. Fraglich ist, ob die durch die Eigentumsgarantie aus Art. 14 Abs. 1 GG geschützte Rechtsposition des Klägers diesen Eingriff rechtfertigt. Eine solche Rechtfertigung setzt zunächst voraus, dass nicht der Kerngehalt des allgemeinen Persönlichkeitsrechts berührt wird. Davon ist in den allermeisten Fällen auszugehen. Gesetzliche Grundlage für den Eingriff bildet Art. 14 Abs. 1 GG selbst. Begrenzt wird die Einschränkbarkeit aber durch den Grundsatz der Verhältnismäßigkeit. Dieser setzt voraus, dass die Einschränkung des allgemeinen Persönlichkeitsrechts aufseiten des Beklagten aufgrund eines legitimen Zwecks erfolgt, die Maßnahme zur Zweckerreichung geeignet und erforderlich ist und dass die entgegenstehenden Interessen proportional zueinander sind. Legitimer Zweck für die Einschränkung des allgemeinen Persönlichkeitsrechts aufseiten des Beklagten ist die Durchsetzung der durch Art. 14 Abs. 1 GG geschützten Eigentumsfreiheit des Klägers. Die Beachtung des Restverdachts ist für die Zweckerreichung dann geeignet, wenn sie dazu dient, den Anspruch im Zivilverfahren zu begründen. Bei vorangegangenen Straftaten sind entsprechende Verdachtsmomente oft relevant, um deliktische Schadensersatzansprüche zu begründen. Wenn es im Strafverfahren z.B. um eine einfache Körperverletzung nach § 223 Abs. 1 StGB ging, kann der entsprechende Verdacht im Zivilverfahren dazu geeignet sein, einen Anspruch aus § 823 Abs. 1 oder 2 BGB zu begründen. Wenn die Eignung der Verdachtsverwertung bejaht werden kann, kommt es darauf an, dass sie auch erforderlich zur Zweckerreichung ist. Relevant könnte hier sein, ob der Kläger seinen Anspruch auch anderweitig herleiten kann, ohne auf den Verdacht abzustellen, und ob dieser Alternativweg genauso sicher ist. Hier kommt es auf eine fallspezifische Prüfung an. In der Regel wird bei einer vorliegenden Straftat aber der Alternativweg weniger sicher sein, sodass die Verdachtsverwertung dann erforderlich ist. Abschließend wird eine Proportionalitätsbetrachtung vorgenommen: Ist die Nennung des Verdachts im außerstrafrechtlichen Folgeverfahren nach dem Freispruch als Beeinträchtigung des allgemeinen Persönlichkeitsrechts des Beklagten im engeren Sinne verhältnismäßig zu dem Grundrechtsgewinn aufseiten des Klägers? Bei dieser Prüfung müssen die jeweiligen Einbußen und Vorteile genauestens abgewogen werden. Wichtige Anhaltspunkte für diese Abwägung sind u.a. die Schwere des Verdachts, das Gewicht des zu prüfenden Anspruchs und die zu erwartenden Folgen der Wiederholung des Verdachts im öffentlichen Zivilverfahren.[471]

471 Zur Frage einer Entschädigung i.S.v. Art. 14 Abs. 3 GG in diesem Zusammenhang siehe § 4 II 3.

Zu beachten ist außerdem auch das Recht des Klägers auf rechtliches Gehör. Aus diesem leitet sich unter anderem auch das Recht ab, dass sein Vortrag (der den Verdacht gegen den Beklagten einschließt) gehört und beachtet wird. Ein Recht des Beklagten auf Außerachtlassen des Restverdachts aus dem vorangegangenen Strafverfahren muss sich auch hieran messen. Wiederum ist der Grundsatz der Verhältnismäßigkeit zu beachten.

Ob eine Verdachtsäußerung im außerstrafrechtlichen Folgeverfahren zulässig ist, hängt im Ergebnis von einer Grundrechtsprüfung des allgemeinen Persönlichkeitsrechts unter Anwendung des Grundsatzes der Verhältnismäßigkeit ab.[472] Sonstige Grundrechte streiten nicht für den Freigesprochenen im Schadensersatzprozess. Die Unschuldsvermutung beeinflusst die Entscheidung nicht, da sie als strafrechtsspezifisches Instrument nicht außerhalb des Strafverfahrens anzuwenden ist. Die äußerste Grenze der Menschenwürde ist in den meisten Fällen nicht erreicht, sodass die Menschenwürdegarantie ihre Schutzwirkung zugunsten des Freigesprochenen nur sekundär über das allgemeine Persönlichkeitsrecht entfaltet. Auch das Rechtsstaatsprinzip entfaltet seine Schutzwirkung hier nur sekundär.

2. Fallgruppe 2: Sorgerechts- und Umgangsentscheidungen der Familiengerichte

Denkbar ist auch folgende Fallkonstellation, die schon in § 1 herangezogen wurde und hier zur Erinnerung wiederholt wird:

Fallbeispiel:[473]

Die geschiedene Ehefrau des Vaters V bezichtigt diesen des Missbrauchs an der gemeinsamen Tochter T. Im Strafverfahren gegen V ist T die einzige Zeugin. Deren Aussagen sind nach Einschätzung des Gerichts nicht sicher genug, um volle Überzeugung davon zu gewinnen, dass V den Straftatbestand des Kindesmissbrauchs erfüllt hat. Aus Mangel an Beweisen wird V freigesprochen. Im darauffolgenden Sorgerechtsstreit sieht sich das Familiengericht mit der Frage konfrontiert, ob es den gegen V bestehenden Restverdacht des Kindesmissbrauchs in die Entscheidungsfindung einbeziehen darf.

Das Familiengericht kann in Sorgerechts- (§§ 1666 f. BGB, §§ 151 ff. FamFG) und Umgangsentscheidungen (§ 1684 Abs. 4 BGB, §§ 151 ff. FamFG) in das dargestellte Dilemma geraten. Einerseits ist die Beachtung des verbliebenen

472 Zur konkreten Anwendungshilfe für die Praxis mehr in § 6.

473 Sachverhalt angelehnt an: *EGMR*, Urt. v. 15.01.2015 – App. No. 48144/09, Cleve v. Germany.

Verdachts aus dem Strafprozess des Freigesprochenen für die vollständige Bewertung der Gefährdungslage unentbehrlich; andererseits soll ein Freigesprochener, der nicht mehr die Möglichkeit hat, sich im Strafprozess zu entlasten, nicht dauerhaft mit dem „Etikett“ des Straftäters belastet werden. Konkret stehen sich folgende Rechtspositionen gegenüber:

- Die Menschenwürde des betroffenen Kindes ist zu beachten, Art. 1 Abs. 1 GG. Daneben auch dessen Recht auf rechtliches Gehör, Art. 103 Abs. 1 GG. Darüber hinaus hat das Kind ein Recht auf körperliche und seelische Unversehrtheit aus Art. 2 Abs. 2 GG. Das Kindeswohl ist außerdem leitende Maxime des Sorgerechts- und Umgangsverfahrens.
- Aufseiten des Freigesprochenen streitet das allgemeine Persönlichkeitsrecht, Art. 2 Abs. 1 i.V.m. Art. 1 Abs. 1 GG. Darüber hinaus steht dem Elternteil das Recht aus Art. 6 Abs. 1 und 2 GG zu, in der Familie zu leben und die Kinder selbst zu erziehen und zu versorgen. Dieses Sorgerecht ist auch einfachgesetzlich in § 1626 Abs. 1 BGB verankert.

Bei der Entscheidung, ob ein Restverdacht in den außerstrafrechtlichen Folgeprozess eingeführt werden darf, ist zunächst entscheidend, dass der Sorgerechts- und Umgangsprozess von der Leitlinie des Kindeswohls geprägt ist. Das Kindeswohl setzt sich dabei aus den Komponenten der Gesundheit, körperlichen Unversehrtheit und dem Wohlbefinden des Kindes zusammen.[474] Die Leitfunktion des Kindeswohls ergibt sich schon aus den zentralen Normen §§ 1666 Abs. 1 und 1684 Abs. 4 BGB. Die hervorstehende Bedeutung des Kindeswohls führt dazu, dass gewisse Belange der beteiligten Erwachsenen im Zweifel zurücktreten müssen.[475]

Im Übrigen kann das entwickelte Schema angewendet werden. Zuerst muss geprüft werden, ob die absolute Grenze der Menschenwürde aufseiten des Kindes oder des Freigesprochenen erreicht ist – in einem solchen Fall kann es nicht zu Abwägungen kommen. Hier ist aber zu bemerken, dass diese Fälle aufgrund der hohen Voraussetzungen für eine Verletzung der Menschenwürde kaum denkbar sind. Ist die Menschenwürdegarantie nicht in ihrem Kern berührt, kommt es auf die Abwägung der entgegenstehenden Interessen an. Dabei ist der Grundsatz der Verhältnismäßigkeit anzuwenden. Dieser ist für den Sorgerechtsstreit explizit in § 1666a BGB erwähnt. Im Rahmen der Interessenabwägung nach dem Grundsatz der Verhältnismäßigkeit kommt es insbesondere

474 Johannsen/*Jokisch*, § 1666 BGB, Rn. 43.
475 Johannsen/*Jokisch*, § 1666 BGB, Rn. 43.

darauf an, wie stark der Verdacht wiegt und wie groß die Gefahr für das Kindeswohl ist. Im Rahmen der Grundrechtsprüfung sind auch rechtsstaatliche Gedanken zu verwerten.

Konkret auf das Fallbeispiel angewendet, ergeben sich folgende Überlegungen: Die Einbeziehung des Restverdachts in den familienrechtlichen Prozess ist als Eingriff in das Elternrecht und das allgemeine Persönlichkeitsrecht des V zu werten, da der Verdacht des Kindesmissbrauchs sozial höchst stigmatisierend ist und außerdem dazu geeignet ist, den Sorgerechtsprozess so zu beeinflussen, dass dem V sein Sorgerecht entzogen wird. Auf dem Spiel stehen für V also zwei grundrechtlich geschützte Positionen. Aufseiten der T sind aber ebenso Grundrechte betroffen. Zum einen ist an deren Menschenwürde zu denken. Diese könnte beeinträchtigt sein, wenn die Nichtbeachtung des Verdachts im Sorgerechtsstreit ihre Subjektstellung infrage stellen würde. Dafür spricht, dass das Außerachtlassen des Verdachts dazu führen würde, dass ganz wesentliche Belange der T schlicht ignoriert würden. Diese Missachtung ihrer Interessenposition könnte ihre Stellung als Subjekt des Verfahrens betreffen. Allerdings ist einzuwenden, dass die Nichtbeachtung des Verdachts aufseiten der T eher in den Schutzbereich des rechtlichen Gehörs fällt. Dieses ist ein vorbehaltlos gewährtes Grundrecht und demnach nur durch kollidierendes Verfassungsrecht einschränkbar. Daneben sind freilich die grundrechtlich geschützten Interessen der T auf körperliche und seelische Unversehrtheit betroffen. Entscheidend ist, ob die Interessen aufseiten der T dazu geeignet sind, die Grundrechtsbeschränkungen aufseiten des V zu rechtfertigen. Hierbei ist der Grundsatz der Verhältnismäßigkeit anzuwenden. Die Verdachtsverwertung im familienrechtlichen Folgeverfahren müsste also einen legitimen Zweck verfolgen. Das ist hier das Ziel einer umfassenden Sachverhaltserkenntnis als Grundlage für eine am Kindeswohl orientierte Entscheidung über das Sorgerecht in Bezug auf T. Die Verwertung des Restverdachts ist dazu geeignet, dieses Ziel zu erreichen und außerdem erforderlich. Das Außerachtlassen des Verdachts würde schließlich unmittelbar zu einer unvollständigen Sachverhaltserkenntnis führen. Im Rahmen des letzten Prüfungspunktes ist zu erörtern, ob die Einschränkung der Grundrechte aufseiten des V proportional zu dem Grundrechtsgewinn aufseiten der T ist. Hier muss in erster Linie beachtet werden, dass das Kindeswohl an oberster Stelle steht. Das Kindeswohl betrifft in dieser Situation das Recht des Kindes auf körperliche und seelische Unversehrtheit. Diese kann nur gewährleistet werden, wenn bei der familienrechtlichen Prognoseentscheidung alle Verdachtsmomente gegen V gewertet werden. Auch wenn auf beiden Seiten gewichtige Grundrechte streiten, ist im Zweifel dem Kindeswohl Vorrang zu gebieten. Dieses erfordert eine Verwertung aller Aspekte des Sachverhalts.

Dafür spricht außerdem, dass die reine Verwertung des Restverdachts noch nicht zwingend zur Entziehung des Sorgerechts aufseiten des V führt – möglich ist auch eine für V entlastende Wertung des Familiengerichts. Im Ergebnis muss das Familiengericht den Restverdacht gegen V verwerten, ist aber in seiner rechtlichen Würdigung frei.

In den meisten Fällen wird die Verdachtsnennung nach Freispruch in Sorgerechts- und Umgangsstreitigkeiten wohl erlaubt sein. Das ergibt sich aus der überragenden Bedeutung des Kindeswohls in diesen Verfahren. Gerade in Missbrauchsfällen – die sicher das extremste Beispiel in dieser Fallkonstellation sind – ist eine Gefährdung des Kindes um jeden Preis auszuschließen. Anders mag die Entscheidung aussehen, wenn der Restverdacht aus dem Strafverfahren eine Straftat betrifft, die nicht unbedingt die Fähigkeit des Betroffenen beeinträchtigt, für ein Kind zu sorgen. Bedenklich ist, dass ein bloßer Verdacht dazu geeignet ist, die Eltern-Kind-Beziehung zu verhindern. Diese Gegebenheit könnte missbraucht werden, wenn Elternteile sich gegenseitig Kindesmissbrauch vorwerfen, um den anderen im Sorge- oder Umgangsstreit „auszustechen".

3. Fallgruppe 3: Verwaltungsverfahren zur Gewerbeuntersagung

Das Verwaltungsverfahren der Gewerbeuntersagung basiert auf § 35 GewO. Abs. 1 Satz 1 dieser Norm lautet:

> *„Die Ausübung eines Gewerbes ist von der zuständigen Behörde ganz oder teilweise zu untersagen, wenn Tatsachen vorliegen, welche die Unzuverlässigkeit des Gewerbetreibenden oder einer mit der Leitung des Gewerbebetriebes beauftragten Person in bezug auf dieses Gewerbe dartun, sofern die Untersagung zum Schutze der Allgemeinheit oder der im Betrieb Beschäftigten erforderlich ist."*

Bei Unzuverlässigkeit des Gewerbetreibenden kann diesem also das Gewerbe untersagt werden. Bei der Bewertung der Unzuverlässigkeit kann es auch auf Verdachtsmomente in Bezug auf Straftaten ankommen. Auch in dieser Fallkonstellation stellt sich die Frage, ob der Restverdacht nach einem Freispruch im Verfahren verwertet werden darf. Diese Frage stellt sich sowohl im Verwaltungsverfahren als auch im etwaigen Prozess vor dem Verwaltungsgericht zur Überprüfung der Entscheidung.

Folgende Interessen stehen sich bei der Entscheidung gegenüber:

- Die Behörde ist daran interessiert, unzuverlässige Gewerbetreibende aus dem Gewerbe auszuschließen, um die Bürger vor deren Handeln zu schützen. Je nach Branche können unterschiedlichste Bürgerinteressen betroffen sein. Verkauft der Gewerbetreibende z.B. Lebensmittel, kann die körperliche Unversehrtheit der Bürger betroffen sein, wenn er im Umgang mit Hygienemaßstäben unzuverlässig ist, Art. 2 Abs. 2 GG. Betreibt der Gewerbetreibende einen Schlüsseldienst, kann die Privatsphäre in den Wohnungen der Bürger betroffen sein, Art. 2 Abs. 1 i.V.m. Art. 1 Abs. 1 GG und Art. 13 Abs. 1 GG.

- Neben dem allgemeinen Persönlichkeitsrecht ist aufseiten des freigesprochenen Gewerbetreibenden vor allem die Berufsfreiheit aus Art. 12 Abs. 1 GG betroffen. Da die Hinderung an der Berufsausübung außerdem die Existenzgrundlage einer Person betrifft, kann außerdem die Menschenwürdegarantie des Freigesprochenen betroffen sein, Art. 1 Abs. 1 GG.

Nach Beendigung des Verfahrens endet der Schutz des Angeklagten durch die Unschuldsvermutung, er wird zum Freigesprochenen. Dieser wird vor Verdachtsäußerungen durch sein allgemeines Persönlichkeitsrecht, seine Berufsfreiheit und in Grenzfällen durch die Menschenwürdegarantie geschützt. Kommt es zu einer Abwägung der entgegenstehenden Interessen, wird der Freigesprochene durch den Grundsatz der Verhältnismäßigkeit vor übermäßigen Eingriffen in seine Grundrechte geschützt. Wie die Abwägung endet, hängt sehr stark von den im einzelnen betroffenen Rechtspositionen auf beiden Seiten ab. Allgemein steht dem Freigesprochenen ein rechtsstaatliches Verfahren zu, in dem seine Rechte gewahrt werden.

Zur Verdeutlichung soll der entwickelte Lösungsweg auf das folgende Beispiel angewendet werden:

Fallbeispiel:[476]

A betreibt ein Geschäft namens „Easy Going Headshop“, in dem er unter anderem verschiedene Kräutermischungen verkauft, die mit synthetischen Cannabinoiden angereichert sind. Der Konsum solcher Mischungen kann zu verschiedenen Beschwerden führen, insbesondere Übelkeit, Erbrechen, Kreislaufversagen bis hin zum Versagen der Vitalfunktionen. Nachdem ein Kunde des A nach dem Konsum der Kräutermischung zusammengebrochen ist, wurde ein Strafverfahren gegen ihn wegen fahrlässiger Körperverletzung nach § 229 StGB eingeleitet. Dieses wurde aus Mangel an Beweisen mit Freispruch beendet. Im darauffolgenden Verwaltungsverfahren fragt sich die Behörde, ob sie den Restverdacht aus dem Strafverfahren bei ihrer Prognoseentscheidung über die Zuverlässigkeit des A verwerten darf.

Das Interesse des A daran, dass die Behörde den Restverdacht nicht berücksichtigt, wird grundrechtlich zum einen durch sein allgemeines Persönlichkeitsrecht

---

476 Sachverhalt angelehnt an: *OVG Münster*, Beschl. v. 23.04.2015 – 4 A 955/13.

und zum anderen durch seine Berufsfreiheit gestützt. Das allgemeine Persönlichkeitsrecht ist betroffen, da die behördliche Wiederholung von Verdachtsmomenten, die nicht bewiesen werden konnten, das öffentliche Ansehen des A betreffen, ohne dass diesem noch das Strafverfahren zur Widerlegung der Verdachtsmomente offensteht. Die Berufsfreiheit ist betroffen, da das Gewerbe des A auch seinen Beruf darstellt. Mit der Verwendung des Restverdachts im Folgeverfahren erhöht sich die Wahrscheinlichkeit auf ein Gewerbeverbot, sodass in die Berufsfreiheit mittelbar eingegriffen wird. Unterstellt sei hier, dass der Betrieb eines „Headshops" erlaubt ist und nicht schon aufgrund Illegalität nicht in den Schutzbereich des Art. 12 Abs. 1 GG fällt. Die Grenze der Menschenwürde ist in diesem Fall wohl nicht erreicht. Zwar wird dem A mit der Untersagung des Gewerbes auch die Existenzgrundlage genommen, jedoch wäre dann fast jede Gewerbeuntersagung aufgrund von Art. 1 Abs. 1 GG untersagt. Es kommt folglich auf besondere Aspekte des Einzelfalls an, die die Gewerbeuntersagung zum Extremfall machen würden. Solche Anhaltspunkte liegen hier nicht vor. Fraglich ist, ob die Verwertung des Restverdachts im behördlichen Folgeverfahren entgegen dem allgemeinen Persönlichkeitsrecht und der Berufsfreiheit des A zu erlauben ist. Dann müsste das behördliche Interesse am Schutz der körperlichen Unversehrtheit der Kunden des A die Einschränkung der Grundrechte des A rechtfertigen. Grundrechtlich gestützt wäre diese Einschränkung auf Art. 2 Abs. 2 GG. Wieder kommt es zur Anwendung des Verhältnismäßigkeitsgrundsatzes. Legitimes Ziel der Behörde ist die umfassende Erfassung des Sachverhalts, einschließlich der überbliebenen Verdachtsmomente aus dem Strafverfahren, um eine zutreffende Prognose über die Zuverlässigkeit des A zu machen. Davon hängt der Schutz der körperlichen Unversehrtheit der Kunden des A ab. Die Verwertung des Restverdachts ist zur Zielerreichung geeignet und erforderlich. Im Rahmen der Proportionalität sind die verschiedenen Grundrechtsinteressen gegeneinander abzuwägen. Beachtet werden muss zum einen die konkrete Gefahr, die sich für die Kunden des A ergibt. Diese ist schon deshalb besonders beachtenswert, weil schon ein Kunde gesundheitlichen Schaden genommen hat. Der Ehrschutz des A erscheint vor diesem Hintergrund weniger gewichtig. Für die Position des A spricht aber die Berufsfreiheit: Die Verwendung des Restverdachts im Strafverfahren führt mittelbar zu einer Gewerbeuntersagung und ist damit eine subjektive Zulassungsbeschränkung (zweite Stufe der „Drei-Stufen-Theorie") die nur aufgrund wichtiger Gründe des Allgemeinwohls zu rechtfertigen ist.[477] Bedenkt man allerdings, dass bei Außerachtlassung

477 Vgl. Dreier/*Wieland*, Art. 12 GG, Rn. 106; BeckOK GG/*Ruffert*, Art. 12 GG, Rn. 97; Dieterich/Hanau/Schaub/*Schmidt*, Art. 12 GG, Rn. 27.

des Verdachts in der behördlichen Prognoseentscheidung möglicherweise eine Entscheidung fällt, die in Kauf nimmt, dass weiterhin gefährliche Produkte verkauft werden, die Personen in unbegrenzter Anzahl in große gesundheitliche Gefahr bringen, haben die Interessen des A zurückzustehen. Der Restverdacht muss somit durch die Behörde beachtet werden.

4. Fallgruppe 4: Disziplinarverfahren

Im Disziplinarverfahren kommt es zu ähnlichen Konstellationen wie bei der Gewerbeuntersagung. Der Dienstherr kann über Disziplinarmaßnahmen entscheiden, die gegebenenfalls gerichtlich überprüft werden. Bei seiner Entscheidung beachtet der Dienstherr vor allem auch die Interessen betroffener Dritter. Ist der Betroffene Lehrer, wird der Dienstherr z.B. die Interessen der Schüler als Kontaktpersonen des Lehrers im Blick haben. Je nachdem, wie genau das Dienstverhältnis ausgestaltet ist, ergeben sich unterschiedliche Interessenverhältnisse:

- Der Dienstherr selbst ist an einem ordnungsgemäßen Dienstverhältnis interessiert. Ähnlich wie das Arbeitsverhältnis sollte das Dienstverhältnis von gegenseitigem Vertrauen gekennzeichnet sein. Da der Dienstherr Grundrechtsverpflichteter ist, streiten für ihn hier aber keine Grundrechte.
- Darüber hinaus hat er Interessen Dritter zu beachten. Im Fall des Lehrers kommt es z.B. auf die Interessen der Schüler an. In Betracht kommt u.a. deren Grundrecht auf körperliche Unversehrtheit, Art. 2 Abs. 2 GG.
- Für den Freigesprochenen spricht wiederum das allgemeine Persönlichkeitsrecht, das Verdachtsäußerungen im außerstrafrechtlichen Folgeverfahren nach einem Freispruch grundsätzlich verneinend gegenüber steht. Daneben bildet die Berufsfreiheit aus Art. 12 Abs. 1 GG eine starke Grundrechtsposition. In Extremfällen kann wiederum die Menschenwürde gegen Verdachtsäußerungen sprechen, schließlich ist das Dienstverhältnis in vielen Fällen auch Existenzgrundlage.

Bei der Abwägung der entgegenstehenden Interessen sind alle Positionen zu gewichten. Die jeweilige Gewichtung hängt dabei stark von dem konkreten Einzelfall ab. In den Grundzügen ist auf die Ausführungen zur Gewerbeuntersagung zu verweisen.

5. Fallgruppe 5: Prognoseentscheidungen im Polizeirecht

Prognoseentscheidungen aus dem polizeirechtlichen Gefahrenabwehrrecht basieren oft nur auf Verdachtsmomenten, die schnell ausgewertet werden müssen, um Gefahren im Vorhinein zu verhindern.[478] Der Restverdacht aus einem Strafverfahren kann durchaus auch in einer solchen Prognoseentscheidung relevant werden. Wiederum ergibt sich eine ähnliche Konstellation wie in den anderen verwaltungsrechtlichen Folgeverfahren: Die Behörde muss bei der Frage nach der Verdachtsverwertung sowohl die Interessen des Freigesprochenen als auch die der betroffenen dritten Personen beachten; auf das behördliche Verfahren kann eine gerichtliche Überprüfung als weiteres Folgeverfahren folgen. Folgende Interessen sind im Konkreten zu beachten:

- Die dritte Person kann im polizeirechtlichen Gefahrenabwehrrecht jeder Bürger sein. Denkbar ist auch eine Gefahrenabwehr zugunsten des Staates und seiner Einrichtungen. Dementsprechend sind auch die Interessenpositionen vielfältig.
- Für den Freigesprochenen spricht grundsätzlich wieder das allgemeine Persönlichkeitsrecht. Ob weitere Grundrechte einschlägig sind, hängt von dem konkreten Einzelfall ab.

Ob in einer polizeirechtlichen Prognoseentscheidung der Restverdacht eines mit Freispruch beendeten Strafverfahrens verwendet werden darf, hängt hauptsächlich von der Abwägung der betroffenen Interessenpositionen ab, die sich von Einzelfall zu Einzelfall stark unterscheiden. Zur Verdeutlichung der recht abstrakten Feststellungen zu dieser Fallgruppe soll ein Fallbeispiel herangezogen werden:

Fallbeispiel:[479]

Im Rahmen eines Ermittlungsverfahrens wegen Drogenhandels wurden bei A mehrere Kilogramm Marihuana und 100.000 € in bar beschlagnahmt. Aufgrund von Fehlern im Ermittlungsverfahren waren viele Beweise nicht verwertbar, sodass das Strafverfahren gegen A mit Freispruch aus Mangel an Beweisen beendet wurde. Wenige Tage nach dem Freispruch stellt die Polizei die 100.000 € zur Gefahrenabwehr sicher, § 43 Nr. 1 PolG NRW. Verhindert werden soll, dass A das Geld in weitere Drogengeschäfte einfließen lässt.

Das Interesse des A daran, den Verdacht nach dem Freispruch nicht mehr zu beachten, wird vor allem durch sein allgemeines Persönlichkeitsrecht gestützt. Darüber hinaus kann er sich auf die Eigentumsgarantie aus Art. 14 Abs. 1 GG berufen. Das Interesse der Polizei ist auf eine effektive Gefahrenabwehr

478 Vgl. *Krüger*, JuS 2013, 985 (986); *Voßkuhle*, JuS 2007, 908 (908 f.).
479 Sachverhalt angelehnt an: *VG Berlin*, Urt. v. 28.02.2008 – VG 1 A 137.06.

gerichtet. Eine solche hängt vor allem von zuverlässigen Prognoseentscheidungen ab. Zuverlässige Prognoseentscheidungen basieren wiederum auf einer vollständigen Sachverhaltsdarstellung – ähnlich wie im familienrechtlichen Verfahren oben.[480] Die Sicherstellung des Bargelds stützt die Polizei auf eine Gefährdung der öffentlichen Sicherheit durch große Drogenankäufe und den darauffolgenden Handel. Solche Geschäfte gefährden die Gesundheit von Personen, die mit den Drogen in Kontakt kommen, Art. 2 Abs. 2 GG. Entscheidend ist also, ob der Schutz der Öffentlichkeit von den gesundheitlichen Folgen des Drogenkonsums die Einschränkung der Grundrechte des A rechtfertigt. Hierbei ist der Grundsatz der Verhältnismäßigkeit zu beachten – die Grundrechte des A dürfen nur so weit eingeschränkt werden, wie es zur Erreichung eines legitimen Zweckes geeignet, erforderlich und angemessen ist. Legitimer Zweck der Sicherstellung ist der Schutz der Gesundheit von möglichen Kunden des A. Die Verwertung des Restverdachts legitimiert die Sicherstellung des Geldes, erschwert damit großrahmige Drogenankäufe durch A und fördert damit diesen Zweck. Fraglich ist, ob die Verdachtsverwertung auch erforderlich ist, um diesen Zweck zu erreichen. Zu prüfen ist hier, ob eine Zweckerreichung auch ohne Verwendung des Restverdachts möglich ist. Denkbar wäre es zwar, dem A Drogenkäufe nur zu verbieten. Allerdings ist fraglich, ob ein solches einfaches Verbot ausreicht, um A von Drogenkäufen abzuhalten. Das bisherige Verhalten des A hat gezeigt, dass dieser möglicherweise dennoch Drogen kauft und verkauft. Entsprechende Verdachtsmomente zu ignorieren wäre aus Gründen einer effektiven Gefahrenabwehr höchst bedenklich. Alle weitergehenden Maßnahmen erfordern eine Gefahrenlage, die sich nur aus einer Prognose ergeben kann. Die Verwertung des Restverdachts ist somit unentbehrlich, um die öffentliche Sicherheit effektiv zu schützen. Im Rahmen der Proportionalität sind Grundrechtseinbußen aufseiten des A mit Grundrechtsgewinnen aufseiten der Polizei (bzw. der Öffentlichkeit) in ein angemessenes Verhältnis zu bringen. Hierbei gilt es zu bedenken, dass die Verwertung des Restverdachts allein das Eigentum des A noch nicht beeinträchtigt. Das öffentliche Interesse an einer Unterbindung des Drogenhandels ist groß, gerade auch weil das Leben und die Gesundheit vieler Personen davon abhängen. Dagegen erscheint das Recht des A auf ein unbeflecktes Ansehen eher gering. Eine effektive Gefahrenabwehr ist notwendig und nur möglich, wenn sich die Polizei im Rahmen von Gefahrenprognosen auf vollständige Sachverhalte stützen kann. Mithin ist der Restverdacht in dieser Gefahrenprognose zu verwerten.

---

480 Siehe § 5 III 2.

IV. Ergebnis

Die Anwendung des verfassungsrechtlichen Schutzsystems auf die einzelnen Fallgruppen hat gezeigt, dass der von dem Verfasser befürwortete Lösungsweg gangbar ist. Fragen zur Verwendbarkeit von Restverdachtsmomenten in außerstrafrechtlichen Folgeverfahren lassen sich interessengerecht über das verfassungsrechtliche Schutzsystem beantworten. Die Konstruktion der fortwirkenden Unschuldsvermutung ist entbehrlich.

Auffällig ist, dass die Verwertung des Restverdachts in den hier besprochenen Beispielsfällen immer zulässig ist. Das liegt zum einen an der Auswahl der konkreten Fallgruppen und Fallbeispiele. Dabei handelt es sich um solche, in denen Interessenkollisionen mit gewichtigen Grundrechtspositionen auf beiden Seiten vorliegen. Nach dem vom Verfasser befürworteten Lösungsweg ist die Verdachtsnennung nach Freispruch zwar grundsätzlich nicht erlaubt, wird aber zulässig, sobald ein berechtigtes Interesse dem entgegen tritt. Das ist in allen genannten Situationen der Fall. Darüber hinaus ist dieses Ergebnis auch gerecht: Derjenige, der in einem Strafverfahren angeklagt war, hat kein Recht darauf, mit „weißer Weste“ aus dem Verfahren zu gehen. Gerade wenn es zum Freispruch aus Mangel an Beweisen gekommen ist, liegt es in der Sache selbst, dass nicht alle Verdachtsmomente ausgeräumt wurden. Diese Verdachtsmomente dürfen dem Betroffenen zwar nicht aus jedwedem Anlass wieder vorgeworfen werden. Allerdings gibt es vielfach berechtigte Interessen daran, dass die verbliebenen Verdachtsmomente in Folgeverfahren noch einmal verwendet und aus außerstrafrechtlicher Sicht betrachtet werden. Dem soll ein verfassungsrechtliches Schutzsystem nicht grundsätzlich entgegenstehen, sondern nur die Grenzen der Verdachtswiederholung festlegen.

Fallgruppen, in denen eine Interessenabwägung wohl vielfach gegen eine Verdachtswiederholung sprechen würde, sind die der Kosten- und Auslagenentscheidungen sowie der Entscheidung über Haftentschädigung. Im Falle eines Freispruchs sehen die entsprechenden Normen des deutschen Rechts hier aber ohnehin schon nicht vor, dass eine Verwertung des Restverdachts erfolgen soll. § 467 Abs. 1 StPO sieht vor, dass die Kosten und notwendigen Auslagen eines Strafverfahrens im Falle des Freispruchs der Staatskasse auferlegt werden. Die Ausnahmen von dieser Regel in den Abs. 2 und 3 stellen auf ein prozessuales Verschulden des Freigesprochenen sowie auf Verfahrenshindernisse ab und nicht auf den Restverdacht aus dem Strafverfahren. § 2 Abs. 1 StrEG sieht für den Freigesprochenen außerdem einen Entschädigungsanspruch für erlittene Strafen, insbesondere die Haft, vor. Auch hier enthalten die Ausschluss- und Versagungsgründe aus den §§ 5 und 6 StrEG keinen Grund, der auf einen

Restverdacht aus dem abgeschlossenen Strafprozess abstellt. Das deutsche Recht entspricht in diesen Teilbereichen also schon den Voraussetzungen des EGMR nach der *Sekanina*-Rechtsprechung, sodass es keines alternativen Lösungsweges bedarf.

§ 6 - Auswirkungen der geltenden Rechtslage auf die richterliche und anwaltliche Praxis

Am Ende der Untersuchungen stellt sich die Frage, welche Auswirkungen ein aus Mangel an Beweisen mit Freispruch beendetes Strafverfahren auf außerstrafrechtliche Folgeverfahren in der Praxis hat. Der Lösungsweg des EGMR – vor allem geprägt durch das Urteil *Sekanina* aus 1993 – wurde hier dargestellt und in Bezug auf das nationale Rechtsschutzsystem in Deutschland kritisch beleuchtet. Fazit war, dass diese Rechtsprechung nicht in das deutsche Recht integriert werden kann, ohne einfachrechtliche und verfassungsrechtliche Bedenken anzustoßen. Der vom Verfasser befürwortete Lösungsweg über ein ausdifferenziertes verfassungsrechtliches Schutzsystem vermag nach den hier erfolgten Untersuchungen einen gerechten Ausgleich der Interessen aller am Folgeverfahren beteiligten Personen zu ermöglichen. Nach diesem Lösungsweg muss der Restverdacht aus einem Strafverfahren nach Freispruch im Folgeverfahren grundsätzlich außer Acht bleiben, es sei denn, es besteht ein berechtigtes Interesse an der Wiederholung des besagten Verdachts. Doch ist dieser Lösungsweg nur eine theoretische Überlegung oder kann er in der Praxis sogar angewendet werden, ohne dass es Konflikte mit der Rechtsprechung des EGMR gibt? Wie können Praktiker mit dem Problem der fortwirkenden Unschuldsvermutung umgehen, ohne eine Verurteilung von dem EGMR zu fürchten?

Zur Beantwortung dieser Frage soll zuerst geprüft werden, inwieweit der deutsche Rechtsanwender verpflichtet ist, die *Sekanina*-Rechtsprechung umzusetzen, bzw. ob die Anwendung des hier erarbeiteten verfassungsrechtlichen Schutzsystems ausreicht, um den Anforderungen des Art. 6 Abs. 2 EMRK im außerstrafrechtlichen Folgeverfahren zu genügen (I.). Daraufhin sollen Leitlinien für die gerichtliche Praxis entwickelt werden, die den Fokus darauf legen, wie ein EMRK-konformes Urteil aussehen muss (II.). Abschließend sollen Leitlinien für die anwaltliche Praxis aufgestellt werden, die insbesondere auf zusätzliche Haftungsrisiken im Zusammenhang mit der EGMR-Rechtsprechung aufmerksam machen sollen (III.).

I. In der Praxis zu beachtende Grundsätze im Zusammenhang mit dem Schutz des Freigesprochenen im außerstrafrechtlichen Folgeverfahren

Welche Grundsätze im Zusammenhang mit dem Schutz des Freigesprochenen im außerstrafrechtlichen Folgeverfahren zu beachten sind, hängt maßgeblich davon ab, wie die EGMR-Rechtsprechung national umgesetzt werden muss.

1. Regeln für die Umsetzung der EGMR-Rechtsprechung in das nationale Recht

Maßgeblich sind für die Beantwortung dieser Frage die Grundsätze des BVerfG aus den Entscheidungen *Görgülü*[481] und *Sicherungsverwahrung*[482]. Dazu ist auf die Ausführungen an früherer Stelle zu verweisen.[483] Quintessenz für die Frage nach der Bedeutung der EGMR-Rechtsprechung für den deutschen Rechtsanwender ist, dass dieser die Rechtsprechung des EGMR zur Kenntnis nehmen und sich damit auseinandersetzen muss. Wichtig ist insbesondere, dass es keine Pflicht zur „eins-zu-eins-Übernahme" der Rechtsprechung in das nationale Recht gibt. Bei der Umsetzung sind nationale Besonderheiten der jeweiligen Rechtsordnung zu beachten. Abweichungen von der EGMR-Rechtsprechung im nationalen Recht müssen aber begründet werden.

Voßkuhle beschreibt diese Zusammenhänge sehr treffend damit, dass die Entscheidungen des EGMR in das deutsche Recht „übersetzt" werden müssen. Eine solche „Übersetzung" sei aber keine „eins-zu-eins-Übertragung". Es gehe nicht um die Anpassung von Begriffen, sondern um die Parallelisierung von Werten.[484]

Zu beachten ist bei der Umsetzung der EGMR-Rechtsprechung im deutschen Recht außerdem, dass der Grundrechteschutz in Europa über ein vielschichtiges System erfolgt. Ein solches System führt nach *Becker* zwingend zu Kollisionen. Zwar sei auch im nationalen Recht der Grundrechteschutz von Ländern und Bund mehrschichtig, hier gebe es allerdings im Gegensatz zum europäischen System Kollisionsnormen, die die Anwendbarkeit einzelner Regeln bestimmten. Die Abstimmung des europäischen Systems müsse noch bewältigt werden.[485] Diese Überlegungen unterstützen die Annahme, dass eine

481 *BVerfG*, Beschl. v. 14.10.2004 – 2 BvR 1481/04.
482 *BVerfG*, Urt. v. 04.05.2011 – 2 BvR 2333/08.
483 Siehe § 2 II 1 b.
484 *Voßkuhle*, RdA 2015, 336 (338).
485 *Becker*, EuR 2019, 469 (470 f.).

„Übersetzung“ der EGMR-Rechtsprechung in nationales Recht behutsam und mit Blick auf die nationalen Besonderheiten erfolgen sollte.

Natürlich darf die Berücksichtigung der nationalen Besonderheiten nicht dazu führen, dass die EGMR-Rechtsprechung ihren Weg gar nicht in die nationalen Rechtsordnungen findet. Wichtig ist es im Ergebnis, die wesentlichen Wertungen des EGMR von nebensächlichen Ausführungen zur konkreten Rechtsgestaltung zu trennen. Eine solche Differenzierung ist freilich nicht immer eindeutig.

2. Umsetzung der *Sekanina*-Rechtsprechung in das deutsche Recht

Im Rahmen der bisherigen Untersuchungen ist aufgefallen, dass die Rechtsprechung des EGMR seit *Sekanina* an verschiedene Grenzen des nationalen Rechts stößt. Fraglich ist, ob diese Grenzen für die Umsetzung bzw. Nicht-Umsetzung relevant sein dürfen.

Würde es zu einer „eins-zu-eins-Umsetzung“ der *Sekanina*-Rechtsprechung in das deutsche Recht kommen, wären nach einem Freispruch keine Verdachtsnennungen mehr erlaubt. Dies würde zu einer Bindung des Entscheidungsträgers in der Folgesache an das Strafurteil führen. Eine solche Bindungswirkung ist im deutschen Rechtsschutzsystem nicht umzusetzen. Dies resultiert insbesondere aus dem Recht jedes Verfahrensbeteiligten auf rechtliches Gehör. Das rechtliche Gehör ist eine Verfassungsverbürgung und daher nicht ohne weiteres einzuschränken. Die Auslegung der EMRK soll nicht dazu führen, dass nationale Grundrechte beschränkt werden. Vielmehr lautet Art. 53 EMRK:

> *„Diese Konvention ist nicht so auszulegen, als beschränke oder beeinträchtige sie Menschenrechte und Grundfreiheiten, die in den Gesetzen einer Hohen Vertragspartei oder in einer anderen Übereinkunft, deren Vertragspartei sie ist, anerkannt werden.“*

Folglich muss es zu einer angepassten Umsetzung der EGMR-Rechtsprechung in das deutsche Recht kommen. Nach *Voßkuhle* kommt es auf die Parallelisierung von Werten an.[486] Der EGMR-Rechtsprechung seit *Sekanina* liegt die Überlegung zugrunde, dass ein Freigesprochener nach Abschluss des Strafverfahrens besonders schutzwürdig ist, da ihm nicht mehr das Strafverfahren zur Widerlegung der Anschuldigungen offen steht. Die extensive Auslegung der Unschuldsvermutung auch über den Strafprozess hinaus soll die Rechtposition des Freigesprochenen verbessern.[487] Diese Wertung muss – soweit es die

---

486 *Voßkuhle*, RdA 2015, 336 (338).

487 Siehe § 3 II, III.

Besonderheiten des deutschen Rechts erlauben – in das nationale Recht umgesetzt werden. Nach den Überlegungen in § 5 kann ein ausreichender Schutz des Freigesprochenen über das verfassungsrechtliche Schutzsystem des GG erfolgen, ohne dabei Rechte Dritter außer Acht zu lassen.

Im Gegensatz zu dem *Sekanina*-Grundsatz mit seinen Ausnahmen ist das verfassungsrechtliche Schutzsystem ausbalanciert und klar konstruiert. Es beachtet die originäre Verortung der Unschuldsvermutung, indem es Schutzinteressen des Freigesprochenen im außerstrafrechtlichen Bereich auch über außerstrafrechtliche Instrumente begegnet. Dabei lässt es eine Abwägung des Interesses des Freigesprochenen und Interessen dritter Personen zu. In jedem Einzelfall kann es durch die fallspezifische Abwägung zu jeweils interessengerechten Lösungen kommen. Dabei wird der Freigesprochene geschützt, ohne dass dieser Schutz zu einer unzulässigen Rechtsverkürzung aufseiten Dritter führt. Schließlich lässt das verfassungsrechtliche Schutzsystem Verdachtsnennungen dort zu, wo es geboten ist.

Am Ende erreicht das verfassungsrechtliche Schutzsystem die vom EGMR gesteckten Ziele auch ohne die – im deutschen Recht problematische – Bindungswirkung von Strafurteilen.

Die Beachtung dieses Schutzsystems genügt daher den Anforderungen des EGMR an den bestmöglichen Schutz des Freigesprochenen im außerstrafrechtlichen Folgeverfahren. Wie es die zahlreichen Ausnahmen des EGMR von dem *Sekanina*-Grundsatz und die uneinheitliche Rechtsprechung zeigen, sind nationale Gerichte ohnehin nicht zu einer strikten Anwendung des *Sekanina*-Grundsatzes gehalten. Die Überlegung, dass Rechte Dritter nicht durch diesen Grundsatz beschränkt werden dürfen, stellt der EGMR selbst an, z.B. in den Entscheidungen *Ringvold* und *Y.*[488]

Im Ergebnis ist daher unter Beachtung der Erkenntnisse aus den §§ 4 und 5 dieser Untersuchung festzustellen, dass das verfassungsrechtliche Schutzsystem im deutschen Recht eine „eins-zu-eins-Umsetzung" der *Sekanina*-Rechtsprechung ersetzen kann. Bei Beachtung des verfassungsrechtlichen Schutzsystems werden die Grundsätze des EGMR unter Beachtung der nationalen Besonderheiten ordnungsgemäß umgesetzt.

Aus dieser Überlegung ergeben sich die folgenden Leitlinien und Hinweise für die richterliche und anwaltliche Praxis:

---

488 Siehe § 3 III 1, 2.

II. Leitlinien für die gerichtliche Praxis

1. Zu beachtende Leitlinien bei der Fassung eines Urteils

Gerichte sollten in Verfahren im Zusammenhang mit einem vorangegangenen Freispruch folgende Leitlinien beachten:

(1) Wenn ein Verfahrensbeteiligter im Zusammenhang mit für das Folgeverfahren relevanten Handlungen strafrechtlich freigesprochen wurde, ist die EGMR-Rechtsprechung *Sekanina* zu beachten.
(2) Der in *Sekanina* geschaffene Grundsatz, dass Restverdachtsmomente aus dem Strafverfahren in Folgeverfahren nicht mehr aufgegriffen werden dürfen, würde zu einer symmetrischen Bindungswirkung von Strafurteilen führen und ist deshalb u.a. aus Gründen des rechtlichen Gehörs in Deutschland nicht umsetzbar.
(3) Die Wertung, die der *Sekanina*-Rechtsprechung zugrunde liegt, ist die, dass ein im Strafverfahren Freigesprochener auch über das Strafverfahren hinaus zu schützen ist; insbesondere gilt das, wenn der Freispruch *in dubio pro reo* erfolgte. Diesem Schutzbedürfnis wird durch ein verfassungsrechtliches Schutzsystem Genüge getan. Demnach dürfen Restverdachtsmomente aus dem Strafverfahren nur dann im Folgeverfahren verwendet werden, wenn berechtigte Interessen es gebieten.

Die Kenntnisnahme und Auseinandersetzung mit der EGMR-Rechtsprechung muss in den einschlägigen Fallkonstellationen unbedingt erfolgen. Die Wertungen des EGMR sind – wenn auch nicht „eins-zu-eins" – anzuwenden. Eine sorgfältige Beachtung dieser Leitlinien verhindert die Beanstandung des Urteils durch den EGMR.

2. Formulierungsbeispiel

Der folgende Textbaustein zeigt, wie eine Auseinandersetzung mit der *Sekanina*-Rechtsprechung im konkreten Urteil aussehen kann:[489]

> EINLEITUNG DES PROBLEMS:
>
> Der Verwendung der aus dem Strafverfahren verbliebenen Verdachtsmomente in diesem Verfahren steht auch nicht die Rechtsprechung des EGMR zur fortwirkenden Unschuldsvermutung entgegen.

489 Leerfelder in eckigen Klammern sind je nach Einzelfall auszufüllen.

Nach ständiger Rechtsprechung des EGMR wirkt sich die Unschuldsvermutung aus Art. 6 Abs. 2 EMRK auch in außerstrafrechtlichen Folgeverfahren aus, wenn diese inhaltlich mit dem Strafverfahren verknüpft sind (vgl. *Englert v. Germany*, Urt. v. 25.08.1987, App. No. 10282/83, Rn. 35; *Allen v. United Kingdom*, Urt. v. 12.07.2013, App. No. 25424/09, Rn. 92 ff.; *Urat v. Turkey*, Urt. v. 27.11.2018, App. No. 53561/09 and 13952/11, Rn. 51). Grundsätzlich schreibt die Unschuldsvermutung nach dem EGMR in außerstrafrechtlichen Folgeentscheidungen vor, dass nur noch Verdachtsbeschreibungen zulässig sind, keine Schuldfeststellungen (sog. *Minelli*-Grundsatz, basierend auf *Minelli v. Switzerland*, Urt. v. 25.03.1983, App. No. 8660/79, Rn. 37). In Fällen des Freispruchs gelten für Folgeverfahren jedoch nach dem EGMR strengere Regeln: Nach einem Freispruch im Strafverfahren seien weder Schuldfeststellungen noch Verdachtsbeschreibungen mehr erlaubt, da beides die Richtigkeit des strafrechtlichen Freispruchs anzweifeln würde (sog. *Sekanina*-Grundsatz, basierend auf *Sekanina v. Austria*, Urt. v. 25.08.1993, App. No. 13126/87, Rn. 30).

Der *Sekanina*-Grundsatz gehört zur ständigen Rechtsprechung des EGMR seit 1993 (vgl. *Allen v. United Kingdom*, Urt. v. 12.07.2013, App. No. 25424/09, Rn. 122 m.w.N.; *Demjanjuk*, Urt. v. 24.01.2019, App. No. 24247/15, Rn. 37). Dennoch wurde der Grundsatz selbst durch den EGMR nicht konsequent angewendet: So wurde der *Sekanina*-Grundsatz teilweise ohne Erklärung nicht angewendet, obwohl alle Anwendungsvoraussetzungen gegeben waren (z.B. *Del Latte v. The Netherlands*, Urt. v. 09.11.2004, App. No. 44760/98, Rn. 31); außerdem entwickelte der EGMR verschiedene Anwendungsbereiche, in denen der Grundsatz nicht gelten solle (vgl. *Allen v. United Kingdom*, Urt. v. 12.07.2013, App. No. 25424/09, Rn. 123 f. m.w.N.). So sei der *Sekanina*-Grundsatz nicht anwendbar in solchen Folgeverfahren, in denen das mutmaßliche Opfer den Freigesprochenen auf Schadensersatz verklage (vgl. *Ringvold v. Norway*, Urt. v. 11.02.2003, App. No. 34964/97, Rn. 38; *Y v. Norway*, Urt. v. 11.02.2003, App. No. 56568/00, Rn. 41; *Orr v. Norway*, Urt. v. 15.05.2008, App. No. 31283/04, Rn. 49). Dasselbe gelte für Klagen des Freigesprochenen gegen den Versicherer (vgl. *Allen v. United Kingdom*, Urt. v. 12.07.2013, App. No. 25424/09, Rn. 123 m.w.N.). In beiden Fällen sollen Rechte Dritter nicht durch die *Sekanina*-Rechtsprechung unzulässig beschränkt werden. Darüber hinaus bilden auch Disziplinarverfahren eine Ausnahmefallgruppe, da die disziplinarrechtliche Verantwortung von der strafrechtlichen zu trennen sei (z.B. *Urat v. Turkey*, Urt. v. 27.11.2018, App. No. 53561/09 and 13952/11, Rn. 53).

Dem vorliegenden Verfahren geht das Strafverfahren [genaue Bezeichnung des Verfahrens mit Aktenzeichen] vor. In diesem wurde der Verfahrensbeteiligte [genaue Bezeichnung des Verfahrensbeteiligten] freigesprochen. Die sich daraus ergebende Verfahrenskonstellation eröffnet den Anwendungsbereich der *Sekanina*-Rechtsprechung des EGMR. Eine Kenntnisnahme und Auseinandersetzung mit der Rechtsprechung des EGMR ist erforderlich (vgl. BVerfG, Urt. v. 14.10.2004, 2 BvR 1481/04, *Görgülü*, Rn. 48 f., 62).

<u>FORTSETZUNG/OPTION 1:</u>

[*anzuwenden, wenn im konkreten Fall einer der vom EGMR geschaffenen Ausnahmetatbestände von der Sekanina-Rechtsprechung eingreift; sprich, wenn es selbst nach dem Verständnis des EGMR nicht zur Anwendung des Sekanina-Grundsatzes kommen würde*]

Bei dem hier geführten Verfahren handelt es sich um ein [von dem mutmaßlichen Opfer der vorab strafrechtlich verfolgten Tat betriebenes Schadensersatzverfahren/ von dem im vorherigen Strafverfahren Freigesprochenen betriebenes Verfahren gegen den Versicherer/Disziplinarverfahren]. Bei dieser Verfahrensart ist nach der Rechtsprechung des EGMR der *Sekanina*-Grundsatz nicht anzuwenden. Vielmehr muss nur der *Minelli*-Grundsatz beachtet werden. Daraus folgt, dass [genaue Bezeichnung des Freigesprochenen] in diesem Verfahren nur mit überbliebenen Verdachtsmomenten aus dem Strafverfahren, nicht aber mit Schuldfeststellungen konfrontiert werden darf.

Die Bezugnahme auf [relevante Sachverhaltsfeststellung] ist lediglich eine Nennung des Restverdachts aus dem Strafverfahren. Mit der Beachtung dieses Aspekts soll keine Meinung des Gerichts über die strafrechtliche Schuld des [genaue Bezeichnung des Freigesprochenen] geteilt werden. Bei der Entscheidung des hier vorliegenden Rechtsstreits sind die Erwägungen des Gerichts/der Verwaltungsbehörde auf die zivilrechtliche/verwaltungsrechtliche/disziplinarrechtliche Verantwortung des [genaue Bezeichnung des Freigesprochenen] beschränkt.

<u>FORTSETZUNG/OPTION 2:</u>

[*anzuwenden, wenn die Sekanina-Regel nach der Rechtsprechung des EGMR einschlägig ist, also keiner der Ausnahmetatbestände eingreift; sprich, wenn nach dem EGMR eine Verdachtsverwertung unzulässig wäre*]
Das hier vorliegende Verfahren erfüllt nicht die Voraussetzungen eines der vom EGMR bestimmten Ausnahmetatbestände des *Sekanina*-Grundsatzes. Bei einer „eins-zu-eins-Übertragung" der einschlägigen EGMR-Rechtsprechung auf das nationale Recht müsste die Erwägung, dass [relevante Sachverhaltsfeststellung], als Verdachtsbeschreibung daher hier außer Acht gelassen werden.

Eine „eins-zu-eins-Übertragung" der Rechtsprechung des EGMR in das nationale Recht ist allerdings vor dem Hintergrund der sich in jedem nationalen Rechtssystem ergebenden Besonderheiten nicht geboten. Vielmehr müssen nur die Wertungen des EGMR in das nationale Recht übertragen werden (vgl. BVerfG, Urt. v. 14.10.2004, 2 BvR 1481/04, *Görgülü*, Rn. 57 ff.; Urt. v. 04.05.2011, 2 BvR 2333/08, *Sicherungsverwahrung*, Rn. 91 f.).

Die Wertung, die der *Sekanina*-Rechtsprechung zugrunde liegt, ist die, dass der im Strafverfahren (aus Mangel an Beweisen) Freigesprochene besonders schutzwürdig ist. Die Unschuldsvermutung führt dazu, dass eine strafrechtliche Verurteilung nur dann erfolgen kann, wenn kein Zweifel über die strafrechtliche Schuld des

Angeklagten mehr besteht. Bestehen aber solche Zweifel, kommt es trotz vorliegender Verdachtsmomente zu einem Freispruch. Ab Beendigung des Strafverfahrens durch Freispruch hat der Freigesprochene aber nicht mehr die Möglichkeit, sich in diesem Verfahren von den verbleibenden Verdachtsmomenten zu befreien. Ihm wird deshalb immer das „Etikett“ eines Straftäters anhaften. In Folgeentscheidungen dürfen nach dem EGMR daher keine Bezugnahmen mehr auf den Restverdacht erfolgen, da diese den Wert des Freispruchs mindern würden (vgl. *Sekanina v. Austria*, Urt. v. 25.08.1993, App. No. 13126/87, Rn. 30).

Diese Wertung muss in das deutsche Recht übertragen werden:

Eine „eins-zu-eins-Übertragung“ der *Sekanina*-Rechtsprechung in das deutsche Recht würde gegen eine Vielzahl einfachrechtlicher und verfassungsrechtlicher Grenzen verstoßen. Das Verbot für Entscheidungsträger in Folgeverfahren, den Restverdacht aus dem Strafverfahren in ihre Entscheidungen einzubeziehen, kommt einem (jedenfalls partiellen) Strafrichtermonopol gleich. Die Bindungswirkung von Strafurteilen für außerstrafrechtliche Entscheidungsträger ist dem deutschen Recht jedoch fremd. Sie wurde in der Geschichte der ZPO aus guten Gründen abgelehnt (vgl. zur älteren Geschichte: Gutachten von *Liszt* und *Planck* im Rahmen des 7. Deutschen Juristentages; *Hahn/Mugdan*, Die gesamten Materialien zur Zivilprozeßordnung, Band 2, Abteilung 1, S. 280 f.; zur jüngeren Geschichte: Empfehlung des Rechtsausschusses zu den Gesetzesentwürfen des JuMoG und JuBeG aus 2004, BT-Drs. 15/348). Eine Bindungswirkung von Strafurteilen würde gegen den Grundsatz der freien Beweiswürdigung als wichtige Prozessmaxime verstoßen. Die Bindung an den Freispruch würde außerdem das rechtliche Gehör (Art. 103 Abs. 1 GG) von Verfahrensbeteiligten verletzen, welche nicht am Strafverfahren beteiligt waren. Außerdem kann in Fällen von Schadensersatzprozessen gegen den Freigesprochenen Art. 14 Abs. 1 GG betroffen sein, wenn der Zivilrichter aufgrund seiner Bindung an die strafrichterlichen Feststellungen einen Anspruch versagen muss, dessen Voraussetzungen eigentlich vorlägen. Darüber hinaus würde es zum Transfer von Beweismaß und Beweislastverteilungen aus dem Strafverfahren in außerstrafrechtliche Verfahren kommen. Dadurch würden spezielle Wertungen des Gesetzgebers gestört und es käme zu prozessualen Ungerechtigkeiten. Gestört würde wohl auch die öffentliche Akzeptanz von solchen Folgeentscheidungen, die aufgrund der Bindungswirkung des Strafurteils auf Basis unvollständiger Sachverhaltsfeststellungen getroffen würden. Sowohl das – durch die Bindungswirkung mit Bedeutung überladene – Strafverfahren als auch das – durch die Bindungswirkung behinderte – Folgeverfahren, würden unter einer solchen Regelung massiv leiden. All diese Erwägungen stehen einer „eins-zu-eins-Umsetzung“ der *Sekanina*-Rechtsprechung im deutschen Recht entgegen.

Eine Parallelisierung der Wertungen der EGMR-Rechtsprechung und des nationalen Rechts kann aber auch über das bestehende verfassungsrechtliche System erfolgen. Das Interesse des Freigesprochenen daran, dass der Restverdacht aus dem

Strafverfahren nicht perpetuiert wird, kann auch durch grundrechtliche Instrumente geschützt werden: So wird der Freigesprochene im Folgeverfahren vor allem durch das allgemeine Persönlichkeitsrecht aus Art. 2 Abs. 1 i.V.m. Art. 1 Abs. 1 GG vor Verdachtsnennungen geschützt. Betreffen Verdachtsäußerungen den Kernbereich des allgemeinen Persönlichkeitsrechts, der eng mit der Menschenwürdegarantie verbunden ist, so sind sie *per se* unzulässig. Im Bereich außerhalb dieses Kernbereichs sind Verdachtsnennungen aber dann zulässig, wenn berechtigte Interessen es gebieten. Bei dieser Abwägung ist der Grundsatz der Verhältnismäßigkeit anzuwenden. Je nach Lage des Einzelfalls schützen den Freigesprochenen auch spezielle Grundrechte, z.B. die Berufsfreiheit (Art. 12 Abs. 1 GG), vor Verdachtsnennungen. Auch hier kann es zu Abwägungen unter Geltung des Grundsatzes der Verhältnismäßigkeit kommen. Sekundär wird der Freigesprochene außerdem durch das Rechtsstaatsprinzip aus Art. 20 Abs. 3 GG geschützt, welches sich insbesondere in der Verpflichtung des Staates zur Wahrung der Grundrechte konkretisiert.

Die deutsche Verfassung bietet dem Freigesprochenen einen umfassenden Schutz, der sich aus der Zusammenwirkung vieler einzelner Schutzinstrumente ergibt. Dieser umfassende verfassungsrechtliche Schutz schützt den Freigesprochenen so intensiv, wie es möglich ist, ohne Rechte Dritter unzulässig zu beschränken. Dieser Schutz ist – anders als die *Sekanina*-Rechtsprechung – einer Abwägung der entgegenstehenden Interessen zugänglich. Aufgrund dieses umfassenden, aber relativen Schutzes des Freigesprochenen über das Verfassungsrecht ist die Rechtskonstruktion der fortwirkenden Unschuldsvermutung in Deutschland entbehrlich. Auch ohne diese extensive Auslegung der Unschuldsvermutung kann das deutsche Recht die Wertungen des EGMR in nationales Recht „übersetzen".

Im vorliegenden Fall ist also davon auszugehen, dass die Nennung des Verdachtsmomentes, dass [relevante Sachverhaltsfeststellung], nur dann zulässig ist, wenn berechtigte Interessen dies gebieten. Die Verdachtsnennung wird hier durch das berechtigte Interesse des Verfahrensbeteiligten bzw. Dritten [genaue Bezeichnung des Verfahrensbeteiligten bzw. Dritten] an [rechtliches Interesse ausführen] gerechtfertigt. Mithin steht der Verwertung des Restverdachts trotz des Freispruchs hier nichts entgegen.

III. Leitlinien für die anwaltliche Praxis

Die Pflicht der Gerichte und Verwaltungsbehörden zur Beachtung und angepassten Umsetzung der *Sekanina*-Rechtsprechung des EGMR wirkt sich mittelbar auch auf die anwaltliche Praxis aus. Bei anwaltlicher Vertretung eines strafrechtlich Freigesprochenen im außerstrafrechtlichen Folgeverfahren sind dessen Interessen in Bezug auf den Restverdacht durchzusetzen. Bei der anwaltlichen Vertretung eines (mutmaßlichen) Opfers ist es ebenfalls von Vorteil, von den Auswirkungen der *Sekanina*-Rechtsprechung im nationalen Recht zu wissen. Auf dieser Seite ist insbesondere relevant, welche Punkte gegen eine strikte Anwendung des *Sekanina*-Grundsatzes im deutschen Recht sprechen.

1. Allgemeine Leitlinien

Allgemein gilt für die anwaltliche Tätigkeit im Zusammenhang mit Mandaten in außerstrafrechtlichen Folgeverfahren nach einem Freispruch im Folgeverfahren:

(1) Der eigene sowie der gegnerische Sachverhaltsvortrag sollten daraufhin überprüft werden, ob sie den Anforderungen der *Sekanina*-Rechtsprechung in ihrer deutschen Umsetzung genügen (d.h. Restverdachtsmomente aus dem Strafverfahren dürfen nur bei Vorliegen eines berechtigten Interesses in das Verfahren eingeführt werden; ob dieses Interesse zur Rechtfertigung ausreicht, muss durch eine Grundrechtsprüfung unter Beachtung des Grundsatzes der Verhältnismäßigkeit ermittelt werden)
(2) Beanstandungen des Sachverhalts sollten vor Gericht – unabhängig von der Gefahr der Zurückweisung nach § 296 ZPO – so zeitnah wie möglich erfolgen, um zu verhindern, dass das Gericht sich einen entsprechenden ersten Eindruck von der betroffenen Person macht.
(3) Urteile, in denen das Gericht die EGMR-Rechtsprechung nicht nach den Vorgaben des BVerfG zur Kenntnis nimmt und sich damit auseinandersetzt, können angegriffen werden. In letzter Konsequenz ist an den Gang zum EGMR zu denken.
(4) Versäumt der Anwalt mangels Kenntnis der EGMR-Rechtsprechung und der entsprechenden nationalen Umsetzung die Beanstandung des Sachverhalts oder gar eines Urteils, droht die anwaltliche Haftung.

Im Einzelnen gilt für die Vertretung von Freigesprochenen und (mutmaßlichen) Opfern in außerstrafrechtlichen Folgeverfahren das Folgende:

2. Anwaltliche Vertretung des Freigesprochenen im außerstrafrechtlichen Folgeverfahren

Die anwaltliche Vertretung eines Freigesprochenen im außerstrafrechtlichen Folgeverfahren sollte in Kenntnis der Rechtsprechung des EGMR zur fortwirkenden Unschuldsvermutung erfolgen. Aus dieser Rechtsprechung in Form ihrer nationalen Umsetzung ergibt sich, dass Verdachtsmomente, die aus dem abgeschlossenen Strafverfahren verblieben sind, nicht ohne weiteres in das Folgeverfahren eingeführt werden dürfen.

Sollte es im Folgeverfahren dennoch dazu kommen, dass die Gegenseite zu den Restverdachtsmomenten vorträgt oder dass solche Verdachtsmomente im Wege der Amtsermittlung in das Verfahren gelangen, muss der Anwalt die Zulässigkeit der Beachtung des konkreten Verdachts prüfen. Aus dem verfassungsrechtlichen Schutzsystem – insbesondere geprägt durch das allgemeine Persönlichkeitsrecht des Freigesprochenen – ergibt sich, dass Restverdachtsmomente aus vorangegangenen Strafverfahren nur dann zulässig sind, wenn ein berechtigtes Interesse einer dritten Person dies rechtfertigt. Das kann im Einzelfall angezweifelt werden.

Wird der Anwalt erst nach Beendigung des Folgeverfahrens durch Urteil mandatiert, muss er prüfen, ob das Gericht die Rechtsprechung des EGMR entsprechend den Anforderungen des BVerfG zur Kenntnis genommen und sich damit auseinander gesetzt hat.[490] Sollte dies versäumt worden sein, besteht die Möglichkeit, das Urteil in Bezug auf diesen Mangel zu beanstanden. In letzter Konsequenz ist sogar eine Individualbeschwerde vor dem EGMR denkbar. Diese kann bei Erfolg den Weg zu einer Restitutionsklage nach § 580 Nr. 8 ZPO ebnen.

3. Anwaltliche Vertretung des (mutmaßlichen) Opfers im außerstrafrechtlichen Folgeverfahren

Auch bei der Vertretung des (mutmaßlichen) Opfers im außerstrafrechtlichen Folgeverfahren ist es durchaus sinnvoll, die Rechtsprechung des EGMR zur fortwirkenden Unschuldsvermutung und die Umsetzung in das nationale Recht zu kennen.

Bei der Einführung von Verdachtsmomenten gegen den Freigesprochenen in das Verfahren sollte beachtet werden, dass diese grundsätzlich unzulässig sind und daher mit einem entgegenstehenden Interesse des (mutmaßlichen) Opfers gerechtfertigt werden müssen. Dieses Interesse an der Verdachtsverwertung sollte unmittelbar mit dem Sachverhaltsvortrag erfolgen, um einer Beanstandung durch den Gegner oder das Gericht zuvorzukommen.

Sollte das Gericht den *Sekanina*-Grundsatz „eins-zu-eins“ im deutschen Verfahren anwenden, muss ein entsprechender Vortrag zu den nationalen Besonderheiten des deutschen Rechts erfolgen, die eine solche „eins-zu-eins-Umsetzung“ verbieten. Gegebenenfalls muss auch die Beanstandung eines entsprechenden Urteils erfolgen.

490 Vgl. § 6 II.

4. Haftung des Anwalts

Versäumt der Anwalt den entsprechenden Sachvortrag oder die Einlegung eines Rechtsmittels, droht ihm die Haftung für diese Pflichtverletzung nach § 280 Abs. 1 BGB. Er hat den Schaden zu ersetzen, der dem Mandanten kausal durch die Pflichtverletzung entstanden ist.

Konkret kommt die Haftung des Anwalts in den folgenden Situationen in Betracht:

- Der Anwalt des Freigesprochenen versäumt es, unzulässige Verdachtsbeschreibungen zu rügen
- Der Anwalt des Freigesprochenen versäumt die Einlegung von Rechtsmitteln gegen ein Urteil, welches die vom EGMR gesteckten Anforderungen nicht erfüllt
- Der Anwalt des mutmaßlichen Opfers versäumt es, gegen eine „eins-zu-eins-Umsetzung" der *Sekanina*-Rechtsprechung im deutschen Recht vorzutragen
- Der Anwalt des mutmaßlichen Opfers versäumt die Einlegung von Rechtsmitteln gegen ein Urteil, welches die EGMR-Rechtsprechung ohne Rücksicht auf die nationalen Besonderheiten des deutschen Rechts „eins-zu-eins" umsetzt

Bezüglich des Haftungsmaßstabes ist anzumerken, dass an die Qualität der Rechtsprüfung durch einen Anwalt hohe Anforderungen gestellt werden.[491] Das gilt insbesondere, seit elektronische Datenbanken die Recherche des Anwalts stark vereinfachen.[492] Bei der rechtlichen Beurteilung muss der Anwalt nicht nur die einschlägigen Gesetze ermitteln und richtig anwenden, sondern auch die höchstrichterliche Rechtsprechung kennen und seine Beratung an ihr ausrichten.[493] Da die Rechtsprechung des EGMR von den deutschen Gerichten beachtet werden muss, muss der Anwalt sich auch mit einschlägigen Entscheidungen des EGMR auseinandersetzen, um eine vollumfängliche rechtliche Beurteilung abgeben zu können.[494]

---

491 Dauner-Lieb/Langen/*Vom Stein*, Anhang zu §§ 611–630, Anwaltshaftung, Rn. 31.

492 Borgmann/Jungk/Schwaiger/*Jungk*, Kapitel IV, Die Pflichten aus dem Anwaltsvertrag, Rn. 48.

493 Zustimmend: Dauner-Lieb/Langen/*Vom Stein*, Anhang zu §§ 611–630, Anwaltshaftung, Rn. 32 f.; vgl. *BGH*, Urt. v. 18.12.2008 – IX ZR 179/07, Rn. 13 f.; Urt. v. 30.09.1993 – IX ZR 211/92, Rn. 18 f.; Urt. v. 29.03.1983 – VI ZR 172/81, Rn. 16.

494 Borgmann/Jungk/Schwaiger/*Jungk*, Kapitel IV, Die Pflichten aus dem Anwaltsvertrag, Rn. 48.

Voraussetzung für die Haftung des Anwalts ist neben der Pflichtverletzung schließlich aber auch die Kausalität derselben für den entstandenen Schaden. Hier wird sicherlich oftmals die Schwierigkeit für den Betroffenen liegen. Der Nachweis der Kausalität für den Schaden wird oftmals schwer fallen. Das gilt umso mehr deshalb, weil es noch keine Entscheidung des EGMR zur Umsetzung der *Sekanina*-Rechtsprechung in Deutschland gibt. Ebenso fehlt es an einer innerdeutschen Rechtsprechungspraxis.

Zur Vermeidung von Haftungsfällen ist es Anwälten dennoch zu raten, sich regelmäßig auch über die Rechtsprechung des EGMR zu informieren. Die Grundzüge der Rechtsprechung des EGMR zum *second aspect* der Unschuldsvermutung sollten nicht nur Strafverteidigern bekannt sein, sondern gerade auch solchen Anwälten, die Mandate im weiteren Zusammenhang mit einem Strafverfahren annehmen. Die Thematik der fortwirkenden Unschuldsvermutung und den damit zusammenhängenden Überlegungen zur Umsetzung der EGMR-Rechtsprechung in das nationale Recht sollten auch in der anwaltlichen Praxis mehr Bedeutung bekommen bzw. zunächst überhaupt zur Kenntnis genommen werden.

§ 7 - Abschließende Thesen

Die Untersuchungen zu den Auswirkungen der Unschuldsvermutung auf außerstrafrechtliche Folgeverfahren in Fällen des Freispruchs aus Mangel an Beweisen unter besonderer Berücksichtigung der Rechtsprechung des EGMR sollen mit einigen abschließenden Thesen beendet werden, die die Ergebnisse der gesamten Untersuchung zusammenfassen:

I. Die Unschuldsvermutung ist ein weltweit bekanntes Rechtsprinzip mit teilweise ungeklärtem Bedeutungsinhalt

Die allgemeine Recherche und Beschäftigung mit der Unschuldsvermutung im Verlauf der Bearbeitung und besonders in § 2 dieser Untersuchung hat offenbart, dass die Unschuldsvermutung zwar breite Anerkennung genießt, in ihren Einzelwirkungen teilweise aber nebulös bleibt.

Passend zu der historischen Einordnung in die Epoche der Aufklärung ist die theoretische Grundlage der Unschuldsvermutung ein idealistisches Menschenbild. Die Überlegung, dass Menschen im Grunde gut sind und Angeklagte daher bis zur Feststellung der Schuld als unschuldig zu gelten haben, ist ein Ideal, welches empirisch keine Grundlage hat. Aus diesem Grund lässt sich die Unschuldsvermutung auch nicht überall widerspruchslos umsetzten – bestes Beispiel hierfür ist das Anknüpfen behördlicher Ermittlungen an einen Tatverdacht oder auch das Rechtsinstrument der Untersuchungshaft, bei dem Ermittlungszwecke und Strafe jedenfalls aus Sicht des Betroffenen ineinander übergehen. In den Überlegungen zur theoretischen Grundlage schwingt aber auch der Gedanke mit, dass der Einzelne vor Übergriffen des Staates geschützt werden muss – ein pessimistisches Staatsbild.

Betrachtet man die Literatur und Rechtsprechung zur Unschuldsvermutung, wird gleichsam deutlich, dass die einzelnen Gewährleistungen der Unschuldsvermutung nicht eindeutig sind. Im Ergebnis handelt es sich bei der Unschuldsvermutung um ein Rechtsprinzip, welches mit anderen Prinzipien in Einklang gebracht werden muss und auf diese Weise auch Einschränkungen erfährt. Dennoch beherrscht die Idee der Unschuldsvermutung das Strafverfahren jedenfalls in dem Sinne, dass sie das Gericht dazu anhält, das Verfahren bis zum Schuldspruch für alle Ergebnisse offen zu halten – ob das psychologisch möglich ist, mag allerdings angezweifelt werden.

II. Die Rechtsprechung des EGMR zur fortwirkenden Unschuldsvermutung ist von Widersprüchen beherrscht

Die Unklarheiten bei dem allgemeinen Verständnis der Unschuldsvermutung setzen sich in der Rechtsprechung des EGMR zur fortwirkenden Unschuldsvermutung fort, welche in § 3 dieser Untersuchung eingehend besprochen wurde.

Schon bei der Frage nach der Anwendbarkeit der Unschuldsvermutung auf außerstrafrechtliche Folgeverfahren hat der EGMR mit dem „*link*-Erfordernis" ein problematisches Kriterium geschaffen. Wann der „*link*" vorliegt, wurde nie abschließend geklärt. Vielmehr begnügte sich der EGMR mit einer Aufzählung von Fallgruppen, in denen der „*link*" zu bejahen sei. Für die Praxis ist dieses Vorgehen des EGMR allerdings mangels Rechtssicherheit wenig befriedigend.

Widersprüchlich ist auch die Rechtsprechung des EGMR zur Abgrenzung von (zulässiger) Verdachtsbeschreibung und (unzulässiger) Schuldfeststellung. Ob hier auf die Innen- oder Außenwirkung der Äußerung abgestellt werden soll, wurde immer wieder unterschiedlich gesehen. Der Hinweis, der Wortlaut sei zur Abgrenzung entscheidend, ist ebenso unklar.

Mit der Schaffung des *Sekanina*-Grundsatzes wurde schließlich durch den EGMR eine Bindungswirkung von Strafurteilen vorgeschrieben, die wohl in den meisten europäischen Rechtsordnungen nicht durchsetzbar ist. Die außerstrafrechtliche Wahrung des Freispruchs wird durch den EGMR über andere Interessen gestellt. So geraten durch die *Sekanina*-Rechtsprechung z.B. Aspekte des Opferschutzes und des rechtlichen Gehörs in den Hintergrund. Doch selbst der EGMR als Schöpfer des Grundsatzes, ein Freispruch sperre jegliche Verdachtsäußerung, hat diesen Grundsatz nicht immer gleichförmig angewendet und außerdem durch zahlreiche Ausnahmen entwertet. Was für den Rechtsanwender bleibt, ist große Unsicherheit.

III. Eine „eins-zu-eins-Umsetzung" der *Sekanina*-Rechtsprechung in das deutsche Recht scheitert an einfachgesetzlichen und verfassungsrechtlichen Grenzen

In § 4 dieser Untersuchung wurden die Auswirkungen der EGMR-Rechtsprechung auf das deutsche Recht beleuchtet.

Die Unterbindung von Verdachtsnennungen in außerstrafrechtlichen Verfahren nach einem strafrechtlichen Freispruch führt zu einer Bindungswirkung von Strafurteilen, die im deutschen Recht nicht durchsetzbar ist. Das gilt schon aufgrund des Grundsatzes der freien Beweiswürdigung, der es den Gerichten in Folgesachen erlaubt – unabhängig von den strafgerichtlichen

Feststellungen – eine eigene Überzeugung zu bilden. Darüber hinaus führt die Bindungswirkung des Freispruchs dazu, dass am Strafverfahren nicht beteiligte Dritte die Feststellungen des Strafgerichts gegen sich gelten lassen müssen. Dieses stellt ein Problem des rechtlichen Gehörs nach Art. 103 Abs. 1 GG dar. Verfassungsrechtlich kann außerdem Art. 14 Abs. 1 GG betroffen sein, wenn zivilrechtliche Ansprüche aufgrund der Bindungswirkung verhindert werden, obwohl deren Voraussetzungen eigentlich gegeben wären. Schließlich führt die Bindungswirkung von Strafurteilen zum Transfer von Beweismaß und Regeln zur Beweislastverteilung aus dem Strafverfahren in außerstrafrechtliche Folgeverfahren. Diese unterschiedlichen Rechtsbereiche sind allerdings aus gutem Grund von anderen Grundsätzen beherrscht, die nicht vermischt werden sollten.

Eine Bindungswirkung von Strafurteilen kann es schon aus diesen Gründen im deutschen Recht nicht geben. Folgerichtig scheitert auch eine „eins-zu-eins-Umsetzung" der *Sekanina*-Rechtsprechung in das nationale Recht.

IV. Die Umsetzung der Wertungen der *Sekanina*-Rechtsprechung in das deutsche Recht kann über das verfassungsrechtliche Schutzsystem aus Grundrechten und allgemeinen Prinzipien erfolgen

Auch wenn eine „eins-zu-eins-Umsetzung" der *Sekanina*-Rechtsprechung scheitert, ist Deutschland dazu angehalten, die Wertungen der EGMR-Rechtsprechung in der nationalen Rechtsprechung zu beachten. Mit der Lösung dieses Problems befasste sich § 5 dieser Untersuchung.

Ergebnis dieser Untersuchung ist, dass das deutsche Verfassungsrecht genügend Schutzinstrumente bereithält, um den Freigesprochenen auch nach dem Strafverfahren vor Verdachtsäußerungen zu schützen. Einer fortwirkenden Unschuldsvermutung bedarf es daher zum Schutz des Freigesprochenen nicht. Dieser kann sich zum Schutz vor Verdachtsäußerungen vielmehr auf die Menschenwürdegarantie, das allgemeine Persönlichkeitsrecht und spezielle Grundrechte stützen. Sekundär verhelfen ihm das Rechtsstaatsprinzip und der Grundsatz der Verhältnismäßigkeit zu einer Beachtung seiner grundrechtlichen Positionen.

V. Trotz Umsetzungsschwierigkeiten darf die *Sekanina*-Rechtsprechung des EGMR in der deutschen Praxis nicht ignoriert werden

Auch wenn die Bedenken gegen die „eins-zu-eins-Umsetzung der EGMR-Rechtsprechung dazu verleiten, sollte diese in der deutschen Praxis keinesfalls einfach ignoriert werden. Bei der Recherche nach nationalen Urteilen im Anwendungsbereich der *Sekanina*-Rechtsprechung kommt die Vermutung auf, dass dies vielfach so gehandhabt wird. Durch ein solches Vorgehen riskieren Gerichte aber die Beanstandung ihrer Urteile und Anwälte die Haftung für Schäden aus ihrem Versäumen. Wie die Rechtsprechung des EGMR in der Praxis gehandhabt werden sollte wurde in § 6 dieser Untersuchung thematisiert.

Wichtige Schlussfolgerung ist, dass sich sowohl die Gerichte als auch die Anwaltschaft mit den Urteilen des EGMR zur fortwirkenden Unschuldsvermutung beschäftigen müssen. Auch wenn diese Rechtsprechung nur durch eine Parallelisierung von Wertungen in das deutsche Recht eingeführt werden kann, ergeben sich aus dieser Umsetzung wichtige Aspekte zum Schutz von Freigesprochenen in außerstrafrechtlichen Folgeverfahren.

Literaturverzeichnis

Achenwall, Gottfried, Ius Naturae in Usum Auditorum, 1781 (zit. als *Achenwall*).

Alexy, Robert, Rechtsregeln und Rechtsprinzipien, in: Neil Maccormick, Stavros Panou, Luigi Lombardi Vallauri (Hrsg.), Conditions of Validity and Cognition in Modern Legal Thought, Geltungs- und Erkenntnisbedingungen im modernen Rechtsdenken, ARSP, Beiheft Nr. 25, 1985, 13 (zit. als *Alexy*).

Barrot, Johannes, Die Unschuldsvermutung in der Rechtsprechung des EGMR, ZjS 2010, 701 (zit. als *Barrot*).

Baumgärtel, Gottfried/Laumen, Hans-Willi/Prütting, Hanns (Hrsg.), Handbuch der Beweislast, Band 1: Grundlagen, 4. Aufl., 2018 (zit. als Baumgärtel/Laumen/Prütting-*Bearbeiter*).

Becker, Ulrich, Grundrechte der Arbeit in Europa, zu Funktionen, Verschränkungen und Konflikten vernetzter Grundrechtsordnungen, EuR 2019, 469 (zit. als *Becker*).

Beck'scher Online-Kommentar Grundgesetz, hrsg. von Volker Epping, Christian Hillgruber, 43. Edition Stand 2020 (zit. als BeckOK GG-*Bearbeiter*).

Bender, Rolf, Das Beweismaß, in: Wolfgang Grunsky, Rolf Stürner, Gerhard Walter et al. (Hrsg.), Festschrift für Fritz Baur, Tübingen 1981, 247 (zit. als *Bender*).

Bleckmann, Albert, Europäische Kommission für Menschenrechte, Rechtsprechungsbericht 1982 Nr. 1–97, EuGRZ 1983, 415 (zit. als *Bleckmann*).

Bock, Stefanie, Unschuldsvermutung und Entscheidungsbegründung, in: Roland Broemel, Paul Krell, Olaf Muthorst et al. (Hrsg.), Prozessrecht in nationaler, europäischer und globaler Perspektive, Tübingen 2017, 155 (zit. als *Bock*).

Böhme, Toni, Das Fehlurteil im Strafprozess, Zum Begriff und zur Häufigkeit, in: Daniel Effer-Uhe, Elisa Hoven, Simon Kempny et al. (Hrsg.), Einheit der Prozessrechtswissenschaft?, Tagung junger Prozessrechtswissenschaftler am 18./19. September 2015 in Köln, 2016, 39 (zit. als *Böhme*).

Borgmann, Brigitte/Jungk, Antje/Schwaiger, Michael (Hrsg.), Anwaltshaftung, Systematische Darstellung der Rechtsgrundlagen für die anwaltliche Berufstätigkeit, 6. Aufl., 2020 (zit. als Borgmann/Jungk/Schwaiger-*Bearbeiter*).

Braeuer, Max, Strukturelle Unterschiede zwischen Familien- und Strafverfahren, FPR 2006, 380 (zit. als *Braeuer*).

Brand, Peter-Andreas, Grenzen zivilprozessualer Wahrheit und Gerechtigkeit, Disclosure- und Discovery-Elemente im deutschen Zivilverfahrensrecht, NJW 2017, 3558 (zit. als *Brand*).

Bruns, Hans-Jürgen, Anmerkung zu BGH, Beschl. v. 26.06.1981 – 3 StR 83/81, Strafschärfende Berücksichtigung einer nicht mitangeklagten Straftat, StV 1982, 17 (zit. als *Bruns*).

Bürkle, Jürgen, Richterliche Alltagstheorien im Bereich des Zivilrechts, mit einer Analyse amtsrichterlicher Urteile in Zivilsachen zu richterlichen Theorien für die Glaubhaftigkeitsbeurteilung von Zeugenaussagen, Reform der Justizreform, Band 9, 1984 (zit. als *Bürkle*).

Dauner-Lieb, Barbara/Langen, Werner (Hrsg.), Nomos Kommentar BGB Schuldrecht, Band 2, 3. Aufl., 2016 (zit. als Dauner-Lieb/Langen-*Bearbeiter*).

Demko, Daniela, Zur Unschuldsvermutung nach Art. 6 Abs. 2 EMRK bei Einstellung des Strafverfahrens und damit verknüpften Nebenfolgen, Reihe Strafprozessuale Leitfälle zur EMRK, HRRS 2007, 286 (zit. als *Demko*).

Diehm, Dirk, Die Menschenrechte der EMRK und ihr Einfluss auf das deutsche Strafgesetzbuch, Strafrechtliche Fragen der Gegenwart, Band 4 (zit. als *Diehm*).

Dieterich, Thomas/Hanau, Peter/Schaub, Günter, Erfurter Kommentar zum Arbeitsrecht, 20. Aufl., hrsg. von Rudi Müller-Glöge, Ulrich Preis, Ingrid Schmidt, 2020 (zit. als Dieterich/Hanau/Schaub-*Bearbeiter*).

Dreier, Horst (Hrsg.), Grundgesetz-Kommentar, Band 1, 3. Aufl., 2013 (zit. als Dreier-*Bearbeiter*).

Echterhölter, Rudolf, Die Europäische Menschenrechtskonvention in der juristischen Praxis, JZ 1956, 142 (zit. als *Echterhölter*).

Effer-Uhe, Daniel, Überlegungen zum Beweismaß im Zivilprozess, ZZP 2020 (erscheint demnächst) (zit. als *Effer-Uhe*).

Effer-Uhe, Daniel/Mohnert, Alica, Psychologie für Juristen, 2019 (zit. als *Effer-Uhe/Mohnert*).

Einmahl, Matthias, Zeugenirrtum und Beweismaß im Zivilprozess, Eine Fallstudie am Beispiel eines Verkehrsunfallprozesses, NJW 2001, 469 (zit. als *Einmahl*).

Emmert, Reinhold, Bindungswirkung des Strafurteils im Schadensersatzprozess, ZRP 2018, 82 (zit. als *Emmert*).

Eschke, Christina, Die Geltung der Unschuldsvermutung im Zivil- und Zivilverfahrensrecht, Schriftenreihe Studien zur Rechtswissenschaft, Band 108, 2003 (zit. als *Eschke*).

Eylert, Mario, Die Verdachtskündigung, NZA-RR 2014, 393 (zit. als *Eylert*).

Fervers, Matthias, Dispositions- und Verhandlungsgrundsatz im Spannungsverhältnis zum (europäisierten) materiellen Recht, in: Daniel Effer-Uhe, Elisa Hoven, Simon Kempny et al. (Hrsg.), Einheit der Prozessrechtswissenschaft?, Tagung junger Prozessrechtswissenschaftler am 18./19. September 2015 in Köln, 2016, 85 (zit. als *Fervers*).

Foerster, Max, Transfer der Ergebnisse von Strafverfahren in nachfolgende Zivilverfahren, Veröffentlichungen zum Verfahrensrecht, Band 53, 2008 (zit. als *Foerster*).

Frister, Helmut, Schuldprinzip, Verbot der Verdachtsstrafe und Unschuldsvermutung als materielle Grundprinzipien des Strafrechts, Strafrechtliche Abhandlungen Neue Folge, Band 62, 1988 (zit. als *Frister*).

Frowein, Jochen/Peukert, Wolfgang (Hrsg.), Europäische Menschenrechtskonvention, EMRK-Kommentar, 3. Aufl., 2009 (zit. als Frowein/Peukert-*Bearbeiter*).

Galen, Margarete Gräfin von, „Parallel Justice" für Opfer von Straftaten, ein Verfahren mit „Opfervermutung" außerhalb des Strafrechts, StV 2013, 171 (zit. als *Galen*).

Gaul, Hans Friedhelm, Die Grenzen der Bindung des Zivilgerichts an Strafurteile, in: Richard Holzhammer, Peter Böhm, Wolfgang Jelinek (Hrsg.), Festschrift für Hans W. Fasching zum 65. Geburtstag, Wien 1988, 157 (zit. als *Gaul*).

Gaul, Hans Friedhelm, Zur Frage nach dem Zweck des Zivilprozesses, AcP 1968, 27 (zit. als *Gaul*).

Geipel, Andreas (Hrsg.), Handbuch der Beweiswürdigung, 3. Aufl., 2017 (zit. als Geipel-*Bearbeiter*).

Geismann, Maria, Zur unterschiedlichen Bedeutung des Beweisrechts bei der richterlichen Tatsachenermittlung nach der VwGO und der StPO, in: Daniel Effer-Uhe, Elisa Hoven, Simon Kempny et al. (Hrsg.), Einheit der Prozessrechtswissenschaft?, Tagung junger Prozessrechtswissenschaftler am 18./19. September 2015 in Köln, 2016, 111 (zit. als *Geismann*).

Gollwitzer, Walter (Hrsg.), Menschenrechte im Strafverfahren, MRK und IPBPR Kommentar, 2005 (zit. als Gollwitzer-*Bearbeiter*).

Gropp, Walter, Zum verfahrenslimitierenden Wirkungsgehalt der Unschuldsvermutung, JZ 1991, 804 (zit. als *Gropp*).

Groß, Karl-Heinz, Gegen den Mißbrauch strafrechtlicher Ermittlungen zur Vorbereitung eines Zivilverfahrens, Abgebrochene gesetzgeberische Vorüberlegungen, GA 1996, 151 (zit. als *Groß*).

Haberstroh, Dieter, Unschuldsvermutung und Rechtsfolgenausspruch, NStZ 1984, 289 (zit. als *Haberstroh*).

Hahn, Carl/Mugdan, Benno, Die gesamten Materialien zur Zivilprozeßordnung, Auf Veranlassung des Kaiserlichen Reichs-Justizamts, 2. Aufl., Die gesamten Materialien zu den Reichsjustizgesetzen, Band 2, Abteilung 1, 1983 (zit. als *Hahn/Mugdan*).

Hamm, Rainer, Mißbrauch des Strafrechts, NJW 1996, 2981 (zit. als *Hamm*).

Heger, Martin, Das Adhäsionsverfahren, Fortschritt oder Fremdkörper im deutschen Strafprozess?, GA 2018, 684 (zit. als *Heger*).

Heghmanns, Michael/Scheffler, Uwe (Hrsg.), Handbuch zum Strafverfahren, 2008 (zit. als Heghmanns/Scheffler-*Bearbeiter*).

Herrmann, Gero, Zur Bindung des Zivilrichters an Strafurteile in Deutschland, Österreich und der Schweiz, 1985 (zit. als *Herrmann*).

Herrmann, Joachim, Die Entwicklung des Opferschutzes im deutschen Strafrecht und Strafprozessrecht, Eine unendliche Geschichte, ZIS 2010, 236 (zit. als *Herrmann*).

Hoefs, Christian, Die Verdachtskündigung, Schriften zum Sozial- und Arbeitsrecht, Band 188, 2001 (zit. als *Hoefs*).

Hofmann, Rainer/Boldt, Nicki (Hrsg.), Internationaler Bürgerrechtepakt, 2005 (zit. als Hofmann/Boldt-*Bearbeiter*).

Hohnstädter, Arndt, Die Speicherung personenbezogener Daten für präventivpolizeiliche Zwecke und die Unschuldsvermutung, NJW 2003, 490 (zit. als *Hohnstädter*).

Honsell, Heinrich, Die rhetorischen Wurzeln der juristischen Auslegung, ZfPW 2016, 106 (zit. als *Honsell*).

Hruschka, Joachim, Die Unschuldsvermutung in der Rechtsphilosophie der Aufklärung, ZStW 2000, 285 (zit. als *Hruschka*).

Huber, Michael, Modernisierung der Justiz?, Anmerkungen zu dem die ZPO betreffenden Teil des beabsichtigten Justizmodernisierungsgesetzes, ZRP 2003, 268 (zit. als *Huber*).

Internationaler Kommentar zur Europäischen Menschenrechtskonvention, Kommentarteil, Band 1, hrsg. von Katharina Pabel, Stefanie Schmahl, 27. EL Stand 2020 (zit. als IntKomm EMRK-*Bearbeiter*).

Isfen, Osman, Feststellungen im Strafurteil über gesondert Verfolgte und Unschuldsvermutung, StV 2009, 611 (zit. als *Isfen*).

Johannsen, Kurt, Familienrecht, Scheidung, Unterhalt, Verfahren, Kommentar, 7. Aufl., hrsg. von Dieter Henrich, Christoph Althammer, 2020 (zit. als Johannsen-*Bearbeiter*).

Kant, Immanuel, Die Metaphysik der Sitten, AA Band VI, 1797 (zit. als *Kant*).

Karlsruher Kommentar zur Strafprozessordnung, 8. Aufl., hrsg. von Rolf Hannich, 2019 (zit. als KK StPO-*Bearbeiter*).

Katzenmeier, Christian, Beweismaßreduzierung und probabilistische Proportionalhaftung, ZZP 2004, 187 (zit. als *Katzenmeier*).

Knauer, Christoph/Wolf, Christian, Zivilprozessuale und strafprozessuale Änderungen durch das Erste Justizmodernisierungsgesetz, Teil 1: Änderungen der ZPO, NJW 2004, 2857 (zit. als *Knauer/Wolf*).

Köster, Rolf-Jürgen, Die Rechtsvermutung der Unschuld, historische und dogmatische Grundlagen, 1979 (zit. als *Köster*).

Krüger, Elmar, Der Gefahrenbegriff im Polizei- und Ordnungsrecht, JuS 2013, 985 (zit. als *Krüger*).

Kühl, Kristian, Rückschlag für die Unschuldsvermutung aus Straßburg, Die neueste Rechtsprechung des Europäischen Gerichtshofs für Menschenrechte zu Art. 6 II MRK, NJW 1988, 3233 (zit. als *Kühl*).

Lange, Sonja/Müller, Christian, Justizmodernisierung und Justizbeschleunigung in der Diskussion, ZRP 2003, 410 (zit. als *Lange/Müller*).

Lindner, Josef Franz, Der Verfassungsrechtssatz von der Unschuldsvermutung, AöR 2008, 235 (zit. als *Lindner*).

Link, Jochen, Die Suche nach der Wahrheit und das Ziel der Gerechtigkeit in den unterschiedlichen Prozessordnungen, rechtsphilosophische Überlegungen zum Prozessrecht, in: Daniel Effer-Uhe, Elisa Hoven, Simon Kempny et al. (Hrsg.), Einheit der Prozessrechtswissenschaft?, Tagung junger Prozessrechtswissenschaftler am 18./19. September 2015 in Köln, 2016, 203 (zit. als *Link*).

Liszt, Eduard Ritter von, Gutachten über die Frage „Soll einem prozeßordnungsgemäß erlassenen strafrichterlichen Urtheile, wodurch eine Frage entschieden ist, welche der Entscheidung einer Zivilsache präjudizirt, für diese letztere die Kraft eines vollen Beweises eingeräumt werden?“, in: Verhandlungen des siebenten deutschen Juristentages, Band 1, 1868, 45 (zit. als *Liszt*).

Löwe, Ewald/Rosenberg, Werner, Die Strafprozeßordnung und das Gerichtsverfassungsgesetz, Großkommentar, Band 11: EMRK/IPBPR, 26. Aufl., hrsg. von Volker Erb, Robert Esser, Ulrich Franke et al., 2012 (zit. als Löwe/Rosenberg-*Bearbeiter*).

Marxen, Klaus, Medienfreiheit und Unschuldsvermutung, GA 1980, 365 (zit. als *Marxen*).

Maunz, Theodor/Dürig, Günter, Grundgesetz Kommentar, Bände 1 und 2, hrsg. von Roman Herzog, Matthias Herdegen, Rupert Scholz et al., 90. EL Februar 2020 (zit. als Maunz/Dürig-*Bearbeiter*).

Medicus, Dieter, Der Grundsatz der Verhältnismäßigkeit im Privatrecht, AcP 1992, 35 (zit. als *Medicus*).

Meyer, Jürgen/Hölscheidt, Sven (Hrsg.), Charta der Grundrechte der Europäischen Union, 5. Aufl., 2019 (zit. als Meyer/Hölscheidt-*Bearbeiter*).

Meyer, Karlheinz, Grenzen der Unschuldsvermutung, in: Hans-Heinrich Jescheck, Theo Vogler (Hrsg.), Festschrift für Herbert Tröndle zum 70. Geburtstag am 24. August 1989, 1989, 61 (zit. als *Meyer*).

Müller, Eckhart/Schlothauer, Reinhold/Schütrumpf, Matthias (Hrsg.), Münchener Anwaltshandbuch, Strafverteidigung, 2. Aufl., 2014 (zit. als Müller/Schlothauer/Schütrumpf-*Bearbeiter*).

Münch, Ingo von/Kunig, Philip (Hrsg.), Grundgesetz Kommentar, Band 1, 6. Aufl., 2012 (zit. als Münch/Kunig-*Bearbeiter*).

Münchener Kommentar zum Bürgerlichen Gesetzbuch, Band 10, 8. Aufl., hrsg. von Franz Jürgen Säcker, Roland Rixecker, Hartmut Oetker et al., 2020 (zit. als MüKo BGB-*Bearbeiter*).

Münchener Kommentar zur Zivilprozessordnung, mit Gerichtsverfassungsgesetz und Nebengesetzen, Band 1, 6. Aufl., hrsg. von Thomas Rauscher, Wolfgang Krüger, 2020 (zit. als MüKo ZPO-*Bearbeiter*).

Musielak, Hans-Joachim/Voit, Wolfgang (Hrsg.), Zivilprozessordnung, mit Gerichtsverfassungsgesetz, 17. Aufl., 2020 (zit. als Musielak/Voit-*Bearbeiter*).

Naujok, Volker, Das Spannungsverhältnis zwischen Verdachtskündigung und Unschuldsvermutung, AuR 1998, 398 (zit. als *Naujok*).

Nußberger, Angelika, Das Verhältnismäßigkeitsprinzip als Strukturprinzip richterlichen Entscheidens in Europa, NVwZ-Beilage 2013, 36 (zit. als *Nußberger*).

Pache, Eckhard, Die Europäische Menschenrechtskonvention und die deutsche Rechtsordnung, EuR 2004, 393 (zit. als *Pache*).

Planck, Johann Julius Wilhelm, Gutachten über die Frage „Soll einem prozeßordnungsgemäß erlassenen strafrichterlichen Urtheile, wodurch eine Frage entschieden ist, welche der Entscheidung einer Zivilsache präjudizirt, für diese letztere die Kraft eines vollen Beweises eingeräumt werden?“, in: Verhandlungen des siebenten deutschen Juristentages, Band 1, 1868, 3 (zit. als *Planck*).

Prütting, Hanns, Beweislast und Beweismaß, Der Einfluss Leo Rosenbergs und Karl Heinz Schwabs auf die Entwicklung eines modernen Beweisrechts, ZZP 2010, 135 (zit. als *Prütting*).

Prütting, Hanns, Gegenwartsprobleme der Beweislast, Eine Untersuchung moderner Beweislasttheorien und ihrer Anwendung insbesondere im

Arbeitsrecht, Schriften des Instituts für Arbeits- und Wirtschaftsrecht der Universität zu Köln, Band 46, 1983 (zit. als *Prütting*).

Prütting, Hanns/Gehrlein, Markus (Hrsg.), Zivilprozessordnung, Kommentar, 11. Aufl., 2019 (zit. als Prütting/Gehrlein-*Bearbeiter*).

Pufendorf, Samuel von, De Jure Naturae et Gentium, Libri Octo, 1672 (zit. als *Pufendorf*).

Reinecke, Gerhard, Die Krise der freien Beweiswürdigung im Zivilprozeß oder Über die Schwierigkeit, einem Zeugen nicht zu glauben, MDR 1986, 630 (zit. als *Reinecke*).

Rodenbeck, Julian, #MeToo vs. Persönlichkeitsrechte und Unschuldsvermutung, Grenzen der Veröffentlichung verjährter und nicht verjährter sexualstrafrechtlicher Vorwürfe, NJW 2018, 1227 (zit. als *Rodenbeck*).

Rostalski, Frauke, Der Geltungsbereich der Unschuldsvermutung bei (freisprechendem) Urteil, Zugleich Besprechung von EGMR Nr. 48144/09 – Urteil vom 15. Januar 2015 (Cleve v. Deutschland), HRRS 2015, 315 (zit. als *Rostalski*).

Sachs, Michael (Hrsg.), Grundgesetz Kommentar, 8. Aufl., 2018 (zit. als Sachs-*Bearbeiter*).

Sax, Walter, Grundsätze der Strafrechtspflege, in: Karl August Bettermann, Hans Carl Nipperdey, Ulrich Scheuner (Hrsg.), Die Grundrechte, Handbuch der Theorie und Praxis der Grundrechte, Dritter Band, 2. Halbband, Rechtspflege und Grundrechtsschutz, 1959, 909 (zit. als *Sax*).

Schubarth, Martin, Zur Tragweite des Grundsatzes der Unschuldsvermutung, Baseler Studien zur Rechtswissenschaft, Heft 120, 1978 (zit. als *Schubarth*).

Schuhr, Jan C., Beweis und Statistik, in: Thomas Fischer (Hrsg.), Beweis, Baden-Badener Strafrechtsgespräche, Band 4, 2019, 41 (zit. als *Schuhr*).

Schwab, Karl Heinz, Das Beweismaß im Zivilprozeß, in: Richard Holzhammer, Peter Böhm, Wolfgang Jelinek (Hrsg.), Festschrift für Hans W. Fasching zum 65. Geburtstag, Wien 1988, 451 (zit. als *Schwab*).

Schwabenbauer, Peter, Der Zweifelssatz im Strafprozessrecht, Veröffentlichungen zum Verfahrensrecht, Band 87, 2012 (zit. als *Schwabenbauer*).

Schweizer, Mark, Beweiswürdigung und Beweismaß, Rationalität und Intuition, Jus Privatum – Beiträge zum Privatrecht, Band 189, 2015 (zit. als *Schweizer*).

Schweizer, Mark, Einheit des Beweismaßes, Soll im Straf- und Zivilprozessrecht das gleiche Beweismaß gelten?, in: Daniel Effer-Uhe, Elisa Hoven, Simon Kempny et al. (Hrsg.), Einheit der Prozessrechtswissenschaft?, Tagung junger Prozessrechtswissenschaftler am 18./19. September 2015 in Köln, 2016, 341 (zit. als *Schweizer*).

Schwenn, Johann, Verdacht in Sexualstrafverfahren, in: Thomas Fischer, Elisa Hoven (Hrsg.), Verdacht, Baden-Badener Strafrechtsgespräche, Band 2, 2016, 225 (zit. als *Schwenn*).

Statistisches Bundesamt (Destatis), Gerichtliche Strafverfolgungsstatistik 2018, Fachserie 10 Reihe 3, 18.12.2019, https://www.destatis.de/DE/Themen/Staat/Justiz-Rechtspflege/Publikationen/Downloads-Strafverfolgung-Strafvollzug/strafverfolgung-2100300187004.html (zugegriffen am 08.09.2020).

Staudinger, Wolfgang, Welche Folgen hat die Unschuldsvermutung im Strafprozess?, eine Untersuchung de lege lata und de lege ferenda, Schriftenreihe Deutsche Strafverteidiger e.V., Band 38, 2015 (zit. als *Staudinger*).

Stegmair, Franziska, Die Auswirkungen des Strafprozesses auf den Zivilprozess in Deutschland und Frankreich, eine interdisziplinäre und rechtsvergleichende Betrachtung, Schriften zum Prozessrecht, Band 242, 2015 (zit. als *Stegmair*).

Stuckenberg, Carl-Friedrich, Die normative Aussage der Unschuldsvermutung, ZStW 1999, 422 (zit. als *Stuckenberg*).

Stuckenberg, Carl-Friedrich, Unschuldsvermutung nach Freispruch, Anmerkung zum Urteil Cleve, StV 2016, 5 (zit. als *Stuckenberg*).

Stuckenberg, Carl-Friedrich, Unschuldsvermutung und Verdacht, in: Thomas Fischer, Elisa Hoven (Hrsg.), Verdacht, Baden-Badener Strafrechtsgespräche, Band 2, 2016, 63 (zit. als *Stuckenberg*).

Stuckenberg, Carl-Friedrich, Untersuchungen zur Unschuldsvermutung, 1998 (zit. als *Stuckenberg*).

5.Systematischer Kommentar zur Strafprozessordnung mit GVG und EMRK, Band X, Aufl., hrsg. von Jürgen Wolter, 2016 (zit. als SK StPO-*Bearbeiter*).

Thomasius, Christian/Ludovici, Jacob Friedrich, De Praesumptione Bonitatis, 1724 (zit. als *Thomasius/Ludovici*).

Trousil, Thomas Josef, Die Bindung des Zivilrichters an strafgerichtliche Erkenntnisse, 2005 (zit. als *Trousil*).

Vogler, Theo, Die Spruchpraxis der Europäischen Kommission und des Europäischen Gerichtshofes für Menschenrechte und ihre Bedeutung für das deutsche Straf- und Strafverfahrensrecht, ZStW 1970, 743 (zit. als *Vogler*).

Vogler, Theo, Die strafschärfende Verwertung strafbarer Vor- und Nachtaten bei der Strafzumessung und die Unschuldsvermutung (Art. 6 Abs. 2 EMRK), in: Karl Heinz Gössel, Hans Kauffmann (Hrsg.), Strafverfahren im Rechtsstaat, Festschrift für Theodor Kleinknecht zum 75. Geburtstag am 18. August 1985, 1985, 429 (zit. als *Vogler*).

Vollkommer, Gregor, Bindungswirkung des rechtskräftigen Strafurteils im nachfolgenden Schadensersatzprozess des Geschädigten, Ein Vorschlag zur Entlastung der Zivilgerichte, ZIP 2003, 2061 (zit. als *Vollkommer*).

Völzmann, Alexander, Die Bindungswirkung von Strafurteilen im Zivilprozess, Prozeßrechtliche Abhandlungen, Heft 123, 2006 (zit. als *Völzmann*).

Voßkuhle, Andreas, Grundwissen – Öffentliches Recht, Der Gefahrenbegriff im Polizei- und Ordnungsrecht, JuS 2007, 908 (zit. als *Voßkuhle*).

Voßkuhle, Andreas, Menschenrechtsschutz durch die Europäischen Verfassungsgerichte, RdA 2015, 336 (zit. als *Voßkuhle*).

Voßkuhle, Andreas, Rechtsstaat und Demokratie, NJW 2018, 3154 (zit. als *Voßkuhle*).

Voßkuhle, Andreas/Kaufhold, Ann-Katrin, Grundwissen – Öffentliches Recht, Das Rechtsstaatsprinzip, JuS 2010, 116 (zit. als *Voßkuhle/Kaufhold*).

Zacharias, Diana, Zur Abgrenzung von Menschenwürde und allgemeinem Persönlichkeitsrecht, NJW 2001, 2950 (zit. als *Zacharias*).

Zopfs, Jan, Der Grundsatz „in dubio pro reo“, 1999 (zit. als *Zopfs*).

Der Stand der Literatur und Rechtsprechung entspricht dem Tag der Abgabe der Dissertationsschrift am 18.09.2020

www.ingramcontent.com/pod-product-compliance
Ingram Content Group UK Ltd.
Pitfield, Milton Keynes, MK11 3LW, UK
UKHW021131041026
8980IPUK00034B/1693

9 783631 880449